Karen Hamaker-Zondag
Deutung der Häuser

AF572907

Karin Hamaker-Zondag bei IRIS

Reihe »Astrologische Deutung«
Band 1 Elemente und Kreuze
Band 2 Deutung der Planeten
Band 3 Deutung der Häuser
Band 4 Deutung von Aspekten und Aspektfiguren
Band 5 Häuserherrscher und Häuserbeziehungen

Das 12. Haus
Stundenastrologie
Die Yod-Figur

KAREN HAMAKER-ZONDAG

Deutung der Häuser

Die Planeten in den zwölf astrologischen Häusern

BAND 3 DES FÜNFBÄNDIGEN LEHRWERKES

Bücher haben feste Preise.
5. Auflage 2021

Karen Hamaker-Zondag
Deutung der Häuser

© Deutsche Ausgabe 2006 Neue Erde GmbH, Saarbrücken
© World: Uitgeverij Schors, Amsterdam, Niederlande

Die Originalausgabe erschien unter dem Titel Aard en Achtergrond van de Huizen bei Uitgeverij Schors, 1984, Amsterdam, Niederlande. Die erste deutsche Ausgabe erfolgte 1996 im Verlag Hier & Jetzt, Bad Oldesloe.

Übersetzung: Christel Schanzenbach
Umschlaggestaltung: Studio Paul Pollmann

Alle Rechte vorbehalten. Nachdruck, auch auszugsweise, sowie Verbreitung durch Funk, Film und Fernsehen, durch fotomechanische Wiedergabe, Tonträger und Datenverarbeitungssyteme jeder Art nur mit schriftlicher Genehmigung des Verlags.

Gesamtherstellung: Libri Plureos GmbH, Hamburg
Printed in Germany

ISBN 978-3-89060-572-2

IRIS ist ein Imprint bei Neue Erde

Neue Erde GmbH
Cecilienstr. 29 · 66111 Saarbrücken
Deutschland · Planet Erde
www.neue-erde.de · info@neue-erde.de

Inhalt

Vorwort

Es besteht noch immer keine Übereinstimmung darüber, welches Häusersystem das beste ist. Beim Gebrauch der Häuser in der Praxis stellt sich jedenfalls heraus, daß sie unentbehrliche Informationen für eine gründliche Einsicht in den Charakter eines Menschen liefern. Es scheint mir übrigens nicht unmöglich, mehrere gute Häusersysteme nebeneinander zu verwenden. In diesem Buch bin ich auf die astrologische Kontroverse um die Häusersysteme nicht weiter eingegangen. In der Praxis zeigt sich, daß Interpretationen, die auf den Horoskophäusern basieren, besonders viele Informationen liefern. Basis dieses Buches sind dann auch hauptsächlich die Theorie der Deutung mit ihrem Hintergrund und meine Praxiserfahrung bezüglich der Häuser des Horoskops.

Wie kommen wir zu der Bedeutung der Häuser? Stehen die Häuser nur für äußere Umstände? Was ist der psychologische Hintergrund der Häuser? Solche und andere Fragen mehr werden in diesem Buch behandelt. Die Horoskophäuser sind ein eigenständiger Faktor in der astrologischen Deutung, dem wir uns mit aller Sorgfalt nähern sollten. Planeten in den Häusern müssen anders interpretiert werden als Planeten in den Zeichen – eine Tatsache, die oft noch zu wenig beachtet wird.

Es gibt große Unterschiede zwischen vermeintlich übereinstimmenden Inhalten. Ein Merkur in den Zwillingen im 8. Haus z. B. ist ein Hinweis darauf, daß die mentalen und kommunikativen Eigenschaften (Merkur) auf eine vielseitige und lebhafte Weise zum Ausdruck kommen (Zwillinge) und hauptsächlich auf das Entdecken des Verborgenen (8. Haus) gerichtet sind. Ein Merkur im Zeichen Skorpion im 3. Haus dagegen wirkt vollkommen anders: Hier wirken die mentalen und kommunikativen Eigenschaften (Merkur) von einem intensiv gefühlsmäßigen und emotionellen Hintergrund aus (Skorpion) und richten sich dabei auf das Gebiet der kurzen Kontakte, der Informationen und des Austauschs (3. Haus). Ungeachtet dessen, daß das 3. Haus dem Zeichen Zwillinge entspricht und das 8. Haus dem Zeichen Skorpion, haben wir es mit vollkommen anderen Auswirkungen zu tun! Bei der astrologischen Interpretation müssen wir diese Unterschiede deutlich vor Augen haben, da sich sonst ganz andere Deutungen ergeben.

Mit diesem Buch schwebte mir folgendes vor: Zum einen wollte ich die Häuser vor einem größeren Hintergrund beschreiben und zeigen, daß es zahllose Zusammenhänge und Deutungsfaktoren gibt, die in den »Rezeptbüchern« zumeist unerwähnt bleiben. Zum anderen wollte ich wieder ein Übungsbuch schreiben, mit dessen Hilfe der Leser, wenn er die Theorie der Häuserbedeutungen durchgenommen hat, selbst eine Deutung der Planeten in den Häusern vornehmen – und in Kapitel 4 dann überprüfen – kann.

In Kapitel 5 habe ich versucht aufzuzeigen, wie vorsichtig wir mit »vorgefertigten« Häuserdeutungen sein müssen. Dabei kommen auch die planetarischen Häuserregenten zur Sprache. Wir müssen diesen besonderen Aspekt der Häuserdeutung aber viel zu kurz kommen lassen, wenn wir es in einem einzigen Kapitel abhandeln wollten. Detaillierte Informationen zu diesem Thema finden Sie in meinem Buch »Häuserherrscher und Häuserbeziehungen«.

Wie immer hat Hans, mein Mann, das ganze Manuskript Wort für Wort durchgesehen. Wenn ich mich undeutlich ausgedrückt habe oder in meiner Begeisterung Schritte ausließ, zog er mich in eine Diskussion, stellte ein Kreuzverhör an oder kam mit anderen Vorschlägen. Ich bin ihm sehr dankbar für seinen Beitrag, das Manuskript wurde dadurch besser und logischer.

Drs. Karen M. Hamaker-Zondag

Kapitel 1

Zur Bedeutung der Horoskophäuser

Wir werden auf der Erde geboren und sind als irdische Wesen dadurch unwiderruflich allen Gesetzen unterworfen, die das Leben auf der Erde beherrschen und bestimmen. Auf die gleiche Weise ist die astrologische Häusereinteilung an die Erde gebunden. Es dürfte dann auch kaum verwundern, daß die Häuser immer mit konkreten Begebenheiten und Vorgängen des Lebens in Verbindung gebracht wurden. Manchmal handelt es sich dabei um Vorgänge, für die wir selbst keine Verantwortung tragen, die aber nichtsdestotrotz geschehen. Wir fühlen uns dann zwar als Bestandteil der Welt um uns herum, haben aber das Gefühl, daß die Geschehnisse auf uns einwirken, ohne daß wir selbst damit zu tun hätten. Dabei kann es sich um sehr schöne, aber auch sehr unangenehme Dinge handeln.

»Warum muß das gerade mir passieren?« ist eine bekannte Klage, wenn jemand eine unangenehme Nachricht erhält. In solchen Fällen geht zumeist aus den Progressionen hervor, daß Probleme auftreten können. Wie läßt sich so etwas erklären? Der Betreffende selbst tut offensichtlich nichts, jedenfalls nicht bewußt, und doch geschieht etwas, das sogar noch nachweisbar mit seinen Progressionen übereinstimmt. Die Geschehnisse sind unweigerlich mit uns verbunden, allerdings auf eine Art und Weise, die schwer nachzuvollziehen ist. »Charakter ist Schicksal«, bekommen wir in astrologischen Kreisen oft zu hören. Das würde bedeuten, daß alles, was uns zustößt, in der Anlage unseres Charakters beschlossen liegt.

Unsere Charakteranlage wird, neben einer Anzahl von anderen Faktoren, astrologisch durch die Planeten in den Zeichen, die Planeten in den Häusern sowie durch die Aspekte der Planeten zueinander bestimmt. Die Häuser bilden einen Teil unseres Charakters und sind solchermaßen mitverantwortlich für unser Schicksal. Irgendwo gibt es also einen Zusammenhang zwischen dem, was uns zustößt, und dem, was wir als Mensch sind. Mit Mensch meinen wir die gesamte Person, also das Individuum, wie es sowohl aus *bewußten* als auch aus *unbewußten* Motiven und Antriebsfedern heraus handelt.

Wenn die Häuser wirklich unseren Charakter mitbestimmen, müssen sie auch bestimmte psychologische Bedeutungen haben. Dann reicht es nicht mehr aus zu behaupten, daß das 4. Haus lediglich unsere häuslichen Umstände erkennen läßt und das 11. Haus nur unseren Freundeskreis widerspiegelt. Es muß etwas geben, was darüber hinausgeht. Warum richtet jemand seine Wohnung so oder so ein, warum sucht er nach dieser besonderen Art Freund? Die Antwort auf solche Fragen liegt in der Charakteranlage des Menschen begründet. Aufgrund dieses unverkennbaren Zusammenhangs können wir die Häuser am besten als Reflexion von uns selbst betrachten: Die Außenwelt und die Umgebung fungieren als Spiegel unseres Inneren, in dem wir uns selbst sehen können. Wenn wir uns klar darüber werden, welche Freunde wir wählen, und dann diese Freundschaften näher betrachten, können wir eine ganze Menge über unsere Haltung gegenüber Freunden und Freundschaften im allgemeinen herausfinden. Alles in unserer Umgebung können wir als Spiegel sehen. Wenn wir dann unsere Reaktionen analysieren und uns fragen, wo der Ursprung einer bestimmten Emotion oder Haltung liegt, werden wir merken, daß wir tief in uns selbst hinabsteigen und uns auf vielerlei einlassen müssen. Diese Einsicht können wir durch die Häuser gewinnen, die äußerlichen Spiegel des inneren Erlebens sowie unserer Charakterzüge und Haltungen, derer wir uns sicherlich nicht immer bewußt sind. Betrachten wir die Häuser dagegen nur als »die Umgebung« oder als »bestimmte Lebensgebiete«, bleiben wir in einer oberflächlichen Interpretation stecken. Dann scheint es, daß das Horoskop ein statisches Ganzes ist. In diesem Fall wirkt es auch noch beschränkend, weil es keine Handhabe liefert, auf die Geschehnisse einzuwirken. Dann scheint es uns, daß wir keine Macht haben über das, was uns zustößt, und daß das Verhängnis letztendlich doch immer mit schroffer Willkür zuschlägt.

Betrachten wir die Häuser aus einer tieferen Perspektive – also als Spiegel von inneren beziehungsweise *psychologischen* Prozessen –, bekommen wir plötzlich einen tieferen Zugang zu den Dingen. Nicht, daß wir damit nun gleich unser ganzes Leben voll und ganz verändern könnten, nein, dazu ist die Psyche zu kompliziert, und dazu gibt es zu viele Dinge, die wir kaum oder überhaupt nicht übersehen können. Doch das Verständnis derartiger Zusammenhänge kann schon grundsätzliche Änderungen in unserer Haltung bedeuten. Der Mensch, der begreift, daß er nicht nur ein Teil seiner Umgebung ist, sondern daß umgekehrt auch die

Umgebung ein Teil von ihm selbst ist, sieht das Leben in einer neuen Dimension. Er besitzt dann dynamische Einwirkungsmöglichkeiten auf das Leben und muß sich nicht als eine wehrlose Schachfigur eines willkürlichen und sinnlosen Schicksals fühlen.

Aber wie wirkt dieser Zusammenhang zwischen Psyche und der konkreten Welt nun genau? Wir können mithilfe der Psychologie näher darauf eingehen. Der psychische Mechanismus der *Projektion* bietet uns die Möglichkeit, eine Beziehung zwischen dem Inneren und dem Äußeren herzustellen. Bevor wir mit unserem eigentlichen Thema, den Häusern, beginnen, wollen wir noch kurz hierzu etwas sagen.

Der Projektionsmechanismus

Projektion bedeutet nichts anderes, als ein subjektives Geschehen einer objektiven Gegebenheit zuzuschreiben (das heißt einer Person, einer Sache oder einer Begebenheit außerhalb unserer selbst). Dabei ist es vollkommen unwichtig, ob das nach den geltenden Maßstäben oder Normen »erlaubt« oder auch nur »gerechtfertigt« ist – bei der Projektion »sehen«, »fühlen« oder »erfahren« wir etwas in jemand oder etwas anderem, das eine bestimmte (emotionelle oder auch nicht emotionelle) Reaktion in uns hervorruft. Das, was wir »sehen«, muß nichts mit der Wirklichkeit zu tun haben – für uns aber hat die betreffende Eigenschaft etwas höchst Reales, sie stellt unsere Realität dar. Diese subjektive Realität ist dann unsere Projektion.

Der Projektionsmechanismus kommt unter allen Umständen zum Tragen, unser ganzes Leben lang. Er ist nichts, das wir einfach nach Belieben an- oder ausschalten könnten; er ist ein Teil unseres psychischen Funktionierens, solange wir leben. Wenn wir verliebt sind, projizieren wir all unsere Gefühle des Verliebtseins und der Idealisierung auf den Gegenstand unserer Liebe. »Liebe macht blind« – das ist nur allzu wahr: Wir projizieren in diesem Fall allerdings ausschließlich die attraktiven, guten, idealen Inhalte auf den anderen; wir haben durch die Macht der Projektion kein Bewußtsein für die anderen Züge, die womöglich unangenehm für uns sind. Diese kommen später ans Licht, wenn die Intensität der Projektion abnimmt. Dann meinen wir, daß sich der andere verändert hat. Aber in Wirklichkeit waren wir es, die dem anderen etwas andichteten – wenn wir dann über Veränderungen klagen, liegt das nicht an dem anderen, sondern an uns selbst. Dies ist ein komplizierter Mechanismus, vor allem wegen seiner Unzugänglichkeit für das Bewußtsein. Diese Übertragung auf Personen oder Dinge außerhalb von uns kann die vollständige Trennung von der objektiven Wirklichkeit bedeuten, uns aber auch immer wieder mit verborgenen Inhalten in uns selbst konfrontieren, die anders viel schwieriger zu erkennen sind. Durch unsere diesbezügliche Reaktion sowie unsere Haltung gegenüber Dingen außerhalb von uns selbst können wir viel über das erfahren, was sich in unserem Unbewußten abspielt, sowohl über die angenehmen als auch die weniger angenehmen Seiten. Der Projektionsmechanismus erfüllt eine sehr wichtige Rolle in unserem Verhältnis zur Außenwelt. Darum wollen wir ihn einmal näher betrachten.

Wir greifen hier zu einem Beispiel, das in der analytischen Psychologie oft verwendet wird, weil es so bildhaft ist. Wir stellen uns in Gedanken einen Diaprojektor vor. Dieser strahlt farbenfrohe Lichtbilder auf eine leere Leinwand. Es handelt sich dabei nur um eine Lichtspiegelung – es sieht aber so aus, als ob die Leinwand – solange das Dia darauf projiziert wird – tatsächlich das Bild *ist*. Wir alle wissen in diesem Fall genau, daß bald ein anderes Dia folgen wird und daß die Leinwand nicht mehr als ein Objekt ist, das die Bilder sichtbar werden läßt. Die Leinwand an sich ist ohne Dia bedeutungslos, sie ist weiß und leer. Die projizierten Dias können in uns allerlei Emotionen wachrufen. Stelle dir vor, daß wir ein sehr unangenehmes Dia sehen. Niemand wird dann zur Leinwand laufen und sie in Stücke zerreißen. Wir gehen dann höchstens zum Projektor, entfernen das entsprechende Dia und setzen die Vorstellung fort.

Unser Leben zeigt eine bemerkenswerte Parallele zu dieser Betrachtungsweise. Wir projizieren aus unserem Unbewußten heraus selbst immer wieder Bilder auf unsere Umgebung, Bilder, die die Farben und Muster unseres eigenen Unbewußten beinhalten und die oftmals gar nichts mehr mit dem Träger – mit demjenigen, der als »Leinwand« fungiert – zu tun haben. Zwischen dem Vorführen von Dias und unserer Psyche besteht natürlich ein Unterschied: Wenn wir vorher die Dias im Kasten durchsehen, wissen wir genau, welche Bilder wir sehen werden. Bei unserer Psyche ist das unmöglich; wir wissen per Definition nie, was für ein Bild erscheint und wie es um dessen Färbung bestellt ist. Und das macht die ganze Sache manchmal ziemlich schwierig.

Wir können unsere unbewußten Inhalte auf alles mögliche projizieren: auf Menschen, auf Dinge, auf abstrakte Begriffe und so weiter. Ein sehr wichtiger Punkt dabei ist, daß wir in dem Moment, wenn emotionelle Reaktionen in uns wachgerufen werden, davon ausgehen können, daß Projektionen im Spiel sind. Normalerweise reagieren wir diese an dem Objekt ab, das die Reaktionen hervorruft – beziehungsweise von dem wir annehmen, daß es sie hervorruft. Allerdings sind wir selbst der Ursprung dieser Reaktionen, von unserem Unbewußten aus. Wie oft geschieht es, daß wir anderen mißtrauen, sie beschuldigen oder an den Pranger stellen und so weiter und dabei unserem Gefühl nach lediglich angemessen auf die Gegebenheiten reagieren – ohne daß sich der andere hier aber wirklich eine Schuld hat zukommen lassen. Es dringt nur selten zu uns durch, daß wir eigentlich gegen Windmühlen kämpfen: Wenn die Leinwand abgebaut ist, meinen wir, daß auch das Dia keinen Einfluß mehr auf uns haben kann. Leider ist dem nicht so. Sobald sich eine neue Projektionsmöglichkeit ergibt (beziehungsweise wieder eine Projektionsfläche gegeben ist), beginnt der ganze Ablauf von vorne. Es stellt sich dann heraus, daß das Dia noch immer vorhanden ist.

So unangenehm diese Projektionen auch sein mögen – lehrreich sind sie allemal. Wenn wir auf etwas heftig und sehr emotionell reagieren, können wir mit Sicherheit davon ausgehen, daß wir es mit einem personifizierten Inhalt unseres eigenen Unbewußten zu tun haben. Anhand unserer Reaktionen auf die Außenwelt können wir also ein gutes Bild von dem bekommen, was sich, dem Zugriff des Bewußtseins entzogen, in uns selbst abspielt. Alle Inhalte des Unbewußten machen sich durch Projektionsmechanismen bemerkbar. Alles, was wir von uns selbst nicht wissen wollen, was wir verdrängt oder vergessen haben und was nichtsdestotrotz in uns enthalten ist, kommt durch das Mittel der Projektion nach außen und wird auf diese Art in unserer Umgebung sichtbar.

So gesehen ist es klar, daß wir es uns nur selbst schwerer machen, wenn wir etwas unterdrücken oder eine Rolle ohne Inhalt spielen. Wir spielen aber alle zu bestimmten Zeiten Verstecken mit uns selbst, aus welchen Gründen auch immer, und nur zu oft ist uns das gar nicht bewußt. Die Reaktionen der Umgebung und unsere Reaktionen hierauf zeigen uns dann viel über diese andere Seite von uns, die verborgene Seite mit ihren Problemen sowie mit ihren verborgenen Gaben. Auch diese projizieren wir auf die Außenwelt.

Der Projektionsmechanismus hat noch einen weiteren Aspekt. Die Leinwand weist die Fähigkeit auf, die Projektion abzubilden – insofern muß es im Charakter desjenigen, auf den etwas projiziert wird, den einen oder anderen Anknüpfungspunkt geben. Der Projektionsmechanismus ist jedoch auch durch Übertreibungen gekennzeichnet. Die Person, die zum Träger der Projektion wird, bringt in den Augen desjenigen, der projiziert, die entsprechenden Charakterzüge sehr viel stärker zum Ausdruck, als es in Wirklichkeit der Fall ist. Und damit kommen wir auf ein gefährliches Gebiet: Wenn der Träger der Projektion nicht erkennt, daß etwas auf ihn projiziert wird, oder er keinen Widerstand dagegen leistet und immer wieder aufs neue mit dieser Projektion konfrontiert wird, wird er seinerseits vielleicht (bewußt oder unbewußt) durch die Projektion des anderen überwältigt und richtet möglicherweise sein Leben und Handeln an dieser aus. Das geschieht auf eine sehr subtile Art und sehr viel häufiger, als wir vermuten! Dann entsteht eine Situation, in der jemand durch seine Projektionen und folglich durch seine unbewußte Haltung in einem anderen Menschen Reaktionen hervorruft, derer sich dieser für gewöhnlich nicht bewußt ist. Dadurch bekommt es aber die erste Person genau mit den Reaktionen zu tun, vor denen sie Angst hatte. Eine andere Projektion wäre die der »Anhimmlung«: den anderen Menschen auf ein Podest stellen und so sehr verehren, daß die eigene Entwicklung dadurch in Gefahr gerät. Aber wie dem auch sein mag: Das Unbewußte gehört ebenfalls zu unserem Charakter, und sagten die Alten nicht bereits: »Charakter ist Schicksal«?

Ich möchte an dieser Stelle noch ein weiteres Beispiel anführen. Esther Harding berichtet von einer Frau, die voller Verzweiflung zu einem Psychologen ging. Diese erzählte, daß ihr Mann dem Alkohol verfallen sei und daß sein Zustand immer schlimmer wurde. Sie war zuvor schon einmal verheiratet gewesen, hatte sich aber von ihrem Ex-Mann scheiden lassen, weil auch dieser vom Alkohol abhängig geworden war. Und das, obwohl bei beiden Ehemännern vor der Heirat nichts auf eine Alkoholgefährdung hingewiesen hatte. Durch ihren Charakter und ihre Erfahrungen projizierte die Frau auf eine sehr kraftvolle Art negative Inhalte auf beide Ehemänner, mit der Folge, daß diese genau das taten, wovor sie selbst solche Angst hatte: sich zu betrinken, genau wie früher ihr Vater.

Sie ging nicht auf das Wesen ihrer Männer ein, sondern projizierte mit aller Kraft ihre eigenen Vorstellungen auf sie. Ihre Projektionen waren die Folge von unbewußten verdrängten Inhalten: Die Frau wollte ihren Vater und ihre Vergangenheit am liebsten völlig vergessen, ohne die problematischen Erfahrungen verarbeitet zu haben. Ihre beiden Ehemänner wurden zu Trägern ihrer Projektionen, und im Kampf gegen den Alkohol kamen bei der Frau sehr herrschsüchtige Charakterzüge ans Licht. Den Ehemännern blieb dann nur die Wahl, sich entweder lautstark und mit Gewalt gegen die Frau zu behaupten oder dem Kampf durch das Mittel Alkohol zu entfliehen. Sie wählten beide den Alkohol. Für die Außenwelt hatte es den Anschein, daß die Frau die geschädigte Partei war. Doch sie erfüllte ihr eigenes Schicksal aufgrund ihrer Charakterzüge. Wenn wir uns umschauen, erkennen wir, daß einige Menschen immer wieder mit bestimmten, sich fortwährend wiederholenden stereotypen Geschehnissen zu tun haben. In Wirklichkeit werden sie von ihren eigenen Projektionen verfolgt. Erst wenn diese auf einem bestimmten Niveau bewußt geworden sind, kann die Spirale der Geschehnisse durchbrochen werden ...

Kehren wir aber zurück zur Astrologie, insbesondere zu den Häusern, mit denen sich dieses Buch befaßt. Von alters her symbolisieren die Häuser die Lebensumstände. Der Projektionsmechanismus liefert uns den Schlüssel, um über die Betrachtung der Umgebung hinaus nach innen zu schauen, hin zu unseren tief verborgenen Inhalten. Die Häuser haben auch eine innere Seite, die wir nicht vernachlässigen dürfen. Auf dieser liegt im folgenden dann auch ein großer Nachdruck. Die Struktur der Häuser in der Astrologie stimmt überein mit der Struktur der Psyche in der analytischen Psychologie. Es sind die Häuser, die uns – oft besser als wir denken – Einsicht verschaffen können in unsere unbewußte Haltung, unsere unbewußten Erwartungsmuster und Wünsche sowie in das, was wir unbewußt in der Außenwelt hervorrufen.

Kapitel 2

Zur Bedeutung der Häuser

Bei der Herleitung der Bedeutung der Horoskophäuser ist an erster Stelle die Faustregel zu nennen, daß die Häuser Analogien der Zeichen sind. So stimmt das 1. Haus überein mit dem 1. Zeichen (Widder), das 2. Haus mit dem 2. Zeichen (Stier), das 3. Haus mit dem 3. Zeichen (Zwillinge) und so weiter. Stets sind die Inhalte der Zeichen an die entsprechenden Lebensgebiete gekoppelt. Um ein sehr einfaches Beispiel zu geben: Das Zeichen Krebs, das 4. Zeichen, ist sehr häuslich. Das 4. Haus spiegelt das Lebensgebiet wider, das mit der Häuslichkeit zu tun hat, nämlich unsere häuslichen Umstände. Natürlich ist die Herleitung in Hinblick auf die Lebensgebiete in Wirklichkeit komplexer, vom Prinzip her aber ist festzuhalten: Häuser bringen die Lebensgebiete analog zu den zugehörigen Zeichen zum Ausdruck.

Davon ausgehend drängen sich natürlich vielerlei Überlegungen auf. Es besteht dabei die Gefahr, daß wir die Zeichen dann mehr oder weniger ausschließlich als etwas »Innerliches« und die Häuser als etwas »Äußerliches« (also als etwas Konkretes beziehungsweise Materielles) ansehen. Tatsächlich stand über viele Jahrhunderte hinweg die stoffliche Seite der Bedeutung der Häuser im Vordergrund, was auch sehr verständlich ist. Erst in unserem Jahrhundert, eigentlich erst zusammen mit der Entwicklung und dem Aufstieg der Tiefenpsychologie, haben wir uns selbst anders zu sehen gelernt. Wir haben mehr in uns selbst zu entdecken gelernt, und demzufolge können wir auch mehr aus einem Horoskop herausholen. Studien über den bereits behandelten Projektionsmechanismus und Erfahrungen mit der Synchronizität haben zu neuen Einsichten geführt, was das Verhältnis zwischen Innerlichem und Äußerlichem und zwischen Geist und Materie betrifft. Die Häuser werden jetzt in der Herleitung ihrer Bedeutung als veräußerlichte Entsprechung der Zeichen als innerliche Anlage aufgefaßt – heutzutage können sie nicht mehr *ausschließlich* auf äußerliche Umstände hin betrachtet werden.

Jeglicher Manifestation gehen auf jedem Lebensgebiet umfassende psychische Prozesse voraus. Immer laufen dabei bewußte und unbewußte Motive durcheinander. Das letztendliche Resultat ist dann nicht etwas, das uns wie aus heiterem Himmel von außen überfällt, es ist vielmehr ein Zusammenspiel aus all den innerlichen Prozessen und dem Faktor Umgebung. Um dazu ein kleines Beispiel aus dem Alltag zu geben: Jemand bricht sich das Bein und muß lange Zeit zu Hause bleiben. Mehrmals habe ich Menschen, denen so etwas passierte, sagen hören: »Im Nachhinein betrachtet ... Ich konnte nicht machen, was ich wollte, ich wußte nicht mehr weiter. Die Situation war total verfahren. Eigentlich war ich froh, aus allem einmal 'raus zu sein, auch wenn die Umstände natürlich nicht sehr angenehm waren. Aber ich habe viel nachgedacht in dieser Zeit, und jetzt sehe ich die Dinge ganz anders. Ich weiß jetzt wieder, was ich will, und habe neuen Schwung bekommen.« Einmal sagte jemand sogar zu mir: »Ich wünschte, ich wäre viel früher die Treppe runtergefallen. Dann hätte ich eher zu grübeln angefangen, und ich hätte viel früher zu mir gefunden.« Der betreffende Mann hatte sich in der Zeit, als er ans Bett gefesselt war, enorm verändert.

Hatte der Unfall das bewirkt? Nein. Die analytische Psychologie sieht dies folgendermaßen: Unbewußt besteht schon länger eine Unzufriedenheit (welche auch durchaus von dem betreffenden Menschen erkannt wird). Diese unbewußte Konstellation »arrangiert« etwas in der Außenwelt, das den Menschen dazu zwingt, Abstand zu nehmen. Das Bewußtsein unterdrückt in diesem Fall die Erkenntnis, daß etwas im Leben im Argen liegt. Aus diesem Grund greift das Unbewußte ein. In einer solchen Situation braucht der Mensch nur einmal nicht aufzupassen, und schon wird er in einen Autounfall verwickelt oder fällt die Treppe hinunter und bricht sich ein Bein. Der Mann aus unserem Beispiel mußte monatelang liegen. Dies brachte ihm letztendlich die Zeit und die Muße, seine Situation unter die Lupe zu nehmen. Selbst bei großem innerem Widerstand gegen derartige Gedankengänge wäre in der Stille und Einsamkeit dieser Zeit mehr nach oben gekommen als im hektischen, alltäglichen Leben.

Wir sagen in solch einem Fall vielleicht, daß wir das Opfer unserer eigenen Dummheit geworden sind (nicht aufgepaßt haben), das Opfer einer Verwechslung, das Opfer dessen, der uns angefahren hat, oder etwas anderes, was ebensowenig zutrifft. Doch in Wirklichkeit hat etwas in uns selbst bewirkt, daß es da einen Ansatzpunkt gab, etwas in unserem Unbewußten ... Unser Horoskop spiegelt das bereits im Ansatz wider.

Ein anderes Beispiel: Ein kerngesunder und lebenslustiger Mann, der mehr als 30 Jahre nicht krank gewesen war, wurde allmählich seiner Arbeit, die er jahrelang mit viel Freude verrichtet hatte, überdrüssig. Aber pflichtbewußt, wie er war, machte er weiter. Innerlich veränderte er sich sehr, er gewann eine deutlicher umrissene Lebensvision und war sehr mit menschlichen Beziehungen und Verhaltensweisen beschäftigt. Dann wurde er krank, und alle dachten, daß es nur eine kleine Erkältung wäre. Er bekam jedoch auch Schmerzen im Rücken, in den Hüften und Beinen, die immer heftiger wurden. Der Arzt dachte an die Leisten, doch es erwies sich dann als ein Problem mit dem Ischias-Nerv. Arbeiten konnte der Mann zu dieser Zeit nicht, er lag viel im Bett. In seinem Innersten war er eigentlich recht zufrieden damit, daß er nun nicht arbeiten mußte, nur die Umstände gefielen ihm weniger. Er erholte sich etwas, wurde jedoch nicht wieder ganz gesund. Es dauerte alles ausgesprochen lange, obwohl er die vorgeschlagene Diät und alle Anweisungen des Arztes strikt befolgte. Sein Bewußtsein war guten Willens – sein Unbewußtes aber hatte auf die äußeren Umstände eingewirkt, weil der Mann in einer Situation gelandet war, in der er von seiner Psyche her keinen Ausweg mehr wußte.

Dann kam der Augenblick, in dem er wieder die Arbeit aufnehmen sollte. Gerade zu dieser Zeit aber fühlte er Schmerzen im Unterleib, woraufhin der Arzt einen Leistenbruch diagnostizierte. Wieder war es also nichts mit der Arbeit. Es folgte eine Operation und anschließend eine Zeit der Erholung. Abermals näherte sich der Zeitpunkt, an dem er zum Arbeitsplatz zurückkehren sollte. Wieder wollte er pflichtbewußt – wenn auch innerlich widerwillig – den alten Trott aufnehmen. Und abermals wurde er ziemlich krank und konnte deshalb nicht zu arbeiten beginnen. Die Außenwelt reagierte voller Mitgefühl und beklagte ihn. Wie hart wurde er vom Schicksal geprüft, und das, obwohl er so pflichtbewußt war und sehr wohl guten Willen bewies! Der Mann selbst aber verstand schließlich die Nachricht. Er sagte: »Es scheint mir so, daß ich nicht mehr zurück zu meiner Arbeit gehen *darf*. Ich muß das wohl so hinnehmen. Ich denke, daß ich in der Zukunft wohl etwas anderes tun werde, um meine Brötchen zu verdienen.« Und so hielt er – immer noch krank, innerlich aber bereits »auf der Suche« – Ausschau nach neuen Möglichkeiten (die sich übrigens, ohne daß es ihm aufgefallen wäre, schon seit längerem angeboten hatten).

Wenn wir also wissen wollen, was uns von der Außenwelt erwarten könnte, müssen wir recht tief in uns selbst schauen und zunächst einmal herausfinden, wie wir innerlich beschaffen sind. Unser Unbewußtes spielt dabei auf eine für unser Bewußtsein manchmal schmerzhafte Weise eine korrigierende Rolle, die von unschätzbarem Wert ist, was die Weiterentwicklung im Leben betrifft – unter der Voraussetzung, daß wir die Hinweise und Signale nicht unterdrücken, sondern erkennen lernen.

Glücklicherweise wird in den moderneren Werken über die Häuser dem innerlichen psychologischen Aspekt immer mehr Aufmerksamkeit gewidmet. Die Häuser werden dort oft beschrieben als »unsere Einstellung gegenüber ...«, und dann folgt eine Beschreibung der Dinge, die zu dem betreffenden Haus gehören. In der Tat spiegeln die Häuser persönliche Einstellungen und Haltungen wider, nur zu oft aber geht es dabei um unbewußte Vorgänge. Manchmal sind wir der Ansicht, daß wir zu diesem oder jenem Lebensgebiet diese oder jene Einstellung haben, um schließlich feststellen zu müssen, daß es in der Praxis anders aussieht und sich vielleicht entgegengesetzte Auswirkungen ergeben (zum Beispiel bei der bereits erwähnten Frau mit den zwei trinkenden Ehemännern, deren bewußte Erwartungshaltung auf einen Partner ohne Alkoholproblem gerichtet war). Die unbewußte Einstellung führte aber in diesem Fall als Folge von Ängsten und Projektionen dazu, daß das Bedürfnis zum Trinken in beiden Ehemännern erst geweckt wurde.

Wenn wir im weiteren von »unserer Einstellung gegenüber ...« sprechen, müssen wir uns vor allen Dingen vor Augen halten, daß damit keine *bewußte* Einstellung verbunden ist, die einfach abgelegt oder umgewandelt werden könnte. Das gilt selbst dann, wenn wir ein Bewußtsein bezüglich einer bestimmten Ausdrucksform gewonnen haben.

Der Begriff Einstellung ist in einem umfassenderen Sinn zu verstehen, sowohl in Hinblick auf bewußte Bestrebungen als auch auf unbewußte Projektionen. Unsere bewußte Einstellung resultiert aus diesen beiden Aspekten der Psyche, und das Unbewußte spielt darin eine nicht zu unterschätzende Rolle.

Mit diesem Wissen im Hinterkopf werden wir jedes Haus für sich betrachten. Zuerst beziehen wir uns dabei auf die traditionelle Bedeutung, die mit der Analogie zwischen den Häusern und den Zeichen zusammenhängt. Danach werden wir zeigen, worin jeweils der psychologische Hintergrund zu sehen ist. Dieser stellt eine Synthese zwischen Innenwelt und Außenwelt dar, zwei Größen, die keine für sich stehenden statischen Gegebenheiten sind, sondern die sich vielmehr in ständiger Wechselwirkung zueinander befinden.

Das 1. Haus

Das 1. Haus steht in Analogie zum Zeichen Widder, ein Zeichen, das sich der Außenwelt deutlich zu erkennen gibt. Die Spitze des 1. Hauses wird *Aszendent* genannt (unter dem Begriff Aszendent wird im übrigen auch das ganze 1. Haus verstanden). Das Tierkreiszeichen, das sich an der Spitze des 1. Hauses befindet, heißt *aufsteigendes Zeichen.* Das 1. Haus beziehungsweise der Aszendent bestimmt die Art und Weise, wie das Individuum nach außen tritt, auf die Umwelt reagiert und ihr begegnet. Das Verhalten und die Einstellung des Menschen kommen zum Ausdruck gemäß der Charakteristiken des aufsteigenden Zeichens.

Wie der Widder direkt auf die verschiedensten äußerlichen Reize reagiert, so gibt das 1. Haus an, wie es um die unmittelbaren Reaktionen bestellt ist und zwar im weitesten Sinne. Nicht nur unsere Reaktion auf von Personen ausgehenden Reize fallen unter das 1. Haus, sondern auch die Reaktionen auf beispielsweise das Klima und Wetterumstände, auf Heilmittel und so weiter.

Das Zeichen Widder stürzt sich gerne auf alles Neue und kann eine unerschöpfliche Energie bedeuten. Analog hierzu gibt der Aszendent an, auf welche Weise wir unsere Energie zeigen und ihr Form geben. Davon abgeleitet sagt das 1. Haus auch etwas über die Lebenskraft und die Lebenslust, die Vitalität und Widerstandskraft der betreffenden Person aus. Der Widder besitzt einen ausgesprochenen Geltungsdrang, der oft aus einer Art unbewußte Begeisterung genährt wird. Hiervon ausgehend können wir das 1. Haus in Verbindung mit unserem Bedürfnis bringen, uns darzustellen und Aufmerksamkeit zu erwecken. Die Darstellung in der Außenwelt bezieht sich dabei nicht nur auf das Psychologische, sondern auch auf das Körperliche. Das 1. Haus hängt insofern auch mit unserer äußerlichen Erscheinungsform, unserer Haltung und unseren körperlichen Merkmalen zusammen.

Psychologisch bringt das 1. Haus hauptsächlich unsere Ich-Bezogenheit zum Ausdruck. Es spiegelt die Art und Weise wider, wie wir die Ausrichtung auf uns selbst nach außen hin deutlich werden lassen (was übrigens auch eine Widder-Analogie ist). Unsere Reaktionsweise auf Reize von außen – unabhängig davon, ob die Reize nun physischer oder psychischer Art sind – steht in unmittelbarer Verbindung mit dieser Ich-Bezogenheit. Doch diese Haltung dürfen wir nicht ohne weiteres als egoistisch abstempeln. Es handelt sich vielmehr um eine Haltung, die die Art und Weise angibt, wie wir von unserem Wesen her beschaffen sind, wie wir uns zum Ausdruck bringen und wie wir dem Leben entgegentreten.

Diese Haltung kommt am Anfang gegenüber einer undifferenzierten Außenwelt beziehungsweise von undifferenzierten Impulsen aus zum Tragen. Daraus folgt, daß es hier eine Art Blaupause geben muß. Unsere Einstellung und unsere Reaktionsweisen, wie sie durch das 1. Haus angegeben sind, werden nämlich nicht durch die Außenwelt und die Art der Impulse bestimmt. Es handelt sich um ein abstrakt-psychisches und dadurch am Anfang unbewußtes Bild unserer Haltung, welches auch anzeigt, wie wir sind und uns zum Ausdruck bringen und das Ausmaß, in dem wir uns als Individuum behaupten können.

Natürlich gibt es noch andere Faktoren im Horoskop, die uns darüber informieren, wie weit wir auf uns selbst bezogen sind. Der Aszendent beziehungsweise das 1. Haus aber als Brücke nach außen ist am direktesten mit unserer Ausdrucksform in der Außenwelt verbunden. Ein fast vollständig auf die Mitmenschen ausgerichtetes Horoskop mit einem sehr stark ichbezogenen Aszendenten wird auf die Außenwelt so wirken, daß der betreffende Mensch sehr mit sich selbst beschäftigt ist. Wenn aber die Umgebung ihn besser kennenlernt, kommen auch entgegengesetzten Inhalte zum Ausdruck – dann wird erkannt, wie sich dieser Mensch aus seiner Ich-Bezogenheit (Aszendent) heraus vollständig auf andere richtet (der Rest des Horoskops). Obwohl das 1. Haus also ein wesentlicher Bestandteil unseres Charakters ist, muß der erste Eindruck, den dieser »Ausgangspunkt« des Horoskops (und »Tor« zu unserer Persönlichkeit) weckt, nicht in Übereinstimmung mit dem Rest des Horoskops stehen.

Weil das 1. Haus nach außen hin so markant ist, sind auch Planeten in diesem Haus sehr deutlich zu erkennen: Sie können mit ihrer Energie direkt nach außen treten. Diese Planeten können dann prägend auf die Haltung und den Ausdruck der betreffenden Person wirken und den Aszendenten modifizieren.

Das 1. Haus stellt, wie wir gesehen haben, die Art und Weise dar, wie wir uns psychologisch gesehen darstellen. Die Häuser bringen aber ganz allgemein auch die psychischen Umstände in Verbindung mit den konkreten Gegebenheiten zum Ausdruck. Was das 1. Haus betrifft, haben wir es mit der körperlichen Beschaffenheit zu tun, mit der physischen Widerstandsfähigkeit. Der Körperbau, die körperlichen Kräfte und der Zustand des Körpers werden zum großen Teil vom 1. Haus näher beschrieben, und wir sehen dann auch, daß Planeten im 1. Haus diesbezüglich einen weitreichenden Einfluß haben. Lesen wir beispielsweise in einem Deutungsbuch, daß Mars im 1. Haus mit Verwundungen zusammenhängen kann, dann liegt auf der Hand, daß Mars als Symbol von Aktion und Energie sich in dem 1. Haus sehr deutlich manifestieren wird (um so mehr, wenn der Hintergrund des betreffenden Zeichens ihn hierin noch unterstützt). In diesem Fall wäre die Möglichkeit eines übermäßig aktiven, impulsiven, oder kühnen Reagierens nicht ausgeschlossen, was für die Möglichkeit spricht, daß es zu Verletzungen oder Unfällen kommt. Mars ist auch der Planet, der den Geltungsdrang und das Bedürfnis, sich selbst zu beweisen, verkörpert. Diese färben die Art unseres Auftretens gegenüber der Außenwelt und unsere Reaktionen auf äußerliche Reize. Es ist logisch, daß ein solcher Mensch manchmal zu schnell, zu heftig oder auch zu grob reagieren könnte, mit allen entsprechenden Folgen.

Es spielt hier noch ein anderer Faktor mit. Wenn wir im Hinblick auf das 1. Haus ein bestimmtes abstraktes Bild davon haben, wie wir der Welt entgegentreten, ist damit ein mehr oder weniger ausgeprägtes unbewußtes Erwartungsmuster verbunden – ein Erwartungsmuster, das wir in der Außenwelt durch den Projektionsmechanismus widergespiegelt sehen. Es ist so, als ob das, was außerhalb von uns ist, auf dieselbe Weise auf uns reagiert wie wir auf die Außenwelt. Dies ist die logische Folge unserer Erwartungshaltung. Das ist der Grund dafür, daß Menschen mit dem Mars im 1. Haus sich häufig heiklen Situationen gegenübersehen (allerdings müssen noch andere Horoskop-Faktoren vorhanden sein, bevor es zu kritischen Folgen kommt). Ohne Zweifel hat der Mars im 1. Haus auch angenehme Seiten: Damit verfügen wir über viel Energie und können vieles in Angriff nehmen. Übrigens haben alle Planeten im 1. Haus mit Lebenskraft und Vitalität zu tun; Mars haben wir lediglich als einen Fall unter vielen näher behandelt.

Das 1. Haus zeigt den ersten Impuls und die erste Reaktionsweise auf die Außenwelt an und sagt damit etwas darüber aus, wie sich der Mensch anderen gegenüber zum Ausdruck bringt und behauptet und wie er auf andere wirkt. Körperhaltung und Kleidung lassen sich davon ableiten; sie lassen konkret-materiell erkennen, was die Person aus ihrem Inneren heraus von sich betonen will. Dieses Haus spiegelt also besonders das wider, was jemand von sich selbst nach außen hin zeigt – bestimmte Züge, die durch den Rest des Horoskops entweder verstärkt oder abgeschwächt werden können, bestimmte körperliche Merkmale, die mit dem Charakter zusammenhängen, und die persönliche Ich-Bezogenheit, wie sie nach außen hin wirkt. Das 1. Haus läßt die Haltung in bezug auf die Umgebung und die Außenwelt im allgemeinen erkennen, zugleich aber auch die Reaktionen hierauf und das Maß der Anpassung hieran nebst der unbewußten Erwartungen an die Außenwelt und der Ereignisse, die sich daraus ergeben.

Das 2. Haus

Das 2. Haus weist eine Analogie zum Zeichen Stier auf. Da für das Zeichen Stier meistens materielle Sicherheit im Vordergrund steht, sieht man analog hierzu das 2. Haus in Verbindung mit Besitz und Geld, kostbarem Eigentum, Wertpapieren und ähnlichem mehr. Gleichzeitig gibt es an, wie wir mit dem Materiellen umgehen und läßt erkennen, wieweit wir uns der materiellen Dinge erfreuen können.

Das 2. Haus läßt Schlußfolgerungen darüber zu, wieweit wir imstande sind, für unser Leben aufzukommen, wie es um unsere Fähigkeit bestellt ist, Geld zu verdienen, und wie wir unser Vermögen verwalten. Demzufolge hängen auch die Unfähigkeit, mit Geld umzugehen, und Schulden damit zusammen.

Unserer – bewußten oder auch unbewußten – Haltung in bezug auf die Materie und allem, was damit in Verbindung steht, liegt ein umfassender Formungsprozeß zugrunde. Selbst dann, wenn wir ganz spontan auf etwas reagieren, ist dafür ein geformtes Bild beziehungsweise eine bestimmte Auffassung und Wertvorstellung verantwortlich. Das Zusammenspiel aller unserer Wertvorstellungen bestimmt unsere Meinung hinsichtlich dessen, was wir mögen oder nicht mögen, was wir glauben, tun zu müssen, was wir für gut oder schlecht halten. All diesem liegt ein bestimmtes inneres Bild zugrunde, das erkennen läßt, wie wir unserem individuellen (und elementaren) Bedürfnis nach Sicherheit unseres Daseins Ausdruck verleihen. Von diesem Bedürfnis nach Sicherheit aus schreiben wir allem, was uns umgibt, einen bestimmten Wert zu.

Es sind unsere individuellen Werte, unsere ganz persönlichen Wertvorstellungen – welche ihren Ursprung haben in dem Bedürfnis nach einer festen Basis –, die wir im 2. Haus wiederfinden. Dieses Haus steht auch mit dem gesamten Prozeß der Entwicklung von Werten in bezug auf unsere *individuelle* Persönlichkeit in Verbindung (*soziale* Wertvorstellungen lassen sich an anderer Stelle im Horoskop ablesen). Es ist darum auf der konkreten Ebene auch das Haus unserer persönlichen Wünsche und unseres Verlangens, weil diese unsere Haltung gegenüber materiellen Angelegenheiten bestimmen.

Bevor unsere diesbezüglichen Einstellungen und Handlungsweisen hierzu Form annehmen, haben sich innerlich bereits bestimmte Prozesse abgespielt, die mit Lust- und Unlustgefühlen zusammenhängen. Lust- und Unlustgefühle ergeben sich auf allen Lebensgebieten beziehungsweise in Verbindung mit allen Häusern des Horoskops – wenn wir uns dieser Empfindungen von Lust und vor allen Dingen von Unlust bewußt sind, merken wir, daß sie einen unmittelbaren Einfluß auf unser Wohlbefinden und damit auf die Sicherheit unseres Daseins haben. Wir können dem 2. Haus somit eine Signalfunktion zuerkennen, die auf eine Art Selbstbewahrung gerichtet ist, namentlich in konkretem Sinne.

Während des Prozesses der Formung und Auflösung von Lust- und Unlustgefühlen entwickelt sich eine bestimmte Haltung, die unser persönliches Wertemuster entstehen läßt. (Dieses Wertemuster ist hauptsächlich *konkret* und *praktisch* ausgerichtet – im Gegensatz zum 4. Haus, das sich auf die *emotionelle* Basis richtet. Beide Häuser können jedoch in gewisser Weise als Pfeiler des individuellen Sicherheitsgefühls gesehen werden.) Die diesbezüglichen Werte sind sehr persönlich, weil sie aus unseren individuellen Vorstellungen entstehen, wie wir uns vorhalten müssen. Daß dieses Bild nicht immer mit dem Rest des Horoskops übereinstimmt, dürfte klar sein.

Unsere Lust- und Unlustgefühle motivieren uns, gewisse Schritte zu unternehmen. Eine mögliche Folge ist, daß wir uns Kenntnisse und Fähigkeiten aneignen. Das, was wir gelernt haben, läßt sich oft als Quelle für Einkünfte benutzen, wodurch der finanzielle Aspekt des 2. Hauses deutlich wird. Wir sollten aber nicht vergessen, daß es sich hierbei eigentlich um die Projektion unserer Lust- und Unlustgefühle auf die Außenwelt handelt und daß ein starkes 2. Haus nicht automatisch großen Reichtum oder vielfältige Kenntnisse beziehungsweise Fähigkeiten bedeutet. Das primäre Bedürfnis nach Sicherheit richtet sich zuallererst auf das Vorgehen gegen die Unlustgefühle. Dies führt schließlich dazu, daß wir uns aus unserem Inneren heraus Sicherheit erarbeiten und eine persönliche Identität schaffen, in der wir uns zu Hause fühlen. Dann haben wir eine solide Basis, auf die wir bauen können.

Unsere Motivation, aktiv zu werden, ist ganz allgemein auf Lust- und Unlustgefühle zurückzuführen (wozu noch zu sagen ist, daß auch das Unterlassen eine Form der Aktivität darstellt). Unsere Handlungen bestimmen dabei das Maß unserer Sicherheit und unsere Einstellung in Hinsicht auf alles, was mit Sicherheit zusammenhängt. Insofern geht es im 2. Haus in gewisser Weise auch um unsere Freiheit. Erich Carl Kühr führt an, daß wir im 2. Haus das Maß der persönlichen Freiheit als Resultat von Besitz finden – sowohl in materieller, spiritueller als auch in geistiger Hinsicht. (Etwas abstrakter ausgedrückt können wir sagen, daß wir in dem Maße, in dem wir unseren Unlustgefühlen entgegentreten, freier auf unsere Lustgefühle in uns eingehen können.)

Planeten im 2. Haus sagen uns also etwas über die Prozesse, die ihren Ursprung im menschlichen Bedürfnis nach Sicherheit haben. Sie lassen erkennen, wie die Person diesem Bedürfnis Form verleiht und wie es um die persönlichen Werte bestellt ist. In abgeleiteter Bedeutung geben Planeten im 2. Haus in der Praxis auch an, wie jemand mit seinem Geld umgeht, seinen Besitz verwaltet und – je nach Planet – zu Einkünften kommen kann.

Planeten im 2. Haus können genauso entscheidend sein für die Art der Arbeit, die jemand in seinem Leben verrichtet, wie Planeten im Haus der Arbeit und Arbeitsumstände (6. Haus) oder im Haus der gesellschaftlichen Position (10. Haus). Der Umgang mit und das Gestalten der Materie kann in letzter Konsequenz auch schöpferische Kräfte und Kunstsinn anzeigen: nicht geformt werden durch die Materie, sondern der Materie selbst Form verleihen.

Das 3. Haus

Das 3. Haus weist eine Analogie zum Zeichen Zwillinge auf. Es trägt dann auch die Merkmale dieses Zeichens und gibt hauptsächlich Auskunft über unsere Möglichkeiten, Kontakte zu knüpfen, Informationen zu sammeln, Tatsachen aufzunehmen, einzuordnen und Verbindungen zwischen den Fakten herzustellen. Das 3. Haus ist das Haus der Kommunikation, welches unsere Fähigkeit zum Austausch erkennen läßt und sich auch auf die Kommunikationsmittel als solche bezieht, also auf Briefe, auf das Telefon, auf Bücher und Geschriebenes und sogar auf Transportmittel wie das Auto und die Eisenbahn. Aber auch unsere alltäglichen Kontakte mit der direkten Umgebung (diese kurzen Kontakte sind eine typische Eigenschaft der Zwillinge) fallen unter dieses Haus. Insofern haben in abgeleiteter Bedeutung auch unsere Nachbarn und unsere Nachbarschaft damit zu tun.

Das Verbindende und Kommunikative der Zwillinge macht in Analogie das 3. Haus zu dem Bereich, in dem Verbindungen auf den unterschiedlichsten Gebieten hergestellt werden: Handel, Transport, Verkehr, direkte Kontakte, Kontakte zwischen den verschiedenen Sprachen. Aus diesem Grund fallen auch Sprachen und Lernen unter das 3. Haus. Und analog zu der Tatsache, daß die Zwillinge soviel wie möglich sprechen und bestrebt sind, Informationen weiterzugeben, symbolisiert das 3. Haus den Austausch von Informationen in konkreter Form. Es sagt damit etwas aus über unsere Lernkapazitäten, über Logik, die mentalen Aktivitäten und über Unterrichtssituationen. Auch der Journalismus hängt mit diesem Haus zusammen.

Das menschliche Bedürfnis nach Kontakt ist elementar. Kommunikation und Austausch als Folge von Kontakten gehen der gegenseitigen emotionellen Bezogenheit – die im folgenden 4. Haus zu suchen ist – voraus. Das 3. Haus gibt an, wie wir unserem individuellen Bedürfnis nach Kontakt Gestalt verleihen. Es hat zu tun mit der Art und Weise, wie wir der objektiven Wirklichkeit entgegentreten und diese wahrnehmen. Nicht nur der Kontakt zu *Personen* fällt unter dieses Haus, alles, womit wir in Verbindung stehen, gehört hierzu.

Die objektive Wirklichkeit als solche bietet uns meist nur wenig Halt, solange sie noch kein Teil von uns selbst geworden ist und etwas Eigenständiges hat. Das bedeutet, daß wir die Wirklichkeit auf unsere ganz persönliche Weise ordnen müssen, um sie in den Griff zu bekommen. Die Art, wie wir das tun, zeigt dann gleichzeitig, wie wir gegenüber den Tatsachen insgesamt eingestellt sind. Das 3. Haus bildet insofern das individuelle – und folglich subjektive – Bild ab, das der Mensch von der objektiven Wirklichkeit hat: wie er diese sieht, einteilt und für sich einordnet. Dieses Bild ist, zumindest anfänglich, größtenteils unbewußt. Unsere diesbezüglichen Vorstellungen spiegeln sich in den Kontakten zu anderen wider. Darunter fällt sowohl die Art, wie der Kontakt zustandekommt (das Anknüpfen des Kontaktes), die Basis, auf der er zustandekommt (das Thema) als auch die Weise, wie der Kontakt verläuft.

Als Luft-Haus geht es hier natürlich auch um die Ausrichtung auf die Ideen von anderen, allerdings nur in Hinblick auf kurze, unverbindliche und mehr oder weniger informelle Begegnungen. Was dauerhaftere Kontakte betrifft, müssen andere Faktoren dazukommen – Wesensgleichheit, gemeinsame Interessen, gegenseitige Anziehungskraft und ähnliches (siehe dazu das 7. und das 11. Haus). Dasselbe gilt auch für kurze Reisen, die unter dieses Haus fallen. Dabei ist schwer zu sagen, wo die Grenze zwischen der »kurzen« und der »langen« Reise zu ziehen ist. Wir können eine kurze Reise vielleicht am besten als einen informativen Ausflug umschreiben, bei dem das Sammeln von Eindrücken eine Rolle spielt, der aber nicht in wesentlicher Form den Kontakt zu »Wissen« bedeutet, das wir in uns selbst integrieren (9. Haus). Der Unterschied beruht hier in erster Linie auf der Art und Weise des Erlebens und der Bezogenheit auf die Persönlichkeit. Aus demselben Grund fällt der Erwerb von fundamentalem Wissen unter dieses Haus, das heißt von Ausbildungen, bei denen der Schwerpunkt auf direkt anwendbaren Kenntnissen liegt beziehungsweise auf Fähigkeiten, denen wir selbst nichts mehr hinzufügen oder die wir in Übereinstimmung mit unserer Weltsicht zu einer Synthese bringen können.

Das 3. Haus bringt das Bedürfnis nach Kontakten zum Ausdruck sowie die Erwartungen, die wir in dieser Hinsicht haben. Es läßt auch einiges erkennen über die Weise, wie sich die Mittel, die wir dazu gebrauchen, auswirken. Das drückt sich konkret in der Art aus, wie wir schreiben und ganz allgemein kommunizieren, in einer Vorliebe für Sprachen zum Beispiel, in unserem Denken und anderem mehr. Unsere Ängste und Frustrationen sowie unsere Gaben und Möglichkeiten auf diesem Gebiet können wir am 3. Haus ablesen.

Die Resultate unseres Denkens werden stark durch dieses Haus geprägt. Dies darf nicht verwechselt werden mit dem, was der Planet Merkur als mundaner Herrscher dieses Hauses bedeutet. Wenn das 3. Haus angibt, wie wir Informationen aus der Außenwelt ordnen, dann werden sich uns, gemäß dem oben erläuterten Projektionsmechanismus, die Informationen auf die entsprechende Art und Weise präsentieren, und wir werden sie dann zur Kenntnis nehmen. Planeten im 3. Haus beeinflussen die Wahrnehmung des Menschen. Soviel noch zum Verhältnis von Merkur und dem 3. Haus: Stellen wir uns einmal einen Menschen vor, der sich aufgrund seines Merkurs in Haus 3 sehr rational ausdrücken kann, der aber zugleich Neptun in diesem Haus hat. Daß dieser Merkur mit den durch Neptun gefärbten, nicht rationalen Informationen, die von außen kommen, schwer umgehen kann, bedarf keiner weiteren Erklärung.

Das 3. Haus läßt also erkennen, welche Art von Einteilungen wir vornehmen, was für Verbindungen wir herstellen und wie wir Kontakte knüpfen. Projiziert auf die konkrete Wirklichkeit erfahren wir das in angenehmen oder unangenehmen Kontakten mit unseren Mitmenschen, als Konsequenzen unserer Weltsicht und so weiter. Als veränderliches Haus drückt es auch unser Vermögen aus, dieses oder jenes konkret zu nutzen, und zwar überall, wo es etwas zu verknüpfen oder zu verbinden gibt: das Zusammenbringen von Tatsachen (Systematisierung oder Erforschung), Handel (der Austausch von Gütern und die Verbindung zwischen Käufer und Verkäufer) und so weiter.

Traditionell gibt das 3. Haus auch Informationen über die wunderliche Kombination »Brüder, Schwestern und Nachbarn«. Mit Blick auf das 12. Haus (das kindliche Erleben der Welt durch die unbewußte Verbindung mit den Eltern beziehungsweise hauptsächlich der Mutter – siehe im Abschnitt über dieses Haus) können wir feststellen, daß Geschwister die ersten neuen Lebenserscheinungen sind, die in der frühesten Welt des Kindes auftauchen. Dort, wo es noch enge Kontakte zu Nachbarn oder auch die sogenannte »soziale Kontrolle« durch die Umgebung gibt, haben die Nachbarn aus demselben Grund mit diesem Haus zu tun. (Hieraus dürfen wir vielleicht ableiten, daß die Geschwister bei der Entwicklung der Einstellung gegenüber der Außenwelt eine wichtige Rolle spielen oder daß der Einfluß des guten Nachbarn aus der Wohnung gegenüber ungemein groß sein kann.)

Abschließend wollen wir in diesem Zusammenhang einmal das Beispiel eines Menschen betrachten, der Saturn in diesem Haus hat. Traditionell wird von solch einer Person gesagt, daß sie nicht viele Bekannte besitzt und ganz allgemein zum Rückzug neigt, weiterhin, daß sie keine Geschwister hat (was bei dieser Stellung tatsächlich auch vorkommen kann) oder daß wenig Kontakt zu diesen besteht. Woran liegt das nun? Durch Saturn besteht eine starke Fixierung auf dieses Gebiet, mit hochgespannten Erwartungen und zugleich vielen Gefühlen der Unsicherheit und großen Ängsten, daß die Erwartungen nicht befriedigt werden. Stellt sich dieser Mensch dem Kontakt, hat er den Schritt zumeist auf eine Art und Weise vorbereitet, daß von einem Austausch auf der Basis von individueller Entscheidungsfreiheit keine Rede mehr sein kann. Durch seine nach außen projizierte Unsicherheit, Angst und Abwehr oder – auf der anderen Seite – seine Haltung der Überkompensation wirkt er erstickend auf andere, was er dann in der Haltung der Außenwelt widergespiegelt sieht. Dies muß aber nicht ein für alle Male so bleiben. Wenn es diesem Menschen nämlich gelingt, seine Zwanghaftigkeit zu überwinden, wird er erleben, daß er auf natürliche Weise tiefgründige Kontakte herstellen kann oder auch, daß es nicht wichtig ist, immer und jederzeit Kommunikationsbereitschaft zu signalisieren, sondern daß es mehr auf eine dauerhafte und allgemeine Kontaktbasis ankommt.

Hinter vermeintlich unabänderlichen äußerlichen Umständen liegen also immer die verschiedensten dynamischen, psychischen Prozesse verborgen. Insofern muß es nicht zwangsläufig so sein, daß sich »schwierige« Planetenstellungen in unangenehmer Form auswirken, wie manchmal in statischer Auslegung behauptet wird. Es geht im 3. Haus vielmehr um die unbewußte, abstrakte Erwartungshaltung, die wir in der Projektion auf die Umgebung mit unserem Bewußtsein wahrnehmen können. Die Umgebung ist, besonders im Fall der Luft-Häuser, ein direkter Spiegel unseres Inneren.

Das 4. Haus

Das 4. Haus weist eine Analogie auf zum Zeichen Krebs, einem häuslichen und bemutternden Zeichen. Das ist der Grund dafür, daß die häuslichen Umstände und unsere Jugend von ihm dargestellt werden. Auch das Bedürfnis, sich um andere zu kümmern oder selbst versorgt zu werden, sind an diesem Haus abzulesen, wie auch unser Sinn für Familie, Tradition, Herkunft und Vergangenheit. Weiterhin sind unser Lebensabend und die diesbezüglichen Umstände vom 4. Haus angezeigt. Zu dieser Zeit ist das berufliche Umfeld weniger wichtig geworden, der Mensch zieht sich dann in die abgeschlossene Atmosphäre seines Zuhauses zurück, lebt mehr als zuvor in der Vergangenheit und so weiter.

Das Zeichen Krebs blüht auf bei emotionell geprägten Kontakten mit der Umgebung. Das 4. Haus gibt analog hierzu wieder, wie wir die Dinge in unserem Leben gefühlsmäßig würdigen. Der Krebs als Zeichen fühlt sich sehr seinem Ursprung verbunden – das 4. Haus, der tiefste Bereich des Horoskops, wird mit dem Ursprung der Dinge assoziiert. Der Ursprung und das Ende liegen im 4. Haus beschlossen; es ist sowohl die materielle als auch die geistige Basis, von der aus wir operieren. Was das Materielle betrifft: Grund und Boden, Hausbesitz (Immobilien), Bergwerke sowie Besitz in fließender Form (Öl!) werden allesamt zum 4. Haus gerechnet.

Der Krebs ist so stark auf die Gefühle der Umgebung bezogen, daß er nicht selten eine Maske aufsetzt, um gegebenenfalls seine davon abweichenden Emotionen mehr oder weniger zu verbergen. Für ihn ist schließlich die Tatsache, emotionell mit der Umgebung verbunden zu sein, lebenswichtig! Die Maskenfunktion finden wir dann auch im 4. Haus wieder (sowie, was wir später noch sehen werden, im Zusammenspiel mit dem 10. Haus). Doch nicht nur unsere Maske, sondern auch das artverwandte Theaterspielen fällt unter das 4. Haus.

Das 4. Haus ist das Gebiet, wo wir das Ergebnis von unbewußten inneren Prozessen (8. und 12. Haus) erfahren. Das, was wir dann erkennen, ergibt sich für das Bewußtsein »wie aus heiterem Himmel«; es kommt ja tatsächlich aus einer Welt der subjektiven Wirklichkeit in uns, die genauso erkannt und ausgelotet werden muß wie die objektive Welt des 3. Hauses. Parallel dazu können wir festhalten, daß das 4. Haus angibt, auf welche Weise wir der subjektiven – also der in uns liegenden, hauptsächlich gefühlsmäßigen – Wirklichkeit entgegentreten. Diese Haltung beziehungsweise Einstellung basiert wiederum auf einem inneren Bild, das angibt, wie wir uns der subjektiven Wirklichkeit als Individuum nähern (sollten).

Von unserem Bewußtsein her bereitet es uns oft Unbehagen, wenn sich dieser oder jener Gefühlsinhalt meldet, was oft auch mit dessen unberechenbaren und unvorhersagbaren Charakter zusammenhängt (wie beispielsweise bei Gemütsstimmungen). Damit berührt das 4. Haus das elementare Gefühl unseres Wohlbefindens. Beim 2. Haus geht es also um die *fundamentale Sicherheit des Daseins*, beim 4. Haus darum, wie es um die Gefühle hinsichtlich des *Bedürfnisses nach Sicherheit* bestellt ist. Es geht hier also um die Suche nach der emotionellen Basis, nach dem Gefühl von Sicherheit und Geborgenheit. Das 4. Haus läßt erkennen, von welcher Einstellung aus wir die Welt gefühlsmäßig erleben.

Sobald sich in unserer Kindheit ein Bewußtsein zu entwickeln beginnt und das Gefühl der Geborgenheit in Zusammenhang mit der unbewußten Verbindung zur Mutter an Einfluß verliert, kommt das Bedürfnis nach Geborgenheit gemäß dem 4. Haus zum Tragen. Geborgenheit suchen wir zuallererst bei unseren Eltern (nicht nur bei der Mutter). Insofern ist logisch, daß das Moment der Fürsorge durch die Eltern traditionell in Verbindung mit dem 4. Haus gesehen wird. Die Geborgenheit, die wir bei den Eltern suchen und, in welchem Ausmaß auch immer, bekommen – das alles hängt mit dem 4. Haus zusammen. Und das Ausmaß, in dem wir in unserer Jugend das Elternhaus als sichere Basis erfuhren, wirkt sich über die Jugend hinaus auch auf die spätere Einstellung in Hinblick auf die Häuslichkeit aus.

Nur zu oft läßt sich an der Einrichtung einer Wohnung erkennen, wie es um die Verfassung des Bewohners bestellt ist. Oder wir merken, wie sich in Verbindung mit Veränderungen des Bewohners auch die Einrichtung verändert. Jemand, der nicht mehr weiter weiß und sehr niedergeschlagen ist, könnte dazu neigen, sein Zimmer in Schwarz oder einem dunklen Lila zu streichen. Es wäre falsch zu sagen, daß er sich schlecht fühlt, weil das Zimmer so gestaltet ist. Die »tote« Farbe ist in diesem Fall vielmehr die Widerspiegelung der innerlichen Verfassung; sie bildet lediglich einen einzelnen Aspekt des Ausdrucks der innerlichen Prozesse, nämlich des konkret Stofflichen.

Genauso falsch wäre es zu sagen, daß ein Mensch mit Uranus im 4. Haus seiner Familie gegenüber feindlich eingestellt ist. Es handelt sich hier vielmehr um den Hinweis, daß auf die eine oder andere Art eine emotionelle Störung gegeben ist beziehungsweise daß der Mensch große Schwierigkeiten dabei hat, sich zu etwas zugehörig zu fühlen. Das eigene Haus läßt sich in diesem Licht nur schwer als sicherer Hafen betrachten. Dringt der betreffende Mensch jedoch zu seiner eigenen Individualität durch, dann kann er tatsächlich eine tiefe Ruhe erfahren – indem er dem Ausdruck verleiht, was sich durch ihn zu verwirklichen trachtet.

Das Unbewußte, wo das 4. Haus die Spitze dessen bildet, was wir erfahren, bezieht sich nicht nur auf persönliche Inhalte, sondern auch auf das, was über die Generationen hinweg weitergegeben wird. Neben dem Sich-Verwurzeln im elterlichen Haus läßt es auch erkennen, wie es um unseren Familiensinn, unsere Verbindung mit der Vergangenheit, der Tradition und dem Vaterland bestellt ist – was im Grund nur eine Ausweitung der Art und Weise der Verwurzelung in unserer eigenen Familie darstellt.

Unser Bedürfnis nach einer emotionellen Basis führt in der Konsequenz zu unserer individuellen Haltung gegenüber der Außenwelt, in Verbindung mit allen damit womöglich zusammenhängenden Empfindlichkeiten. Insofern zeigt dieses Haus sowohl grundsätzlich unser Bedürfnis nach Geborgenheit an als auch unser Vermögen, Geborgenheit herzustellen. Es hat deshalb auch mit unserer emotionellen Bezogenheit auf andere zu tun und mit dem Einfühlungsvermögen. Das Vermögen, sich in die Haut eines anderen zu versetzen (das Theaterspielen fällt schließlich auch unter dieses Haus), hat eine soziale Funktion. Das Gefühl der Verletzlichkeit, das in Verbindung mit dem 4. Haus zum Ausdruck kommt, macht es uns schwer, uns emotionell so zu zeigen, wie wir wirklich sind.

Vom Motiv des Selbstschutzes aus zeigen wir uns nach außen hin für gewöhnlich mit einer Maske, einer Art Scheinhaltung. Dies ist im Rahmen des Anpassungsprozesses deshalb notwendig, damit es nach innen sowie nach außen hin nicht zu übermäßig großen Schocks kommt. Die Gefahr besteht aber darin, daß wir uns zu sehr anpassen, womit wir dann schließlich vollkommen in der entsprechenden Rolle aufgehen würden. Diese nach zwei Seiten gerichtete Scheinanpassung aber würde auf die Dauer unweigerlich zu innerlichen Konflikten führen und in Verbindung mit der Projektion auch zu äußerlichen. Diese Rolle, zusammen mit der sozialen Maske (abzulesen am 10. Haus), wird »Persona« genannt.

Schließlich und endlich gibt das 4. Haus Hinweise darauf, wie wir unser Alter verbringen. Wir haben uns dann zu unserer »letzten« Basis zurückgezogen, wir haben dann eine Vergangenheit »aufgebaut« und sind häufig von der Fürsorge anderer abhängig. Dies ist die Zeit, in der es die verminderte gesellschaftliche Aktivität in Verbindung mit einer anderen Sicht des Lebens unnötig macht, daß wir uns noch einer Maske bedienen. Natürlich spielen die Erfahrungen, die wir im Lauf unseres Lebens gesammelt haben, hier auch eine Rolle. Aber es ist unsere eigene Haltung der Vergangenheit gegenüber, die unser spätes Leben zur Tragödie oder zum »Lustspiel« macht.

Das 5. Haus

Das 5. Haus steht in Analogie zum 5. Zeichen, dem Löwen, und bezieht sich damit auf das Gebiet des Selbstausdrucks. Unsere Kreativität und Hobbys, unser Bedürfnis nach Sport, Spiel und Freude stehen damit in direktem Zusammenhang. Das 5. Haus ist der Bereich, wo all dies im Horoskop wiederzufinden ist. Es handelt sich dabei um das Haus der »Vergnügungen« – wir finden darin unseren Selbstausdruck in seinen verschiedensten Formen wieder.

Das 5. Haus gibt also an, wie und in welchem Maß wir unseren Selbstausdruck entfalten und unsere eigene Individualität zum Ausdruck bringen. Es spiegelt das Maß wider, in dem jemand sich selbst Aufmerksamkeit schenkt und seinen eigenen Weg geht. Auch das Bedürfnis nach Führerschaft und der Wunsch, im Mittelpunkt zu stehen, ist an ihm abzulesen. Während das Zeichen Löwe bestrebt ist, sich als ganz besonderes Wesen darzustellen, gibt das 5. Haus wieder, in welchem Maße der Mensch in der Lage ist, sich seiner individuellen Wesensart gemäß darzustellen.

Kinder als das direkte und konkrete Ergebnis des Schöpfungsdrangs des Menschen sind astrologisch auch in diesem Haus angesiedelt. Das 5. Haus steht des weiteren für Liebesbeziehungen und Liebesabenteuer und die möglichen Folgen daraus. Häufig ist an ihm abzulesen, wie man Kindern im allgemeinen beziehungsweise den eigenen im besonderen gegenüber eingestellt ist.

Von Natur aus hat der Mensch den Drang, er selbst zu sein und sich zu verwirklichen. Wenn wir wir selbst sein wollen, brauchen wir aber etwas, mit dem wir uns identifizieren können, ein Zusammenspiel von verschiedenen Vorstellungen, in denen wir uns finden und erkennen können. Diese Vorstellungen führen wieder zu einem abstrakten Bild, wie die persönlichen Motive und Triebe am besten zum Ausdruck kommen. C. G. Jung definiert das Ich oder Ego als einen Komplex aus Vorstellungen, der für die betreffende Person den Mittelpunkt ihres Bewußtseinsfeldes bildet und der ein großes Maß an innerlicher Kontinuität und Identität besitzt.

Das Ich oder Ego wird im Horoskop durch die Sonne widerspiegelt, soweit es sich um die *psychische Energie* handelt. Das 5. Haus dagegen ist das Lebensgebiet, auf dem wir unsere *Identität* ausdrücken. Es gibt an, wie wir unserem Bedürfnis, wir selbst zu sein, Gestalt und Ausdruck verleihen. Ungezwungen unserem Wesen Ausdruck zu verleihen fällt uns besonders dann leicht, wenn wir den persönlichen Vergnügungen nachgehen, unser Hobby oder unseren Sport betreiben oder spielen oder uns einfach erholen. Der Drang, diesem – womöglich »übermütigen« – Selbstausdruck nachzugeben und darauf zu vertrauen, was sich dann ergibt, spiegelt sich auch in dem Motiv der Spielleidenschaft, der Risikobereitschaft und bei Spekulationen wider.

Jedes Horoskophaus steht für den Drang, dem einen oder anderen Bedürfnis Ausdruck zu verleihen – das Vermögen, das Betreffende aber auch tatsächlich nach außen hin zu manifestieren, liegt als Teil unseres Selbstausdrucks im 5. Haus beschlossen. Der Ausdruck der schöpferischen Seite kann sich dabei auf die verschiedensten kreativen Liebhabereien richten, auf der materiellen wie der geistigen Ebene (zwei Beispiele: Schreiben, Musik).

Kinder und die Zeugung gehören zum 5. Haus. Dieses hat mit unserer Einstellung zu Kindern im allgemeinen zu tun, bezieht sich doch aber hauptsächlich auf den eigenen Nachwuchs. Nicht selten lassen sich markante Charakterzüge des Kindes im Horoskop der Eltern zurückfinden. Das 5. Haus des Vaters oder der Mutter läßt erkennen, für welche Züge des Kindes er oder sie am empfänglichsten war und worauf er oder sie dann – häufig unbewußt – am stärksten reagierte.

Das Ergebnis des Drangs, uns zum Ausdruck zu bringen, können wir in Verbindung mit dem Projektionsmechanismus in unserer Umgebung widergespiegelt sehen. Der Mensch mit einem ungezwungenen und ungehemmten Selbstausdruck strahlt zumeist viel Selbstvertrauen aus, was für sich allein schon positive Reaktionen hervorruft. Mit diesem Selbstvertrauen ist dann häufig die Fähigkeit verbunden, eine zentrale beziehungsweise leitende Rolle auszufüllen. Ganz allgemein haben also Führungspositionen, Autorität, das Bedürfnis, sich hervorzutun sowie ein starker Wille viel mit diesem Haus zu tun. Zumeist bestehen Hindernisse, wenn der Mensch danach strebt, sich frei zum Ausdruck zu bringen. Daraus folgt, daß es hier auch um das Bedürfnis nach Anerkennung sowie um die Suche nach Bestätigung geht, alles in Verbindung mit dem persönlichen Selbstausdruck. Die Projektion hat hier dann auch eine sehr unmittelbare Wirkung.

Weil das Bedürfnis nach Selbstbestätigung in der Liebe eine sehr wichtige Rolle spielt, fallen auch Liebesbeziehungen, Affären und Liebesabenteuer unter dieses Haus. Die fröhlich-unbeschwerten Seiten der Liebe wie das Flirten und das Spielerisch-Erotische sind typische 5.-Haus-Angelegenheiten. Die Verliebtheit als Projektionsmechanismus der Animus-Anima-Polarität und die Sexualität als Hingabe an den anderen gehören allerdings nicht zu diesem Haus, sondern zu dem 8.

Wenn wir ein starkes 5. Haus haben (dieses also zum Beispiel mit mehreren Planeten besetzt ist), wird dadurch deutlich, auf welche Weise wir uns selbst auszudrücken versuchen, um uns in unserer Autorität bestärkt zu fühlen. Gleichermaßen geht daraus hervor, was wir in diesem Bereich von der Außenwelt erwarten können. Ein Beispiel: Jemand mit einer Horoskopkonstellation, die auf Schwierigkeiten bei der Abgrenzung der eigenen Identität und auf eine gewisse Angst vor Auftritten in der Öffentlichkeit hinweist (beispielsweise eine verletzt stehende Sonne und ein problematischer Aszendent), kann sich großen Schwierigkeiten gegenübersehen, wenn dies mit einem stark besetzten 5. Haus zusammenfällt. Es besteht dann ein großes Bedürfnis, im Rahmen des persönlichen Selbstausdrucks Anerkennung zu erhalten (5. Haus), wobei die anderen Seiten des Charakters hiermit eigentlich gar nicht umgehen können. Nichtsdestotrotz wird dieser Mensch merken, daß er immer wieder aufs neue in Situationen gerät, in denen er die Dinge in die Hand nimmt, eine führende

Rolle bekleidet und im Mittelpunkt steht (5. Haus). Sein diesbezügliches Bedürfnis läßt sich eben nicht unterdrücken. Weil er aber von den anderen Seiten des Charakters her Probleme hat, seine Wesensart zu erkennen, wird es ihn sehr überraschen zu hören, daß die Umgebung ihn für zu dickköpfig, für eigenwillig oder auch für diktatorisch hält. Hier wäre eine genaue Beobachtung des eigenen Verhaltens notwendig, um diese Charakterzüge bewußt zu erkennen.

Das 5. Haus, die Planeten darin sowie der Herrscher dieses Horoskopbereichs stehen für das Bedürfnis, die eigene Persönlichkeit und, mehr noch, die eigene Individualität auf alle nur erdenklichen Weisen zum Ausdruck zu bringen.

Das 6. Haus

Das 6. Haus steht in Analogie zum Zeichen Jungfrau. Dies ist der Grund dafür, daß Arbeit, die Arbeitsumstände, unsere gesundheitliche Situation und unsere Einstellung zur Gesundheit sowie ganz allgemein unsere Dienstbereitschaft mit diesem Haus zusammenhängen. Auch unser Vermögen, methodisch und analytisch vorzugehen, läßt sich analog zur Jungfrau an Haus 6 ablesen. Als Folge des Analysierens geht es auch um unser Vermögen, Differenzierungen vorzunehmen und Kritik zu üben. Das 6. Haus wird weiterhin assoziiert mit Spezialisierung. Es ist das Haus des Fachmanns oder des peinlich genauen Arbeitens – auf der anderen Seite auch das des »Fachidioten« oder des »Arbeitstieres«, je nach der Planetenkonstellation.

Die Jungfrau als nützliches Zeichen bedeutet in der Analogie zum 6. Haus auch eine nutzorientierte und praktische Ausrichtung. Die Arbeit, die gemäß dem 6. Haus verrichtet wird, ist von großem Nutzen und sehr praxisorientiert. In diesem Haus finden wir darüber hinaus die Objektivierung der Tatsachen, auch wieder analog zum Zeichen Jungfrau, das gerne so objektiv wie nur möglich ist.

Das 6. Haus als Bereich, der mit Krankheit und Gesundheit zu tun hat, läßt oft auch erkennen, wie wir mit unserem Körper umgehen und welche Einstellung wir zu seiner Versorgung und zur Hygiene haben. Abgeleitete Bedeutungen sind dann wiederum: in medizinischer oder pflegerischer Funktion Kranke behandeln, die Naturheilkunde, die Akupunktur, die Heilarbeit mit Magnetismus. Dieses Haus spiegelt im Zusammenhang hiermit auch unser Interesse an der Ernährung zur Erhaltung des Körpers wider. Daraus ergeben sich als abgeleitete Bedeutungen: Diät und Diätkunde, die Reaktion auf Nahrung und auf alles, was dem Körper zugeführt wird, sowie die Verarbeitung der Nahrung (Verdauungsorgane).

Das dem 6. Haus gegenüberliegende Haus – das 12. Haus – stellt den Ausdruck des kollektiven Unbewußten beziehungsweise unser Band dazu dar. Im kollektiven Unbewußten liegen die sogenannten Archetypen oder auch Urmuster des menschlichen Verhaltens begründet. Ein Archetyp ist gleichsam die »Ahnung« eines Verhaltens, noch bevor dieses nach außen hin Gestalt erhält (vergleichbar mit der »Ahnung« eines Kristallmusters, das bereits besteht, lange bevor sich eine Form aus der chemischen Lösung herauskristallisiert hat, auf die Art des im Konzept bereits präsenten Kristallmusters).

Archetypen sind universell menschlich. Wenn auch ihr ursprünglicher Inhalt stets derselbe ist, können sie in der äußerlichen Manifestation auf unzählige Arten Gestalt bekommen – der *Inhalt* ist universell, die *Form* nicht. Bei letzterer kommt es je nach Gemeinschaft und Individuum zu unterschiedlichen Auswirkungen. Die zur Wirklichkeit gewordenen Archetypen in der betreffenden Kultur, Gesellschaft oder Sub-Kultur finden wir im 6. Haus, dem Haus des *kollektiv Bewußten*. Die zutage getretenen Formen der zugrundeliegenden Archetypen lassen uns dabei das Werte- und Normen-Muster erkennen, das Teil einer bestimmten Kultur ist: der Kultur, zu der wir gehören.

Das kollektiv Bewußte können wir gemäß Jolande Jacobi folgendermaßen beschreiben:

> *»Die Summe der Traditionen, Konventionen, Sitten, Vorurteile, Vorschriften und Normen einer menschlichen Kollektivität, die dem Bewußtsein einer Gruppe als Ganzem Richtung verleiht und die durch die Mitglieder dieser Gruppe meistens ohne jedes Nachdenken nachgelebt werden. Dieser Begriff deckt sich zum Teil mit dem Freudianischen Über-Ich, unterscheidet sich jedoch in soweit von ihm, daß C. G. Jung hierunter nicht nur die ›introjizierten‹, vom Innenraum der Psyche aus wirkenden Gebote und Verbote der Außenwelt versteht, sondern auch die Ge- und Verbote, die ununterbrochen von außen her den Menschen in seinem Tun und Lassen, Fühlen und Denken bestimmen.«*

Das kollektiv Bewußte ist etwas, mit dem wir uns als Individuum für gewöhnlich nicht identifizieren. Sein Bestehen in unserer Psyche weist aber darauf hin, daß wir als Mensch ein gewisses Bedürfnis verspüren, innerhalb einer bestimmten Norm zu bleiben und in einem bestimmten Rahmen zu »funktionieren«. Von diesen Werten und Normen mitsamt der Art und Weise ihrer konkreten Auswirkungen haben wir in uns selbst ein abstraktes Bild, nach dem wir handeln. Dieses wird vom 6. Haus zum Ausdruck gebracht.

Um innerhalb unserer Umgebung funktionieren zu können, sollten wir über die Fähigkeit verfügen, uns selbst in einem »objektiven« Licht zu betrachten. Die Objektivierung, Relativierung und das Vermögen, Kritik anzunehmen und Selbstkritik zu üben, haben insofern ebenfalls mit diesem Haus zu tun. Durch die damit verbundenen Mechanismen können wir gemäß der Beschaffenheit unserer Psyche in Abhängigkeit zum Rest des Horoskops reagieren, was uns die Möglichkeit gibt, innerhalb unserer Umgebung eine eigenständige Existenz führen zu können.

Das 6. Haus sagt nicht aus, um was für Werte und Normen es hier geht – diese sind für die verschiedenen Zeiten und die verschiedenen Völker und Kulturen jeweils andere. Das 6. Haus zeigt nur, auf welche Weise wir innerhalb unserer persönlichen Umgebung funktionieren. Dieses Haus ist auch ein *veränderliches*. Das heißt: Alles, wofür es steht, zielt auf einen konkreten Nutzen ab. In gewissem Sinne geht es hier hauptsächlich um die Anpassung (je nach individueller Fähigkeit) an die herrschenden Normen, und in Verbindung damit um die Opferung eines mehr oder weniger großen Teils der Individualität. Es geht darum, daß der Mensch seine Individualität einbringt.

In unserer Gesellschaft wird das persönliche »Funktionieren« innerhalb des gesellschaftlichen Rahmens ganz besonders am Arbeitsprozeß gemessen. Was das betrifft, gibt dieses Haus Informationen über unsere Einstellung zur Arbeit und zu den Arbeitsbedingungen. Abweichende Vorstellungen von der Norm, deren Erfüllung von uns erwartet wird, können im Negativfall bei der Arbeit zu Zurechtweisungen oder sogar zu Entlassungen führen. Positive Abweichungen dagegen könnten beispielsweise eine Blitzkarriere ergeben (wenn der Rest des Horoskops hier unterstützend wirkt). Weiterhin ist an diesem Haus abzulesen, wie es um unsere Rolle als Untergebene bestellt ist, und darüber hinaus die persönliche Einstellung und Haltung denen gegenüber, die uns untergeben sind.

Im 6. Haus haben wir es mit sehr verschiedenen Faktoren zu tun, denen aber eins gemeinsam ist: die Anpassung des Egos, um ein soziales Zusammenleben zu ermöglichen. Die diesbezüglichen Faktoren können sowohl äußerliche als auch innerliche sein. Was das Äußere betrifft, kann es sich um alles handeln, was wir im Vorhergehenden behandelt haben: Konfrontationen am Arbeitsplatz, Anpassungsvermögen, die Fähigkeit, mit Kritik umgehen zu können. Auch ist die richtige Beurteilung der Faktoren wichtig, damit es nicht zu »falschen« Anpassungen kommt. Von innen heraus wirkende anpassende Mechanismen beziehen sich auf die »Introjektion«. Hier geht es mehr um Selbstkritik und Selbstanalyse. Wenn das Innerliche zu sehr überwiegt, besteht die Gefahr, daß die Kursanpassung mittels unbewußter Mechanismen vor sich geht. Ein wichtiger Faktor ist hier der Körper: Wenn unser Bewußtsein sich weigert, die für die Psyche so wichtigen Veränderungen vorzunehmen, werden wir unter Umständen krank oder haben unter Erschöpfungszuständen zu leiden (siehe das in Kapitel 2 angeführte Beispiel zur Projektion).

Im Falle einer Krankheit zwingt uns unser eigenes Inneres zu einer Phase des Stillstands, so daß eine Neuanpassung die Folge sein kann. Gesundheit und Krankheit haben eindeutig mit dem 6. Haus zu tun. Unter anderem wegen der Objektivität, die auch mit diesem Haus zusammenhängt, finden wir hier den unparteiischen Blick auf unseren Körper, auf Krankheit und Gesundheit wieder. Und der »gesunde Geist in einem gesunden Körper« trägt in hohem Maße zu einem harmonischen und friedvollen, aber nicht unpersönlichen Funktionieren in der Kollektivität bei, von der wir einen Teil bilden.

Das 7. Haus

Das 7. Haus steht in Analogie zum Zeichen Waage. Deshalb finden wir im 7. Haus alles wieder, was mit Zusammenarbeit, Verbindungen und Partnerschaften zu tun hat.

Da die Waage das Zeichen ist, das am direktesten in Verbindung mit unserem Lebenspartner steht, können wir in Analogie hierzu am 7. Haus Informationen über den Partner ablesen sowie über den Verlauf des Ehelebens oder des Zusammenwohnens. Dabei geht es aber nicht nur um den Lebenspartner, sondern auch um die berufliche Zusammenarbeit, das heißt um die Menschen, mit denen wir aufgrund einer bestimmten Verbindung oder Aufgabe viel zu tun haben. Die Widersacher und Feinde, die uns bekannt sind und mit denen wir uns auseinandersetzen müssen, werden ebenfalls von diesem Haus dargestellt, ebenso die Schwierigkeiten, Prozesse und anderes mehr, die sich daraus eventuell ergeben.

Das 7. Haus als der Horoskop-Bereich, der für unsere Kontaktorientierung steht, gibt auch unsere Einstellung in Hinblick auf die Öffentlichkeit im allgemeinen wieder, unser Verhältnis zu dieser (die E. C. Kühr zufolge als der *kollektive Partner* zu sehen ist) und die Reaktionen der Allgemeinheit auf uns. Dieses »Kontakthaus« steht buchstäblich für das Bedürfnis, uns im Rahmen von Kontakten zum Ausdruck zu bringen. Die Waage ist ein ästhetisches Zeichen; analog hierzu finden wir im 7. Haus auch vieles von dem wieder, was mit ästhetischem Gefühl und Schönheit zu tun hat sowie mit der kontaktorientierten Seite hiervon (Stichworte dazu wären Kunstausstellungen, Wohnungseinrichtung oder auch Diplomatie und so weiter). Das Bedürfnis, Harmonie zu schaffen, und die hiermit verbundene Bereitschaft zu Kompromissen finden wir in diesem Haus wieder.

Wenn wir heiraten oder mit einer vertrauten Person zusammenleben, ist dem ein langer Prozeß vorangegangen. Dieser Entscheidungsprozeß spiegelt sich auch in anderen Teilen des Horokops wider – das *Ergebnis* davon jedoch liegt im 7. Haus. Dieses ist, vom Aszendenten aus betrachtet, das erste Haus, in dem wir uns mit dem anderen als eigenständigem und getrennt von uns existierendem Individuum konfrontiert sehen. Es läßt Näheres dazu erkennen, was dies für uns bedeutet. Grundsätzlich ist hierzu zu sagen, daß wir innerlich ein abstraktes Bild von der Art und Weise haben, wie sich der andere als Individuum manifestiert. Darauf beruht unsere Haltung respektive die Art und Weise, wie wir uns den Mitmenschen nähern. In dem Projektionsmechanismus sehen wir das damit verbundene Erwartungsmuster in unserer/unseren Partnerschaft(en) und unseren Verbindungen widergespiegelt, womit das 7. Haus die äußere Form der Ehe und Partnerschaften symbolisiert.

Im übrigen können wir bei diesem Haus sowenig wie bei den anderen eine Aussage über das Niveau treffen, auf dem es Gestalt annimmt. Wir dürfen also nie ohne weiteres sagen, daß Neptun im 7. Haus den Hinweis auf einen ständig betrunkenen Partner darstellt. Eine sehr spirituelle Verbindung mit dem Partner ohne die vergiftende Eigenschaft von Neptun wäre genauso möglich.

Im 7. Haus erkennen wir den anderen als eine von uns deutlich abgegrenzte Individualität. In ihm suchen wir nach einem Modus, bei allen Unterschieden zu anderen Menschen mit diesen umgehen oder arbeiten zu können. Aus dem diesbezüglichen Bedürfnis heraus entsteht die Neigung nach Harmonie und daraus wiederum unsere Kompromißbereitschaft, die dazu dient, die »Konfrontation« mit dem anderen möglichst unproblematisch verlaufen zu lassen. Diese »soziale Formgebung« kann sich zum Beispiel auch im Verschönern und Harmonisieren der Umgebung auswirken.

Die Suche nach einer Art und Weise, wie mit einer anderen Person umzugehen ist, unterstellt, daß es einen Grund für das Zusammenwirken gibt. Jede Verbindung, Partnerschaft, Form der Zusammenarbeit sowie Feindschaft auch hat gemeinsame, auf das Gleiche gerichtete Interessen zur Voraussetzung. In der Ehe können hier die verschiedensten Gebiete von Bedeutung sein. Wie dem auch sein mag – die Partner haben jedenfalls ein entschiedenes Interesse daran, zusammenzubleiben (vielleicht, weil sie Kinder wollen), und sich deshalb für diese Lebensform entschieden.

Der Ursprung von gemeinschaftlichen Interessen liegt zumeist nicht im 7. Haus, sondern in anderen Häusern begründet. Bei einer Ehe beziehungsweise beim Zusammenwohnen dürften höchstwahrscheinlich das 8. Haus (sexuelle Anziehung) und das 5. Haus (Selbstausdruck und Wunsch nach Anerkennung) von großer Wichtigkeit sein. Zwischen dem 5. Haus (Anerkennung und Autorität) und dem 8. (Streben nach Macht und Empfänglichkeit für Neurosen) kann es aber auch Widersprüche geben, aus denen möglicherweise eine Konfrontation resultiert (Feindschaft). Es ist dann in gewisser Weise ebenfalls eine Art »Zusammenarbeit« zu verzeichnen, in der aber Enttäuschungen als Folge von allzu positiven Projektionen auftreten, die in der Wirklichkeit nicht beantwortet werden. Gleichfalls denkbar wäre aber auch, daß in diesem Fall ausschließlich (allzu) negative Inhalte auf den betreffenden Menschen projiziert wurden. Trotz alldem ist mit dem 7. Haus »Offenheit« verbunden: Wir *erkennen* hier den anderen Menschen. Die Partnerschaften müssen also nicht immer einen harmonischen Charakter haben (was keinen Widerspruch dazu bedeutet, daß ein solches Bedürfnis grundsätzlich sehr wohl vorhanden ist).

Viele Planeten im 7. Haus deuten auf eine starke Bezogenheit auf den anderen hin. Dies kann schon einmal die Ursache dafür sein, daß man große Probleme hat, sich zu entscheiden, und vieles dem Partner überläßt. Umgekehrt aber kann sich auch ein Wunsch nach Dominanz zeigen, in dem Sinne, daß die betreffende Person den Partner mit Erwartungen konfrontiert und der Partner dies womöglich als problematisch erlebt. Und die »guten« Planeten können dabei genauso fatal wirken wie die sogenannten »schlechten«. Jemand mit Jupiter im 7. Haus weist gemäß der diversen Deutungswerke eine ideale Stellung für die Ehe auf, was aber in der Praxis durchaus nicht immer zutrifft. Jupiter im 7. Haus erwartet vom anderen nur Gutes (und bekommt es auch oft, weil die Einstellung grundsätzlich positiv ist). Doch könnten die Erwartungen aus diesem oder jenem Grund auch zu hoch sein, wodurch der andere permanent überfordert wird, was letztendlich zu Spannungen führen muß.

Anhand der Planeten im 7. Haus können wir Rückschlüsse darauf ziehen, was die betreffende Person in bezug auf dieses Lebensgebiet als selbstverständlich erachtet, wie ihre Einstellung sein wird und was die Folgen dieser Haltung sein könnten. Diese Aussage ist viel nuancierter als die Behauptung: »In Ihrer Ehe wird alles auf das beste verlaufen«, oder: »Sie sollten lieber nicht heiraten«. Solche Aussagen sind sehr willkürlich und nicht begründbar. Auch die Angst vor Saturn, Uranus, Neptun und Pluto im 7. Haus ist unbegründet – sie steht nur für eine gewisse Erwartungshaltung. Die betreffende Person ist aber durchaus imstande, diese Planeten auf ihre ganz persönliche Art zum Ausdruck zu bringen, auch wenn das schon einmal mit gewissen Enttäuschungen oder leidvollen Erfahrungen verbunden sein kann.

Uranus im 7. Haus wäre beispielsweise nur der Hinweis darauf, daß der Mensch in der Beziehung nicht eingeengt werden möchte und großen Wert auf die individuelle Entwicklung legt. Wenn dieser Mensch einen Partner findet, der ihm genügend Freiraum läßt, weist Uranus in keinster Weise auf eine Scheidung hin. Wenn wir als Folge von allerlei negativen Behauptungen ängstlich werden, sind dafür unsere eigenen innerlichen Erwartungen verantwortlich. In diesem Fall kann die Aussage zu einer sich selbst erfüllenden Prophezeiung werden und einen Keil zwischen uns und den Partner/die Partnerin treiben.

Das 8. Haus

Das 8. Haus steht in Analogie zum Zeichen Skorpion, was der Grund dafür ist, daß das Verborgene, Geheimnisvolle, Okkulte und Sexuelle mit ihm in Verbindung gebracht wird. Es ist das Haus des Todes, der Vernichtung und des Untergangs, aber auch das Haus der Regeneration, des Kampfes und der Wiederauferstehung. Das Verborgene in uns selbst fällt auch darunter, wodurch es zum Haus der Komplexe und des Verdrängens wird.

Analog zu dem Kampf des Skorpions als 8. Zeichen finden wir hier auch den Kampf im Inneren, den Machtkampf sowie die gefährliche Gratwanderung in dünner Luft wieder. Doch das Bohrende und Tiefgründige des Skorpions und das endlose Wiederkäuen und Grübeln hat zur Konsequenz, daß dieses Haus uns Aufschluß über die Tiefe bringt, wodurch wir in der Lage sind, zum Kern der Dinge vorzudringen. Dies gilt sowohl für das eigene Innere als auch für die Welten um uns herum. Das 8. Haus wurde auch immer als das Haus des Geldes des Partners und der Gesellschaft insgesamt gesehen, Geldangelegenheiten im Großen (Banken und Versicherungen) sowie Erbschaften (Geld als Folge des Sterbens eines anderen) hängen damit zusammen. Es ist das »Wir haben« im Gegensatz zum »Ich habe« des 2. Hauses.

Das 8. Haus ist für gewöhnlich schwer zu deuten. Wir könnten es vereinfachend als das »Haus des Todes« abtun, was uns aber auch nicht viel weiterhilft. Es hat eine viel umfassendere Bedeutung. Dieses Haus des Unbewußten (zum Unbewußten gehören alle Wasser-Häuser: das 4., das

8. und das 12.) umfaßt das, was wir unser *persönliches Unbewußtes* nennen: das, was wir vergessen haben, das, was wir nicht mehr wissen wollen und verdrängt haben sowie unsere verborgenen Schwierigkeiten und Talente. Das 8. Haus ist unser unterirdischer »Keller«, in dem »schreckenerregende Wesen« hausen, vor denen wir Angst haben. Gleichermaßen aber liegen dort der Schatz und das Erbe aus der Vergangenheit als Geschenk und Gabe, die der Entdeckung harren, bis wir uns trauen, in der Tiefe nach ihnen zu suchen.

Allerlei instinktive Reaktionen haben ihren Ursprung im 8. Haus, was eine Erklärung dafür ist, daß hier viele Projektionen im Spiel sind. Es kann auf eine besondere Weise mit allen anderen Häusern des Horoskops in Verbindung gebracht werden. Auf welchem Lebensgebiet wir auch Erfahrungen machen – in dem Moment, wo wir sie verdrängen, finden sie Eingang in unser 8. Haus. Dieses Haus kann dabei wegen all der Probleme und Verdrängungen so überladen werden, daß es unter Umständen den Ausdruck von allen anderen Lebensgebieten oder Häusern mehr oder weniger vollständig blockiert.

Wenn auch unsere Lebenskraft durch das gesamte Horoskop zum Ausdruck kommt, erfüllt das 8. Haus als »Haus des Todes« doch eine zentrale Aufgabe. In dem Maße, wie unsere Verdrängungen zunehmen, erhält das persönliche Unbewußte mehr »Gewicht«. Es entzieht dann mehr und mehr Energie, um die verdrängten Inhalte außerhalb des Bewußtseins zu halten – was natürlich zu Lasten der dem Bewußtsein zur Verfügung stehenden psychischen Energie geht. Auf diese Weise kann die Lebenskraft (und auch die Lebenslust) blockiert werden. Der Tod, als Gegenpol zum Leben, kann dann auf eine Art in Erscheinung treten, die das Leben im übertragenen oder im wörtlichen Sinne vernichtet. Für gewöhnlich ist es so: Wir erkennen, daß wir unsere verdrängten unbewußten Inhalte auf die Umgebung projizieren, was wiederum zur Folge hat, daß wir all unsere eigenen Inhalte in den Mitmenschen wiedertreffen.

Unsere eigene Haltung zur Umgebung und die Reaktionen, die wir erhalten, konfrontieren uns auf eine sehr intensive Weise mit uns selbst. So haben wir dann eine Voraussetzung geschaffen, um unsere Probleme zu erkennen und allmählich zu lösen. Dies geschieht jedoch häufig erst nach einer (mehr oder weniger tiefen) Krise, bei der ein Stück verdrängter Persönlichkeit assimiliert wird, das der Persönlichkeit in ihrer Gesamtheit gleichsam neues Leben verleiht. Es ist hauptsächlich auch deshalb ein schwieriger Prozeß, weil das Projizieren von verdrängten Inhalten auf andere die Mitmenschen häufig in einem schlechten Licht erscheinen läßt, was nicht mit der Wirklichkeit übereinstimmt. Die Kraft der Verdrängung bauscht die vermeintliche Negativität so sehr auf, daß dem anderen alles nur erdenklich Schlechte angedichtet wird. Zu erkennen, daß das Schlechte nicht im anderen, sondern in *dir* sitzt, ist ein sehr schwieriger Schritt. Das Unbewußte projiziert sich per Definition auf die Umgebung. Konkret merken wir das an dem »Schatten« (wenn wir jemanden unseres Geschlechts als Sündenbock sehen) oder an »grenzenloser Verliebtheit« (in Hinblick auf das andere Geschlecht).

Das unbewußte, tief verborgene Erwartungsmuster an den anderen projizieren wir auf das Objekt unserer Liebe nach außen. Wir begegnen, ohne es zu wissen, in dem anderen einem unbewußten Stück von uns selbst, das C. G. Jung beim Mann *Anima* und bei der Frau *Animus* genannt hat. Durch die außenweltbezogene Projektion auf den anderen bekommen wir es in dem anderen mit uns selbst zu tun, was uns die Möglichkeit eröffnet, in die dunklen, beängstigenden Tiefen unseres Unbewußten hinabzusteigen. Die Art, *wie* wir projizieren, sowie das, *was* wir projizieren, hängt eng mit unseren Komplexen, Neurosen und verborgenen Gaben und Talenten zusammen. Wenn der Mensch – oftmals in Verbindung mit einer Krise – seine Energien nicht länger an seine Komplexe und Neurosen zu verschwenden braucht, kann er anfangen, diese schöpferisch einzusetzen, was ungeahnte tiefe Einsichten und Leistungen bedeuten kann. Der Mensch kann die solcherart freigewordene Energie auf allen möglichen Gebieten einsetzen, zum Beispiel im Rahmen der sexuellen Hingabe an den anderen, bei der das Ich im anderen aufgeht. Dies ist eine gänzlich andere Erfahrung als die, die mit dem 7. Haus verbunden war.

Im 8. Haus kommt der innerliche menschliche Kampf zwischen Lebensdrang und Todestrieb zum Ausdruck. Wenn sich die beiden im Gleichgewicht befinden, sehen wir einen Menschen vor uns, der den Mut hat, seinen eigenen Weg zu gehen, ohne im wörtlichen oder im übertragenen Sinne in eine Sackgasse zu geraten. Stehen die beiden Triebkräfte, die als Gegensätze von Leben und Tod unlösbar miteinander verbunden sind, nicht im Gleichgewicht zueinander, können schwerwiegende Folgen das Resultat sein. Wir sehen dann beispielsweise jemanden vor uns, der so viel von sich selbst verdrängt, daß er nur ein sehr oberflächliches Leben führt – ein Leben ohne Tiefe und ohne Hintergrund, das ausschließlich auf die äußerliche Instandhaltung der Person gerichtet ist, die der Betreffende jedoch fortwährend durch seine Projektionen schwächt. Oder es handelt sich um einen Menschen, der sich selbst und seinen Selbstausdruck mehr und mehr blockiert, was als Folge der Verdrängungen zu sehen ist, die ständig mehr Energie verlangen. In beiden Fällen kann eine Krise unter Umständen zur Lösung führen.

Der Todestrieb und die Todesangst haben eine wichtige Funktion und sind häufig sehr motivierend. Wir sollten nicht den Fehler machen, sie sogleich als verwerflich einzuschätzen. Viele Menschen haben das Bedürfnis, einmal in ihrem Leben etwas wirklich Wichtiges zu tun – etwas Heroisches, sei es im Großen oder Kleinen. Das hat seine Ursache in dem Wunsch, eine Tat vollbracht zu haben, die die persönliche Individualität zeitlos bestätigt. Ernest Becker nennt dann auch die Todesangst eine der größten treibenden Kräfte des menschlichen Handelns. Das Heroische, das damit in Verbindung stehen kann, stellt die Erklärung der astrologischen Auffassung dar, daß jemand mit einem starken 8. Haus Risiken und große Wagnisse einzugehen bereit ist. Auf diese Weise ist er wegen des Tiefgangs in seinem Leben auch in der Lage, mehr als andere zu leisten.

Todesangst und Todestrieb können in Verbindung mit Geltungsdrang und Wagemut (symbolisiert durch das Heroische) das Leben stimulieren, aber auch bedrohen. Die Herausforderung, stets aufs neue dem Tod ins Auge zu schauen und ihn immer wieder zu besiegen, finden wir zum Beispiel bei Stuntmännern und -frauen wieder. Indem sie ihrem Todestrieb Ausdruck verleihen, ist ihr Leben für sie lebenswert – eine typische Auswirkung des 8. Hauses. Lebensdrang und Todestrieb gehen wortwörtlich und im übertragenen Sinne Hand in Hand. Und durch das Überwinden des »Todes« können enorme schöpferische Kräfte freigesetzt werden. Daß mit dem 8. Haus Schöpfungskraft und Schöpfungsdrang in Verbindung gebracht werden, ist aus dem Angeführten leicht zu ersehen.

Das Verborgene des 8. Hauses kann sich letztendlich auch auf untergründige psychologische Einsichten, auf (eventuell) unentwickelte übernatürliche Gaben beziehungsweise auf mediale Veranlagungen (in Kombination mit dem 12. Haus) oder auf Magie beziehen. Das alles kann ans Licht kommen, wenn der Mensch sich von seinen Komplexen freigemacht hat. Psychologen und Psychiater als Begleiter dieser Prozesse haben insofern ebenfalls mit diesem Haus zu tun, gleichermaßen aber auch Magier, Okkultisten, Parapsychologen und Detektive. Und der Atomphysiker, der zum »Kern« der Materie durchdringen will und sich dabei doch fast auf das Gebiet des Okkulten und Unsichtbaren vorwagt.

Das 9. Haus

Das 9. Haus weist eine Analogie zum Zeichen Schütze auf. Dieses Zeichen ist geprägt von einer großen Reiselust. In Verbindung damit wird das 9. Haus in Zusammenhang mit dem Ausland gesehen. Der Schütze steht für das Interesse an Neuem und an Weiterentwicklung. Eine höhere

Ausbildung sowie ganz allgemein Studien hinsichtlich der verschiedensten Bereiche und die Integration der Tatsachen in das größere Ganze sind dann auch charakteristisch für das 9. Haus. Auch das Verkünden der erworbenen Kenntnisse und der entdeckten Wahrheiten steht damit in Verbindung.

Eine weitere Analogie zum Zeichen Schütze liegt darin, daß das 9. Haus unsere Ideale, unsere Lebensanschauung, unser Rechtsgefühl, unseren Sinn für Philosophie und unsere metaphysische oder religiöse Einstellung zum Ausdruck bringt. Das Reisen und das Lernen, das Erfahren des Fernen, Fremden und des Neuen, in Verbindung mit der Integration in einen umfassenderen Zusammenhang, sind kennzeichnend für das Lebensgebiet des 9. Hauses.

Bevor es tatsächlich zu einer Reise oder einem Studium kommt, muß zunächst einmal der entsprechende Wille beziehungsweise die Bereitschaft dazu vorhanden sein. Dieser Wille entspringt im Zusammenhang mit dem 9. Haus nicht so sehr der reinen Willenskraft, einem zähen Durchsetzungsvermögen oder dem Wunsch, gesellschaftlich eine Spitzenposition zu bekleiden – verantwortlich dafür ist das Bedürfnis, den eigenen Horizont ständig auszuweiten.

Etwas in größerem Zusammenhang zu sehen verlangt eine umfassende Kenntnis, was der Grund dafür ist, daß der Gedanke an Expansion und Verbreiterung mit dem 9. Haus in Verbindung gebracht wird. Das Reisen und das Ausland stellen schließlich im buchstäblichen Sinn eine Ausweitung des eigenen Horizonts dar. Doch reist bei weitem nicht jeder mit einem starken 9. Haus auch tatsächlich viel ins Ausland. Dieses Haus bezieht sich nämlich insbesondere auf die Ausweitung des *innerlichen* Horizonts, was mit Studien und Universitäten sowie mit einer intensiven Auseinandersetzung mit Religion, Metaphysik oder Philosophie zusammenhängen kann. All dies richtet sich auf die Ausweitung des persönlichen Horizonts. Was auf den ersten Blick so unterschiedlich anmutet wie Ausland, Studium und Religion, hat also einen gemeinsamen Nenner: das Bedürfnis nach Erweiterung unseres Horizonts, sowohl in konkreter als auch in geistiger Hinsicht.

Das 9. Haus hat sehr stark mit dem Prozeß der Bewußtwerdung – oder auch: mit der Synthese – zu tun, wobei es darum geht, Fakten und Erscheinungen in ihrem größeren Zusammenhang zu sehen. Es spiegelt dann auch das teils bewußte, teils unbewußte abstrakte Erwartungsmuster hinsichtlich der Art und Weise wider, wie wir Erscheinungen und Fakten in bezug auf uns selbst und der Außenwelt zu einer Synthese bringen können, gemäß dem Prozeß von Auswertung und Beurteilung. Folglich handelt es sich hier auch um den Bereich, in dem wir die Synthese suchen, und um die Informationen, die wir für dieses Ziel als sinnvoll, nötig und nützlich ansehen.

Die Resultate unserer Reisen, unseres Studiums und unseres Bedürfnisses, die Dinge zu einer Synthese zu bringen, liegen ebenfalls in diesem Haus begründet. Das 9. Haus ist allerdings ein veränderliches Haus, was für das Bedürfnis spricht, die Resultate der Außenwelt dienstbar zu machen. Wir können unsere Erfahrungen *mitteilen*, sie anderen aber auch *aufdrängen*, dann, wenn wir zu sehr von uns selbst überzeugt sind. Wie dem auch sein mag – der Gedanke der Verbreitung kann sich jedenfalls auch auf unsere Mitmenschen richten.

In Verbindung mit den gemachten Erfahrungen oder dem Gelernten haben wir uns eine Meinung gebildet. Wie diese Meinung aussieht und wie der Mensch sie verbreitet oder interpretiert, ist am 9. Haus ablesbar. Meinungsbildung und Meinungsäußerung – vor allem die *freie* Meinungsäußerung – sind Themen, die mit keinem Haus soviel zu tun haben wie mit dem Schütze-Haus.

Wir können auf alle nur erdenklichen Weisen im täglichen Leben sehen, wie sich das Aufnehmen und das Verbreiten von Meinungen in eine Synthese auswirkt. Ein Stichwort hierzu ist der Überzeugungsdrang, den manche Leute an den Tag legen. Es handelt sich hier um Menschen, die ihre Wahrheit unter allen Umständen hinausposaunen und sie anderen oftmals aufzudrängen versuchen. Um ein Beispiel zu geben: Jemand mit Mars im 9. Haus fühlt sich dazu berufen, mit großem Enthusiasmus und viel Feuer und sehr großem Nachdruck seine Meinung zu verkünden. Mars ist der Planet, der unseren Geltungsdrang symbolisiert, das Hervorheben unseres Selbst. Insofern läßt Mars anderen für gewöhnlich wenig Raum. Im 9. Haus kann das manchmal zu einem wahren Bekehrungseifer führen – natürlich aus den »besten Absichten« heraus. Wird dieser Eifer behindert, neigt Mars im 9. Haus in Übereinstimmung mit seiner großen Kampfeslust dazu, das Ganze auf die Spitze zu treiben. Solch ein Mensch tritt voller guter Absichten für die Sache ein, hinter der er steht, ruft aber in seiner Umgebung manchmal heftigen oder sogar aggressiven Widerstand hervor. Die Umgebung reagiert dann weniger auf die »Botschaft« als auf deren »Verpackung«: die Art, wie der Mensch seine Botschaft präsentiert.

Vom 9. Haus läßt sich aufgrund des Dargelegten feststellen, daß es Informationen liefert über das Bedürfnis nach Expansion und Ausweitung unseres Horizonts, über die Art, wie wir diesem Bedürfnis Ausdruck verleihen und darüber, was wir diesbezüglich von unserer Umgebung erwarten. Es informiert über konkrete Dinge wie Reisen und Studien und, allgemeiner gesehen, auch über unsere Einstellung dazu. Auch die Art und

Weise, wie wir die Dinge in einen größeren Zusammenhang zu bringen oder eine Synthese herzustellen versuchen, wird durch dieses Haus widergespiegelt.

Das 10. Haus

Das 10. Haus steht in Analogie zum Zeichen Steinbock. Das ist der Grund dafür, daß schon seit jeher in ihm Informationen über die Karriere, über die sozial-gesellschaftliche Position und über den Beruf gesucht werden (letzteres steht aber auch mit anderen Häusern in Verbindung, wie dem 6. und dem 12.). Unser Ruf, unser Ansehen und die Anerkennung unserer Leistungen und Einstellungen liegen in diesem Haus beschlossen. Es zeigt an, in welchem Maß wir unser eigener Herr sind und wie wir auf Anordnungen oder Autoritäten reagieren, beziehungsweise inwiefern wir selbst Autorität besitzen. Das 10. Haus gibt Antwort auf die Frage, wie wir auf andere wirken und welches Bild wir den Mitmenschen bieten. Insofern enthält es gewisse Informationen über die – mehr oder weniger anpassungsfähige – Maske, die wir der Außenwelt zeigen.

Dieses Haus zeigt unser Bedürfnis nach Bestätigung und Unterstützung sowie danach, in der konkreten Realität der Außenwelt auch tatsächlich konkrete Resultate zu erzielen. Es hat sehr viel mit der Öffentlichkeit zu tun: Wie wir in der Kollektivität nach außen treten (im Gegensatz zum Nach-Außen-Treten auf individueller Basis, wie es im 1. Haus zum Ausdruck kommt, und zum Blick auf den anderen gemäß dem 7. Haus). Im 10. Haus finden wir insofern ebenfalls Hinweise auf das, was wir von außen angeboten bekommen, um auf der gesellschaftlichen Leiter höherzusteigen. Es geht also auch darum, wie die Außenwelt auf unsere Manifestation reagiert.

Analog zum Zeichen Steinbock ist das 10. Haus eine konkret auf uns selbst bezogene Gegebenheit: Unsere eigene Position ist wichtig, doch auch der objektive Blick darauf und folglich damit unsere eigene Verantwortlichkeit.

Wenn das 10. Haus angibt, wie die Außenwelt auf uns reagiert, muß dem etwas zugrunde liegen: die Präsentation unseres Wesens gegenüber der Außenwelt. Und wenn das 10. Haus in direktem Zusammenhang mit unserer gesellschaftlichen Position steht, haben wir doch etwas tun müssen, damit es zu dieser Position kam. Kurz gesagt, wir haben erst etwas lernen müssen, sowohl im praktischen, konkreten Sinn – durch Schulung

– als auch durch den Prozeß der Selbsterkenntnis. Diese Erkenntnis richtet sich auf das Wissen, was wir können, wie weit wir kommen können und wo unsere Grenzen liegen. Daraus resultiert die Einschätzung, für welche Arbeit wir letztendlich geeignet sind. Die Entscheidung für all das, womit wir uns auf Grund dieser Kenntnis identifizieren können, die Identitätsbestimmung und -abgrenzung, hat längst schon stattgefunden, wenn es darum geht, im Rahmen der gesellschaftlichen Umgebung einen Beruf zu ergreifen.

Mit der Entwicklung des Bewußtseins entwickeln wir ein bestimmtes Bild von uns selbst, das die Basis des 10. Hauses formt. Wir können darum festhalten, daß das 10. Haus angibt, wie wir uns selbst sehen und welche Haltung wir aufgrund dessen in der gesellschaftlichen Umgebung zum Ausdruck bringen (also auch das Maß, in dem wir für unsere Arbeit, für unseren Platz in der sozialen Hierarchie, für unseren Führungsanspruch und so weiter kämpfen können). Dieses Bild ist nach außen hin deutlich sichtbar – wie die Fahne an einem hohen Turm eines Schlosses, das ansonsten unzugänglich ist. Die Außenwelt hat bei der ersten Begegnung nur diese »Fahne« als Anhaltspunkt für ihre Reaktion – welche überhaupt nicht mit dem Rest unseres Wesens übereinstimmen muß, genausowenig wie Planeten im 10. Haus notwendigerweise mit dem Rest des Horoskops in Übereinstimmung stehen müssen.

Das Bild, das wir von uns selbst haben, weicht zumeist mehr oder weniger stark von dem Bild ab, das wir von uns vermitteln. Wir korrigieren es im Lauf unseres Lebens ständig, in dem Maß, in dem wir bestimmte Projektionen durchschauen und uns selbst besser kennenlernen. Auf der Basis dieses Ich-Bildes spielen wir eine bestimmte Rolle, und diese Rolle oder diese Maske ist unsere *Persona*. Wir sind uns zwar meistens bewußt, daß wir diese Maske benutzen, trotzdem aber sind in der Persona sowohl bewußte als auch unbewußte Erwartungen angelegt.

Es ist unsere persönliche Haltung gegenüber der Umgebung, die in der Außenwelt Reaktionen auslöst. Diese Reaktionen führen dann zur Korrektur unseres Ich-Bildes sowie zum Aufbau einer sozial-gesellschaftlichen Position. Das Ich-Bild, wie es im 10. Haus beschlossen liegt, ist das Resultat der Interaktion zwischen Individuum und Umgebung, namentlich der Gesellschaft. C. G. Jung sagt dann auch dazu: »Die Persona ist ein Kompromiß zwischen Individuum und Gesellschaft über das, wie der Mensch in Erscheinung tritt.« Es ist also ein Kompromiß zwischen dem, was die Gesellschaft verlangt, und der strukturellen innerlichen Veranlagung des Individuums.

Eine gut funktionierende Persona trägt drei Faktoren Rechnung: dem Ich-Ideal beziehungsweise Wunschbild, das jeder Mensch in sich trägt

(10. Haus), dem allgemeinen Bild, das die Gesellschaft von einem nach ihren Maßstäben idealen Menschen hat (6. Haus) und der psychischen und physischen Disposition, die die Möglichkeiten zur Verwirklichung des Ichs beziehungsweise des Gesellschaftideals begrenzen (2. Haus). Eine harmonische Wechselwirkung zwischen diesen Faktoren führt zu einer harmonischen Einstellung zur Außenwelt. Ist dagegen beispielsweise das gesellschaftliche Idealbild deutlich hervorgehoben, besteht die Gefahr, daß es sich um einen »Massenmenschen« handelt. Steht diese Facette zu sehr im Hintergrund, haben wir es eher mit einem ausgeprägten Individualisten, Rebellen oder Sonderling zu tun.

Im 10. Haus liegen also sowohl das von innen heraus wirkende Ich-Bild als auch die von außen her darauf einwirkenden Faktoren begründet. Die Persona hat mit unserer Anpassung an die Außenwelt und die Gesellschaft im allgemeinen zu tun. Sie ist näher bestimmt durch die Planeten, die wir im 10. Haus unseres Horoskops haben. Diese zeigen an, wie weit uns hier eine geschmeidige Anpassung gelingt. Konflikte in Zusammenhang mit diesem Haus beziehungsweise mit der Himmelsmitte – dem MC – haben direkte Auswirkungen auf unsere Rolle in der Gesellschaft, sie sagen aber nichts darüber aus, ob es sich um einen »guten« oder einen »schlechten« Charakter handelt. Das 10. Haus gibt uns auch keine Informationen darüber, welche Anforderungen die Gesellschaft nun an uns stellt. Es läßt nur erkennen, welche Anforderungen an das Individuum gestellt werden, sich im Rahmen seiner Persönlichkeit an geltende Maßstäbe und Auffassungen anzupassen.

Die Entwicklung der Maske beginnt bereits im Kindesalter in der elterlichen Umgebung (der Grund dafür, warum auch die Eltern für das 10. Haus von Einfluß sind). Die Achse 4. Haus/10. Haus gibt gleichzeitig Informationen über beide Elternteile – allerdings hat es sich in der Praxis als sehr schwierig herausgestellt, Mutter oder Vater einem bestimmten Haus zuzuordnen. Das ist auch logisch, da das Kind die Eltern in den prägendsten Jahren als Einheit erfährt und erst später zwischen Vater und Mutter unterscheiden lernt.

Das 10. Haus steht zumeist für die Anerkennung unserer Arbeit im Rahmen der gesellschaftlichen Verhaltensformen und Konventionen (dies wiederum in Analogie zum Zeichen Steinbock). Konventionen aber haben für gewöhnlich etwas Straffes und Festumrissenes, wenn nicht gar Starres. Planeten im 10. Haus zeigen in ihrem Ausdruck dann auch oft etwas Starres; sie lassen Flexibilität und Geschmeidigkeit vermissen (was sogar für den Mond gilt). Formen und feste Umrisse sind das, was im 10. Haus im Vordergrund steht.

Das 11. Haus

Das 11. Haus steht in Analogie zum Zeichen Wassermann. Dies ist der Grund dafür, daß wir die sozialen Kontakte und den geselligen Austausch darin wiederfinden. Es ist das Haus der Freunde und Freundschaften, der Parteien und ideologischen Mitstreiter, des gemeinsamen Schaffens und der Demokratisierungsprozesse. Dieses Haus gibt Auskunft über Art und Intensitität der Freundschaften, über die Fähigkeit, Beziehungen herzustellen und zu pflegen, über den Gedankenaustausch und das Vermögen, in Gruppen auf gleichberechtigter Basis mitzuwirken. Es spiegelt die Zusammenarbeit auf der Basis geistiger Verwandtschaft wider und gibt an, ob sich der Mensch im Verein mit anderen wohl fühlt.

Das 11. Haus zeigt vor allem auch, in welchem Maß wir auf der Basis *persönlicher* Kontakte Anschluß finden können (das 10. Haus dagegen ließ etwas zum Anschluß auf der Basis des Ich-Bildes und *sozial-gesellschaftlicher* Prozesse erkennen). Das 11. Haus bringt oft zum Ausdruck, welchen Typ Freunde der Mensch in Verbindung mit seiner gesellschaftlichen Position anzieht. Das können Freunde im In- oder auch im Ausland sein: Analog zum Zeichen Wassermann hat das 11. Haus etwas »Grenzüberschreitendes«. Mit anderen Worten: Die feste und abgegrenzte Form des 10. Hauses wird in diesem Haus durchbrochen. Im 11. Haus sind alle gleich. Dies ist die Basis der Kontakte, wie sie mit diesem Haus einhergehen.

Um Freundschaften zu schließen, reicht die bloße Begegnung mit potentiellen Freunden nicht aus. Soll eine Freundschaft entstehen, ist ein bestimmtes Erwartungsmuster mit einer daran gekoppelten bestimmten Haltung notwendig. Das 11. Haus läßt sich vielleicht am besten anhand der Unterschiede zu anderen Häusern erläutern. Im 7. Haus sahen wir das Zusammengehen aufgrund von gemeinsamen Interessen, wobei individuelle Unterschiede dem Gemeinsamen untergeordnet wurden. Im 11. Haus sehen wir dagegen die Einsicht, daß diese Unterschiede den Ausgangspunkt bilden, um etwas Gemeinsames – etwas Universell-Menschliches – zu entdecken.

Das wird noch deutlicher, wenn wir das 11. Haus als Gegensatz zum 5. Haus sehen, dem Haus unseres persönlichen Selbstausdrucks. Im 11. Haus liegt der Selbstausdruck der anderen begründet; es gibt das Maß an, in dem wir in der Lage sind, den Selbstausdruck der anderen als gleichwertig zu dem unseren anzusehen und zu schätzen (eventuell sogar den unseren darauf abzustimmen). Allen Äußerungen des 11. Hauses liegt ein abstraktes Erwartungsbild vom Selbstausdruck der anderen zugrunde, das uns bei allen sonstigen individuellen Unterschieden ein Gefühl der Verwandtschaft, des gemeinsamen Strebens und der Zusammengehörigkeit vermittelt.

Unsere Haltung als Folge dieses Bildes von bewußten und unbewußten Erwartungen ruft in der Außenwelt Reaktionen hervor. Im 11. Haus finden wir dann auch unser Reagieren auf diese Impulse von außen wieder. Konkreter gesagt, finden wir hier das Maß, in dem wir in der Lage sind, Freundschaften zu schließen und zu unterhalten, sowie zugleich den Typ Freund, den wir aufgrund von unbewußten Erwartungen anziehen. Die Wahl des Freundes hat natürlich viel mit der Art von Selbstausdruck zu tun, den wir in anderen suchen und den wir als dem unseren gleichwertig einschätzen. Ein sehr starkes ichbewußtes Individuum wird ganz andere Freunde anziehen als jemand, der aus einer schwachen Identität heraus fortlaufend Unterstützung aus dem Freundeskreis erhalten möchte. Das 11. Haus zeigt insofern auch, was wir in unserem Freundeskreis suchen, welchen Erwartungen der Freund entsprechen muß und welche Wünsche und Anforderungen damit verbunden sind.

Das Zeichen Wassermann bringt zu einem mehr oder weniger großen Maß persönliche Unsicherheit zum Ausdruck. Man erkennt, daß andere die gleichen Rechte haben wie man selbst und daß trotz individueller Unterschiede alle gleich sind. Bei der angesprochenen Unsicherheit ist noch das Bedürfnis kennzeichnend, daß wir herauszufinden möchten, worin diese Gleichheit, dieses Gemeinschaftliche nun eigentlich besteht. Analog zu dieser Wassermann-Charakteristik finden wir im 11. Haus das Bedürfnis, diese Unsicherheit aufzulösen – durch das Erfahren der gemeinsamen Faktoren sowohl innerhalb als auch außerhalb von uns selbst. Sicherheit und Halt suchen wir außer bei unseren Freunden bei Menschen, deren Selbstausdruck dem unseren ähnlich ist und deren Erwartungen die unseren widerspiegeln, also bei Gleichgesinnten, bei Geistesverwandten, bei Gruppen und Vereinen (wo man zugleich sein 5. Haus im größeren Rahmen ausleben kann). Wir können im Gruppenverband, als Individuum innerhalb eines größeren Ganzen, durch unser Reden und Handeln in mehr oder weniger ausgeprägtem Maße eine Identität beziehen. Das Vermögen zur Teilnahme an Gruppenprozessen nebst der Neigung, sich an Gruppen anzuschließen und gemeinsam Ideale und Ideologien zu verfolgen, haben darum mit dem 11. Haus zu tun.

Das 11. Haus ist ein Horoskop-Bereich, der die Ich-Abgrenzung durchbricht beziehungsweise abschwächt. Es zeigt auch an, in welchem Maß andere als *eigenständige* Persönlichkeiten in unserem Leben eine Rolle spielen können, womit starre Grenzen durchbrochen werden. In seiner Abfolge auf das 10. Haus gibt es auch Informationen über unsere Beziehungen zur Außenwelt, jetzt aber auf der Basis von *individuellen* Merkmalen. Diese Beziehungen können vielfältigster Art sein. Es kann sich dabei um die Kontakte des Politikers zu seinen Wählern handeln, um die Verbindung des Schauspielers zu seinem Publikum oder was auch immer. Das 11. Haus gibt die Art des Kontaktes an und wie weit wir dabei erfolgreich sind.

Der Freundeskreis, die Wähler, das Publikum – sie alle haben eine ganz bestimmte Funktion: Sie halten uns durch ihre Reaktionen einen Spiegel vor, in dem wir uns erkennen können. Auf der Basis dieser Reaktionen können wir uns unbewußter Vorgänge und Gedanken bewußt werden. Darin liegt der Grund dafür, daß das (fixe!) 11. Haus für gewöhnlich eine stärkere Rolle bei der Prägung der Persönlichkeit spielt, als zumeist angenommen wird. Das 11. Haus ist ganz bestimmt kein »oberflächlicher« oder lediglich »kommunikativer« Bereich – es ist ein Haus, das uns ganz direkt mit uns selbst konfrontiert und dadurch in unserem Horoskop eine Menge in Bewegung setzen kann.

Das 12. Haus

Das 12. Haus steht in Analogie zum Zeichen Fische. In Verbindung damit ist es stets als »ungreifbar« angesehen worden. Unsere verborgenen Feinde, Gefängnisse, Krankenhäuser und andere Institutionen mehr stehen mit ihm in Verbindung. Bei diesen Organisationen und Einrichtungen geht es darum, daß unsere Individualität nicht zum Zuge kommt, sondern das Anonyme und Kollektive im Vordergrund steht. Es ist ein Haus, das in Zusammenhang mit dem Verborgenen und Geheimnisvollen durchaus nicht immer einfach zu verstehen ist.

Dieses Haus ist das Haus des Schmerzes und der Beschränkungen, das Gebiet des Rückzugs vom äußeren Leben. Im positiven Sinn handelt es sich dabei um Selbstaufopferung und um kollektive Dienstbarkeit, beispielsweise um die Arbeit in Krankenhäusern oder für die Ärmsten in den Slums und so weiter, gleichermaßen aber auch um den freiwilligen Rückzug vom Weltlichen, zum Beispiel durch den Eintritt in ein Kloster. Damit ist das 12. Haus auch das Haus der innerlichen Einkehr, des Spirituellen und des Esoterischen. Weil der Kontakt zum Weltlichen darin sehr im Hintergrund steht, ist dieser Horoskop-Bereich auch immer als das Haus des Mystischen und des Übersinnlichen angesehen worden, namentlich in Verbindung mit hellseherischen Gaben.

Als Haus der »Auflösung« bietet es den Planeten, die in ihm stehen, wenig Möglichkeiten, äußerlich konkret zum Zuge zu kommen. Insofern bringt man es auch mit Kummer und Schwäche in Zusammenhang. Es kann aber sowohl auf die Auflösung als auch auf die Transzendierung der Persönlichkeit hinweisen. Die Transzendierung kann auf spirituellem, mystischem, religiösem oder okkultem Weg geschehen, die Auflösung durch Vergiftung, Drogen, Alkohol, Geisteskrankheit und anderes mehr.

In einer Welt wie der westlichen, in der starker Nachdruck auf den Wert des Bewußtseins und auf Leistung und weltliche Arbeit gelegt wird, hat das 12. Haus etwas Problematisches. Was dieses Lebensgebiet betrifft, herrscht meistens Unverständnis. Als astrologisches Haus wird es selten seinem wahren Wert entsprechend geschätzt. Das 12. Haus zeigt unser Bedürfnis nach Rückzug und Loslösung – was jedoch überhaupt nicht bedeutet, daß wir wegen dieses Hauses darauf aus wären, uns selbst zu schädigen oder unser individuelles Leben als Individuum zu untergraben. Die Auswirkungen sind sehr viel nuancierter und an sich äußerst sinnvoll, auch wenn unser Bewußtsein sie in bestimmten Fällen als untergrabend erfahren kann.

Das 12. Haus ist das Haus des kollektiven Unbewußten, und dieses stellt, psychologisch gesehen, die tiefste Schicht der menschlichen Psyche dar. Im kollektiven Unbewußten liegen die Archetypen begründet und in Verbindung hiermit der vollständige Fundus der menschlichen Erfahrung mit all seinem Potential, das zum Leben erweckt werden kann. Dieses »Ur-Unbewußte« ist der Brunnen eines jeden individuellen Bewußtseins, das daraus entstammt und dadurch genährt wird. Das 12. Haus bezieht sich in erster Linie auf unsere Verbindung mit dem kollektiven Unbewußten.

Diese Verbindung ist für das Bewußtsein ziemlich ungreifbar, sie kann manchmal sogar Angst erzeugen. Voraussetzung für ein psychisches Gleichgewicht ist die Einsicht, daß unser Bewußtsein nur ein Teil der Psyche ist – und daß wir in Zusammenhang mit diesem Sachverhalt unser Leben viel weniger bewußt steuern können, als es das Bewußtsein gern hätte. Wenn sich das Bewußtsein gegen die korrigierende Wirkung des Unbewußten sträubt, kann es letzteres tatsächlich als bedrohend und untergrabend erfahren. Die Psyche aber strebt immer ein Gleichgewicht an, so daß eine für das Bewußtsein nachteilige Aktion des Unbewußten von der Psyche aus gesehen eine Verbesserung bedeuten kann.

Im 8. Haus hatten wir es mit den *persönlichen* Verdrängungen und Komplexen zu tun – im 12. Haus sind die korrigierenden Faktoren *universeller* Art und dadurch für das Bewußtsein schwerer faßbar. Das 12. Haus kann uns helfen oder warnen, beispielsweise durch Träume mit einer Botschaft oder durch Ahnungen. Durch dieses Haus beziehungsweise durch diesen Teil der Psyche stehen wir schließlich in Kontakt mit dem Zeit- und Raumlosen, mit allem und jedem, allerdings auf *unbewußte* Art, was zur Folge hat, daß sich der schicksalhafte Fingerzeig beziehungsweise die Warnung unserem Bewußtsein lediglich durch Bilder offenbaren kann.

Neben solchen Bildern kann das 12. Haus aber auch Konfrontationen bedeuten, die weniger angenehm sind. Dieser Horoskop-Bereich steht für die menschliche Fähigkeit, aus der Realität zu flüchten. Derartige Fluchttendenzen können wir zum Beispiel heute bei vielen Jugendlichen beobachten, die in übermäßiger Form Alkohol beziehungsweise Drogen konsumieren. Der Prozeß des Aufbaus (und der Abrundung) der Identität wird dadurch bereits in einem frühen Stadium untergraben.

Das Bedürfnis nach »einer anderen Welt« ist nichts Neues. Gesellschaftliche Prozesse, auf die wir individuell keinen Einfluß haben, geben uns das Gefühl, als Mensch unzulänglich zu sein. Das Bedürfnis nach einem Gefühl der universellen Einheit mit allen Menschen (12. Haus beziehungsweise Zeichen Fische) drängt sich um so stärker auf, je mehr diese Einheit verschwunden zu sein scheint. Einige Menschen setzen sich deshalb von einer idealistischen Haltung aus aktiv dafür ein, Mißstände zu bekämpfen (im Rahmen von Sozialarbeit oder ähnlichem), während andere wegen Enttäuschungen und dem Ausbleiben von Selbstbestätigung von etwas abhängig werden. Letzteres untergräbt die Persönlichkeitsstruktur – allerdings hat der Mensch zumindest für den Augenblick das Gefühl, sein Ziel erreicht zu haben: das Erfahren einer Einheit, ungehindert durch die verschiedenen beschränkenden Faktoren. Wir beschwören damit jedoch einen Feind, der größer ist als wir selbst und vor allem auch unsichtbar. Die Auflösung, die so unschuldig begann, schreitet fort, sie ist nur unter sehr großen Schwierigkeiten zu stoppen. Aus diesem Grund bringt man auch die geheimen Feinde mit dem 12. Haus in Verbindung. Dabei können Feinde sowohl Menschen sein als auch verborgene feindliche Inhalte in uns selbst.

Im 12. Haus steht der Gedanke des Erlebnisses der Einheit im Vordergrund. Dieses kann sich auf verschiedene Gebiete richten: Die Einheit in uns selbst, also ein harmonisches Miteinander von Bewußtsein und Unbewußtem; die Einheit zwischen allen Menschen, unabhängig von Hautfarbe, Bildung oder welchen anderen Kriterien auch immer; die Einheit zwischen Mensch und Kosmos, die sich in Religion, Metaphysik, Meditation und dergleichen mehr äußert. Das Erleben einer Einheit setzt aber ein Bewußtsein voraus, das sich selbst nicht als das Allerwichtigste sieht, sondern sich selbst relativieren und manchmal sogar außer acht lassen kann. Das kann, wie bereits gesagt, auf eine konstruktive (Sozial- und Wohlfahrtsarbeit, Meditation, Yoga und ähnliches) oder auf eine unterminierende Weise geschehen (Alkohol, Drogen und andere Formen der Abhängigkeit). Bei all dem kommt es maßgeblich auf das Bewußtsein an, wie das Gefühl der Einheit erlebt wird.

Die Verbindung mit dem kollektiven Unbewußten ist die Verbindung mit dem Universellen, namentlich dem Universell-Menschlichen. Das 12. Haus gibt gleichzeitig an, was das Individuum von dem Universell-Menschlichen aus erwartet, so vage und ungreifbar das auch klingen mag. Die kollektive Verbindung, die von diesem Haus dargestellt ist, spielt auf sehr konkrete Art in unserer Säuglingszeit und in der »mythischen« Phase unserer frühen Kindheit eine wichtige Rolle. Von dem Augenblick unserer Geburt an bis zu der Zeit, wo wir uns als Kind selbst allmählich als individuelle Einheit in der Umgebung erfahren, steht das Unbewußte eindeutig im Vordergrund. Der Kontakt zu unserer Umgebung, namentlich zu dem Unbewußten der Mutter, beruht ausschließlich auf dem Unbewußten. Am Anfang erfahren wir unsere ganze Umgebung, einschließlich des Vaters, durch unsere Mutter.

Planeten im 12. Haus symbolisieren bestimmte Erfahrungen aus den Anfangsjahren unseres Lebens, insbesondere das ganze früheste Stadium. Weil wir aber in dieser Zeit so stark mit dem Unbewußten und den Gefühlsströmungen der Mutter und unserer nächsten Umgebung verbunden waren, kommen im 12. Haus auch Erfahrungen zum Ausdruck, die überhaupt nicht zu uns gehören, sondern aus persönlichen Schwierigkeiten der Eltern (möglicherweise auch untereinander) um den Zeitpunkt der Geburt herum und aus den ersten Lebensjahren resultieren. Das Kind verfügt zu dieser Zeit noch nicht über die Möglichkeit, diese Erfahrungen zu verarbeiten, und das persönlich Unbewußte (8. Haus) ist noch nicht beziehungsweise kaum ausgebildet. Viele Planeten im 12. Haus können dann auch auf vielerlei unverarbeitete Erfahrungen aus der frühesten Kindheit hinweisen, hauptsächlich auf Spannungen und Schwierigkeiten innerhalb des Elternhauses. Die Probleme der Eltern könnten auf diesem Wege dem 12. Haus des Kindes »aufgeprägt« worden sein.

Das 12. Haus läßt also erkennen, wie wir in unseren frühesten Jahren auf das Unbewußte unserer Eltern reagierten. Diese Erfahrungen können sich später auf verschiedene Weise auswirken. Ganz allgemein können wir feststellen, daß Planeten im 12. Haus vor einem »kollektiven« Hintergrund zum Ausdruck kommen, was es uns als Individuen schwer macht, den spezifischen, eigenen Ausdruck in ihnen wiederzuerkennen beziehungsweise nach außen hin deutlich werden zu lassen. In Verbindung mit diesen frühkindlichen Erfahrungen kann die Ungreifbarkeit eines solchen Inhalts zu unerklärlichen Ängsten und Phobien führen, bei denen das

Kind und später der Erwachsene »Gespenster« sieht, wo keine sind. Ein solcher Mensch erkennt dann nicht, daß das, was er im Äußerlichen sieht, in ihm selbst angelegt ist. Es kann dann in einem derartigen Fall ohne weiteres sein, daß der Aufbau der persönlichen Identität mit großen Schwierigkeiten verbunden ist. Möglicherweise können die prägenden frühen Erfahrungen unter Hypnose ans Licht gebracht werden.

Auch hier haben wir es also mit einem langwierigen Prozeß zu tun, der sich schon abgespielt hat, bevor sich das auf die Außenwelt gerichtete Verhalten des Menschen entwickelte. Das 12. Haus sagt weiterhin etwas aus über Wesenszüge, die wir in unserer Jugend nur schwer zum Ausdruck bringen konnten, oder weisen darauf hin, daß in einer bestimmten Beziehung ein Mangel herrschte. Ein Beispiel: Sehr häufig stellt sich bei einer Sonne im 12. Haus heraus, daß der Vater in der frühesten Kindheit abwesend, vielleicht sogar tot oder zumindest nicht in der Lage war, der Familie ein Rückhalt zu sein. Dabei können Krankheit oder Alkoholabhängigkeit oder was auch immer eine Rolle gespielt haben.

Das 12. Haus hat aber auch angenehme Seiten, die ebenfalls mit dem Bedürfnis nach Verbundenheit und Kontakt mit dem Kollektiven oder Universell-Menschlichen zu tun haben. Die Schwierigkeit beim Aufbau einer eigenen Persönlichkeit schafft das Bedürfnis und häufig auch das Vermögen, mit anderen mitzufühlen und Offenheit für unbewußte Strömungen in der Umgebung zu beweisen (was sich in der Gabe des Hellsehens äußern könnte). Es geht hier um das frühzeitige Wahrnehmen von Strömungen, die sich in der konkreten Wirklichkeit noch nicht manifestiert haben. Die »ganz natürliche« und dabei unbewußte Reaktionsweise auf solche Tendenzen ist eine der positivsten Eigenschaften des 12. Hauses, das sprichwörtliche Schwimmen im Strom. Das Wahrnehmen dieser Unterströmungen kann sogar zur Lösung von den herrschenden Zeit- und Raum-Vorstellungen führen, so daß ein solcher Mensch im Denken und Handeln »seiner Zeit in verschiedener Hinsicht voraus« sein könnte. Unbewußt ist er dann schon auf die zukünftige Entwicklung, die der Gesellschaft überhaupt noch nicht deutlich ist, eingestellt.

Was die *persönliche* Ebene betrifft, sind mit Planeten im 12. Haus häufig mehr oder weniger große Schwierigkeiten verbunden. Es fällt schwer, diesen Planeten eine bestimmte Form zu geben und sie direkt zum Ausdruck zu bringen. Daraus ergibt sich dann, daß der Mensch es manchmal vorzieht, in der Stille zu wirken oder Umwege zu gehen, was wiederum dafür verantwortlich ist, daß dieses Haus (häufig zu Unrecht!) in Verbindung mit Heimlichtuerei oder auch Hinterlist gebracht wird.

Das 12. Haus zeigt weiterhin noch, welche Inhalte in uns aufsteigen, wenn wir einmal allein sind. Es läßt auch erkennen, über was wir nur ungern reden oder was in uns schnell zum Gefühl des Gekränktseins führt. Beleidigtsein in Verbindung mit einer großen Empfindsamkeit – eigentlich einer Über-Empfindlichkeit – gehört ebenfalls dazu. Es geht dabei aber um Inhalte, die wir wieder und wieder in der Außenwelt anziehen, so daß wir in der Konfrontation mit ihnen die betreffenden unbewußten Faktoren schließlich bewußt erkennen.

In Verbindung mit dem, was wir angeführt haben, stellt das 12. Haus ein gigantisches Reservoir an unbewußten Inhalten dar. Wenn wir es Stück für Stück zu erforschen lernen, können wir die Relativität von uns selbst und gleichzeitig die Fülle und Tiefe des Lebens erkennen. So gesehen ist dieses Haus ein wahrer Nährboden des Horoskops. Zwar hat das Ego hier wegen der vermeintlich gegen es gerichteten Auswirkungen seine Probleme – letztendlich aber kann nur das Zusammenwirken zwischen den bewußten und den unbewußten Inhalten in uns dazu führen, daß es zur vollständigen Integration der Persönlichkeit kommt.

Kapitel 3

Der Beziehung der Häuser untereinander

Im Vorangegangenen haben wir gesehen, daß jedes Haus seine eigene Bedeutung hat, die deutlich von der der anderen Häusern unterschieden werden kann. Das heißt jedoch nicht, daß die Häuser nichts miteinander zu tun hätten – sie sind im Gegenteil sogar sehr stark aufeinander bezogen, was auch logisch ist. Die Häuser stehen für Teile unserer Psyche, die mit äußerlichen Lebensgebieten korrespondieren. Unsere Psyche besteht ja auch nicht aus zufällig zusammengewürfelten Einzelteilen, was ebenso für die Häuser gilt. Von Anfang an müssen wir uns bei der Betrachtung der Häuser darüber im klaren sein, daß zwischen den Häusern auch ohne Aspekte oder dergleichen mehr Verbindungen bestehen.

Diese Zusammenhänge können wir auf die folgende Weise einteilen:

1. Verbindung mit dem *vorangegangenen* und dem *folgenden Haus*;
2. Verbindung mit dem *gegenüberliegenden* Haus (Horoskop-Achse);
3. Verbindung mit den *Elementen*;
4. Verbindung mit den *Kreuzen*;
5. Verbindung mit der *Disposition* (Häuserregenten);
6. Verbindung mit *abgeleiteten* oder *übertragenen Bedeutungen* (also beispielsweise. Das 8. Haus ist das 2. Haus vom 7. aus gesehen, was Aussagen zu den finanziellen Mitteln des Partners zuläßt, und so weiter).

Von diesen Zusammenhängen werden wir die letzten zwei – also die Disposition (Häuserregenten) und die abgeleiteten oder übertragenen Bedeutungen – in einem Buch für sich ausführlich behandeln (wenn wir diese Technik hier nur kurz anreißen würden, würden wir ihr nicht gerecht werden). Was unser jetziges Thema angeht, sind nur die ersten vier Zusammenhänge von entscheidender Wichtigkeit. Wir werden sie deshalb in einer allgemeinen Betrachtung näher untersuchen.

Jedes Haus steht mit dem *vorangegangenen* Haus insofern in Verbindung, als es die Reaktion auf dieses darstellt; mit dem *folgenden* ist es verbunden, weil es dessen vorbereitendes Stadium bedeutet. Das 1. Haus zum Beispiel stellt die Reaktion auf das 12. dar. Im 12. Haus wurde alles unpersönlich und auf die Essenz reduziert – im 1. Haus können wir diese Essenz als Ausgangspunkt nehmen, um uns selbst in der Welt zu entdecken. Im 1. Haus bringen wir uns in einer vollkommen auf die Manifestation gerichteten Form zum Ausdruck. Darauf wiederum ist das 2. Haus die Reaktion und in gewisser Weise auch die Fortsetzung: Ohne Manifestation hätte das 2. Haus nichts, wofür es Sicherheit schaffen könnte. Unser Drang nach Sicherheit (2. Haus) ist eine Reaktion auf die Ungebundenheit im 1. Haus – und es hat die Entfaltungsmöglichkeiten des 3. Hauses zur Folge: Aus einer bestimmten Form des Seins und einer bestimmten Sicherheit heraus können wir Kontakte mit der Außenwelt anknüpfen. Diese Kontakte bilden ihrerseits die Vorbereitung auf das 4. Haus: unsere emotionellen Reaktionen beziehungsweise die Art, wie wir unsere Gefühle verarbeiten. Die Verarbeitung von Gefühlen setzt Erfahrungen voraus – die wir im 3. Haus gemacht haben. Durch all das werden wir uns allmählich unserer eigenen Identität bewußt, die wir im 5. Haus wiederfinden. Das 6. Haus stellt wiederum eine Reaktion auf das 5. dar, durch die kritische Analyse von uns selbst (und anderen) und das Erfahren unserer Relativität. Solchermaßen bereitet sich eine Haltung vor, die eine Beziehung ermöglicht. Diese finden wir im 7. Haus wieder, das ferner Offenheit als Reaktion auf die »Geschlossenheit« des 6. Hauses widerspiegelt.

Das 7. Haus legt die Basis für das 8.: Das 7. Haus hat den Kontakt zum Partner auf der äußeren Ebene zum Inhalt, das 8. Haus das innerliche Erleben und Verarbeiten der diesbezüglichen Erfahrungen. Das 8. Haus konfrontiert uns damit, unseren Wert einzuschätzen; hier sind wir damit beschäftigt, Näheres über unsere Wurzeln, über die Mitmenschen und das Leben in seiner Gesamtheit zu erfahren. Es ist also nicht nur eine Fortführung des 7. Hauses, sondern auch eine Reaktion darauf, dabei aber für sich abgeschlossen. Im 9. Haus wiederum geht es darum, daß wir die gewonnenen Erkenntnisse nach außen hin deutlich werden lassen. Hier bringen wir auch unsere Kenntnisse und Erfahrungen zu einer Synthese und arbeiten am Prozeß unserer Bewußtwerdung (was ohne die vorangegangenen Erfahrungen im 8. Haus unmöglich wäre). Das Verkünden unserer Lebensvision ist dann bereits auf größere Kreise von Menschen gerichtet, was seine Fortsetzung schließlich im 10. Haus findet: Die Strukturierung unserer Erfahrungen und die weitere Formung des Bewußtwerdungseins in

Hinblick auf die Gesellschaft. Damit ist im 10. Haus auch verbunden, daß wir unsere eigene Identität finden und zugleich abgrenzen, was wiederum eine Reaktion ungerichteter Expansion des 9. Hauses darstellt beziehungsweise dessen Strukturierung oder auch Ausformung.

Das 11. Haus, das Haus der Freundschaft und Gruppenzugehörigkeit, relativiert dann die gefundene Identität wieder. Es steht für die Einsicht, daß auch die anderen ihre Identität haben, und zwar eine, die mehr oder weniger stark von der unseren abweicht. Das 11. Haus ist mehr auf Kontakt und Austausch eingestellt als das 10., wodurch es sowohl eine Fortsetzung darauf ist als auch eine Reaktion. Das 12. Haus setzt dann schließlich diesen Relativierungsprozeß fort und führt die Dinge zurück zu einem Kern, zu einer Essenz, die unpersönlich ist. Das Moment des geistigen Kontaktes fehlt hier – als Reaktion auf das 11. Haus haben wir es im 12. Haus mit einer ziemlich geschlossenen gefühlsmäßigen Reaktion zu tun, die sozusagen unpersönlich-persönlich ist. So bereitet das 12. Haus wiederum das 1. vor, indem es ihm die Möglichkeit gibt, die wahre Essenz des Selbst ohne jeden Ballast zu entdecken. Und das 1. Haus bringt dies dann, als Reaktion auf das 12., nach außen hin zum Ausdruck.

So sehen wir, daß die Häuser nicht für sich allein zur Geltung kommen können, sondern eng aufeinander bezogen sind, auch dann, wenn sie nicht durch Aspekte in Verbindung zueinander stehen. Dies ist der Grund dafür, daß die astrologische Deutung so komplex ist. So verleiht jemand mit einem starken 8. Haus beispielsweise einem Planeten im 9. einen anderen Ausdruck als der Mensch, dessen 8. Haus unbesetzt ist. Dieser Unterschied kann geringe oder sehr augenfällige Auswirkungen haben. Darum müssen wir bei den astrologischen »Kochbüchern« so vorsichtig sein: Diese gehen niemals auf die Beziehungen der Häuser untereinander ein.

Die Häuser als Achsen im Horoskop

Es gibt aber noch andere Verbindungen, zum Beispiel die Opposition, die auch ein bestimmtes Zusammenwirken anzeigt. Wie die einander gegenüberliegenden *Zeichen* haben auch die Oppositions*häuser* etwas gemeinsam, dem sie sich jeweils aus entgegengesetzter Richtung nähern. Das bedeutet zunächst also einen Gegensatz zwischen den Häusern, zugleich aber auch, daß sie sich hinsichtlich ihres gemeinsamen Themas perfekt ergänzen. Insofern ist der Dualismus zwischen ihnen kein unversöhnlicher. Wir wollen das im folgenden näher betrachten.

Die Achse 1. Haus – 7. Haus

Unser eigenes Wesen gegenüber dem des anderen. Am deutlichsten sehen wir unser eigenes Wesen in Abgrenzung zum Partner. Im besten Fall integrieren wir den Partner in uns selbst und wirken dadurch zusammen als eine Einheit weiter. Insofern sind Planeten im 1. Haus auch von Wichtigkeit, was die Haltung gegenüber dem Partner angeht. Sie beziehen sich nicht auf die Erwartungen an den und Reaktionen auf den Partner, sondern bedeuten vielmehr eine Betonung unserer selbst. Planeten im 7. Haus wirken sich natürlich anders aus, auch wenn diese die Planeten des 1. Hauses beeinflussen. Viele Planeten im 7. Haus verleihen für gewöhnlich eine starke Ausrichtung auf den Partner, was die Art, nach außen zu treten (1. Haus), indirekt mehr oder weniger deutlich prägt.

Die Achse 2. Haus – 8. Haus

Das persönlich Bewußte steht in diesem Fall dem persönlich Unbewußten gegenüber. Viele Planeten im 2. Haus verleihen ein starkes Bedürfnis nach konkreter Sicherheit. Wir werden uns durch dieses Bedürfnis bewußt, was wir wollen. Darum halten wir Dinge, die unsere Sicherheit bedrohen können – insbesondere verdrängte Inhalte und nicht entwickelte Charakteristiken– so gut wir können im Hintergrund. Ein starkes 2. Haus kann insofern die Aufmerksamkeit vom 8. ablenken und eine Art Schein-Ruhe und Schein-Sicherheit suggerieren. Früher oder später aber wird das 8. Haus in Verbindung mit bestimmten Erfahrungen sich doch durchsetzen, wodurch es möglich wird, auf der Basis der Sicherheit des 2. Hauses und der Integration der verborgenen Inhalte des 8. Hauses zu einer wahren Synthese zu kommen (allerdings besteht natürlich auch die Möglichkeit, daß das 8. Haus noch weiter verdrängt wird). Planeten im 2. Haus könnten sich auf der anderen Seite auch durch die Betonung des 8. Hauses (wenn darin zum Beispiel viele Planeten stehen) gewissermaßen erst recht in den Vordergrund zu drängen versuchen: Das 8. Haus bedeutet häufig, daß der Mensch nach etwas sucht und Unsicherheit verspürt. Besonders bezieht sich das auf Inhalte in unserem Horoskop wie den Mond und das 2. Haus. Ein stark besetztes 8. Haus kann aber auch der Faktor sein, der das gegenüberliegende 2. Haus deutlich hervortreten läßt.

Die Achse 3. Haus – 9. Haus

Die bewußte Wahrnehmung der Umgebung gegenüber der eigenen Bewußtwerdung. Daneben auch das Sammeln von Informationen (3. Haus) und die Synthese der gesammelten Informationen. Wenn wir durch unsere eigene Bewußtwerdung und durch die Suche nach Erweiterung unseres Horizonts in Anspruch genommen sind (9. Haus), hat das Einfluß auf die Weise, wie unsere alltäglichen Kontakte verlaufen (3. Haus). Wir neigen ja schließlich dazu, unsere diesbezüglichen Ansichten ohne weiteres zum Ausdruck zu bringen und zu erproben, ob wir nun Planeten im 3. Haus haben oder nicht. Das 3. Haus kann hier aber auch auf eine andere Weise beeinflußt werden: Das Bedürfnis, den Horizont zu erweitern (9. Haus), geht häufig auf den Wunsch zurück, ganz allgemein mehr Kenntnisse und Wissen zu erwerben (3. Haus). In diesem Fall also wird das 3. Haus durch das 9. Haus aktiviert. Umgekehrt kann ein starkes 3. Haus die Betonung auf das Erleben legen, auf das Sammeln von Fakten, auf das Herstellen von Kontakten und auf die Kommunikation, ohne daß es zu einer Synthese all dessen kommt. Aber auch dann könnte es auf lange Sicht so sein, daß die Synthese im Vordergrund steht. Einander gegenüberliegende Häuser kommen aufgrund der Achsenwirkung abwechselnd zur Geltung. Planeten im 3. Haus können Planeten im 9. behindern oder auch besonders intensiv unterstützen. Das gilt deshalb, weil die Psyche in ihrer Gesamtheit nach Gleichgewicht strebt.

Die Achse 4. Haus – 10. Haus

Das Resultat und die Äußerung von unbewußten Gefühlen gegenüber den bewußten, identitätsbildenden Prozessen. Der Mensch mit vielen Planeten im 10. Haus könnte Nachdruck darauf legen, eine bewußte und deutlich markierte Identität zu entwickeln (wobei es nicht darauf ankommt, inwieweit er hier Erfolg hat). Im Rahmen dieses Prozesses wäre es denkbar, daß er über kürzere oder längere Zeit hinweg das 4. Haus (also die Gefühle, das häusliche Leben und das Erfahren einer innerlichen Basis) ignoriert und das, was damit zusammenhängt, nicht entwickelt. Grundsätzlich gilt: Als Folge der Betonung, die auf dem 10. Haus liegt, streben wir eine bestimmte Position an, was sich häufig auf die gesellschaftliche Rolle bezieht. Das 4. Haus aber wirkt dem entgegen, was mit der »Maskenfunktion« (4. und 10. Haus zusammen) zu tun hat. Es könnte dann so sein, daß die Person kühl und »seelenlos« wirkt und kein Gefühl für die anderen zu haben scheint, was vielleicht seitens der Außenwelt Reaktionen hervorruft, die den Menschen auf das zurückwirft, was er all die Zeit vergaß: die innerliche emotionelle Basis. Als Resultat von unbewußten Prozessen im 8. und im 12. Haus kann das 4. Haus insofern eine untergrabende, aber auch unterstützende Wirkung auf das 10. Haus haben und dieser eine wirklich tief verwurzelte Basis verschaffen.

Legt der Mensch im anderen Fall einen zu großen Nachdruck auf das 4. Haus, wird es ebenfalls zu Konflikten kommen. Das Häusliche und die Geborgenheit werden dann als wichtiger gesehen und erfahren als der Aufbau einer gesellschaftlichen Position und Identität. Durch den Mangel an einer deutlich umrissenen Haltung kann die Gefühlswirkung des 4. Hauses auf unstrukturierte oder sogar chaotisch anmutende Weise zum Ausdruck kommen. Die »Maskenfunktion« ist dann hauptsächlich emotionell geprägt, ohne daß eine deutlich abgegrenzte Persönlichkeit gegeben wäre, was sehr schnell den Eindruck erwecken könnte, daß der Mensch emotionell sehr unsicher ist, sich schnell zurückzieht oder gar »Theater spielt« (in Verbindung mit einer übertrieben emotionellen Haltung beispielsweise). Wenn das 10. Haus sich dagegen so auswirkt, daß eine Struktur entwickelt wird, kann sich das 4. Haus positiv entfalten. Konflikte zwischen dem 4. und dem 10. Haus wirken sich in der Praxis manchmal als das Problem aus, die Zeit zwischen den beruflichen Aktivitäten für das Erreichen einer sozial-gesellschaftlichen Position und den Aktivitäten für ein harmonisches häusliches Lebens gerecht zu verteilen.

Die Achse 5. Haus – 11. Haus

Der eigene Selbstausdruck gegenüber dem Selbstausdruck der anderen. Viele Planeten im 5. Haus verstärken das Bedürfnis, das Leben gemäß der eigenen Ansichten zu leben und sich auf das zu konzentrieren, worauf man Lust hat und worin man sich wirklich finden kann. Mit diesem Haus gehen wir unseren eigenen Weg; nicht selten übernehmen wir damit eine Führungsrolle, um dafür zu sorgen, daß die Dinge so laufen, wie wir das für richtig halten. Das steht im Widerspruch zum 11. Haus, dem Haus, in dem unsere Freunde mit ihren Problemen und ihrem Potential zum Zuge kommen können. Das 11. Haus gibt an, in welchem Maß wir anderen die Chance einräumen, sich in der Freundschaft zu uns zu entfalten beziehungsweise, welche Voraussetzungen sie hier erfüllen müssen. Ein starkes 5. Haus aber legt den Nachdruck auf uns selbst und nimmt so dem 11. Haus einen Teil seiner Ausdrucksmöglichkeiten. Eine solche Auswirkung könnten wir ziemlich schnell an der Haltung unserer Freunde ablesen: dann, wenn wir Freunde verlieren oder es oft zu heftigen Auseinandersetzungen kommt. Das »Haus der Freunde« stößt uns dann mit der Nase auf die Tatsachen. Die Überbetonung des 5. Hauses schwindet, wenn wir die Erkenntnisse und Forderungen des 11. Hauses integrieren, wodurch es zu einem Gleichgewicht kommt. Dann ist das 11. Haus keine »Bremse« und kein lästiger Hemmschuh, es wirkt in diesem Fall auf eine sehr bereichernde Weise.

Umgekehrt kann ein stark betontes 11. Haus uns lange Zeit von uns selbst und dem, was wir tief in unserem Herzen eigentlich wollen (5. Haus), entfremden, mit der Folge, daß wir uns vielleicht mehr an Freunde und Gruppen anpassen, als gut ist. Macht dann schließlich das 5. Haus einmal seine Forderungen an uns geltend, um Aufmerksamkeit für seine Wünsche und Bedürfnisse zu bekommen, könnte das zu Lasten von bestimmten Beziehungen gehen. Wenn wir aber wagen, Freunden oder Gruppen gegenüber wir selbst zu sein, ernten wir letztendlich mehr Wertschätzung als wenn wir uns ständig durch andere leiten lassen und uns nicht trauen, uns gemäß unserem eigenen Wesen zum Ausdruck zu bringen.

Die Achse 6. Haus – 12. Haus

Das kollektive Bewußte gegenüber dem kollektiven Unbewußten. Ein etwas schwierig zu beschreibender Dualismus, vor allem deshalb, weil sich das 12. Haus mehr oder weniger der Sicht entzieht. Viele Planeten im 6. Haus – dem Haus, das für Arbeit, Dienstbarkeit und Analyse steht – könnten bedeuten, daß wir es hier mit dem zuverlässigen »Arbeitstier« zu tun haben. Allerdings besteht dabei die Gefahr, daß bei der Betonung von Arbeit und Dienstbarkeit das »Gefühl« für das Größere verloren geht, für das, was mehr ist als das Persönliche, sowie für die Einheit, die uns nicht nur mit dem Unbewußten, sondern auch mit dem Universell-Menschlichen verbindet. In diesem Fall würde es zu einer »Verzettelung« kommen. Der Mensch würde sich an eigentlich nützlichen Aktivitäten aufreiben, ohne diese in dem größeren Ganzen zu sehen. Das 6. Haus würde ihn womöglich dann auch mit den sich auf das Unbewußte beziehenden Gegenwirkungen konfrontieren, beispielsweise durch eine Krankheit. Bei dieser Konfrontation mit anderen Werten aber hat das 12. Haus dann bereits untergrabend gewirkt.

Wenn wir diesen Teil von uns selbst – unseren »Ur-Grund« (in dem unsere Gegenwart, unsere Vergangenheit und unsere Zukunft anwesend sind – integrieren, kann das 6. Haus in einem viel breiteren Rahmen analysieren und zur Wirkung kommen. Umgekehrt kann ein betontes 12. Haus unsere Aufmerksamkeit von der Wirklichkeit ablenken (die Wirklichkeit der allgemeinen Kollektivität wie die unserer persönlichen Umstände). So kann ein stark besetztes 12. Haus dazu führen, daß wir keinen Drang verspüren, uns im Denken und Handeln auf das Konkrete zu beziehen. Es ist klar, daß das 6. Haus dann nur sehr schwer zum Zuge kommen kann – im schlimmsten Fall wäre denkbar, daß es durch den Aufenthalt in einer sozialen Einrichtung oder einer Anstalt gefördert werden muß. In weniger extremer Auswirkung könnte ein betontes 12. Haus bedeuten, daß der Mensch auf eine unbewußte, aber doch deutlich merkbare Weise die persönliche Wirklichkeit unwichtig findet und sich selbst für andere, für ein Ideal oder für ein kollektives Ziel aufopfert. In Abhängigkeit vom Horoskop in seiner Gesamtheit handelt es sich dabei um ein persönliches oder kollektives Ziel. Potentielle Auswirkungen wären hier, sich in seiner Persönlichkeit der innerlich gefühlten Strömung der Gesellschaft zu überlassen und aus einer inneren Überzeugung heraus beim Aufbau des Neuen oder bei der Arbeit an sozialen Mißständen zu helfen. Auch der Rückzug aus der hiesigen Gesellschaft und der Dienst in Dritte-Welt-Ländern wäre hier denkbar. In beiden Fällen hat die mit dem 12. Haus verbundene Einstellung einen deutlichen Einfluß auf das 6. Haus. Dies läßt erkennen, wie der Mensch sich für seine Ziele einsetzt. Beide Häuser können einander also bremsen wie auch stimulieren, in kollektiver wie in individueller Hinsicht.

Die Analogie zu den Elementen

Im folgenden geht es um den Zusammenhang zwischen den Häusern und den Elementen. Wir haben vier Elemente: Feuer, Erde, Luft und Wasser. Analog zu den Zeichen können wir auch die Häuser in Feuer-, Erde-, Luft- und Wasser-Häuser einteilen. Jedes Haus wirkt mit den Häusern des gleichen Elements auf einzigartige Weise zusammen. Es bestehen charakteristische Wechselwirkungen zu den anderen Häusern desselben Elements.

Die Feuer-Häuser

Die Manifestation unserer selbst finden wir im 1. Haus wieder. Es handelt sich hier um unser individuelles Auftreten und um unseren Körper. Ohne den Ausdruck unseres Egos und unseres Willens und ohne Selbstsicherheit bekommt das 1. Haus keine Form. Schon aus diesem Grund besteht ein Bezug zum 5. Haus, das das Bedürfnis symbolisiert, uns selbst zum Ausdruck zu bringen. Das 9. Haus wiederum sorgt in diesem Zusammenhang für die Erkenntnis der Art und Weise unseres Auftretens, es zeigt unseren Bewußtwerdungsprozeß im weitesten Sinne an beziehungsweise die Antwort auf die Fragen: Wer bin ich? Woher komme ich? Was ist das Ziel und der Sinn der Existenz? Das 9. Haus beeinflußt sowohl das 1. als auch das 5. Haus: unsere Haltung nach außen sowie unser Gefühl für den eigenen Wert. Und die zwei letztgenannten Häuser wiederum beeinflussen ihrerseits das 9. Haus.

Die Erd-Häuser

Im 2. Haus liegen unsere Lust- und Unlustgefühle, unsere Motivation und das konkrete Wertemuster begründet, das uns Sicherheit gibt. Dieses Muster beeinflußt die Weise, wie wir uns selbst sehen, und das, was wir gesellschaftlich erreichen möchten (beides Angelegenheiten des 10. Hauses). Durch die Konfrontation mit objektiven Kriterien und Fakten und mit der Arbeitssituation verändern sich sowohl unsere Motivation als auch unser Ich-Bild (2. beziehungsweise 10. Haus). Doch das 6. Haus kann nur dann wirken, wenn es auch eine Motivation zum Handeln gibt (2. Haus), es kann nur dann zur analysierenden Selbstkritik führen, wenn eine festumrissene Struktur besteht (10. Haus), von der ausgehend es zu Urteilen und einem Prozeß der Verarbeitung kommt. Ein verändertes Ich-Bild beeinflußt wiederum unser Gefühl von Sicherheit (2. Haus).

Die Luft-Häuser

Wenn wir andere kennenlernen (3. Haus), kann das zu näheren Kontakten führen, woraus sich möglicherweise Freundschaften (11. Haus) oder Partnerschaften (7. Haus) ergeben. Der Kontakt zu anderen beeinflußt wiederum unser Denken (3. Haus), was dann vielleicht wieder unsere Haltung in Hinblick auf die Beziehungen beeinflußt. Der Kontakt zu unserem Lebenspartner (7. Haus) prägt seinerseits unsere Haltung in Hinblick auf Freundschaften (11. Haus) sowie auch unser Denken und die alltäglichen Begegnungen (3. Haus). Freunde wiederum können von sehr großem Einfluß auf das 7. und das 3. Haus sein.

Die Wasser-Häuser

Unsere innere emotionelle Basis, bei der wir das Gefühl einer innerlichen Sicherheit verspüren (4. Haus), ist das Resultat von psychischen Prozessen in dem persönlich Unbewußten (8. Haus) und dem kollektiven Unbewußten (12. Haus). Von dem Zeitpunkt unserer Geburt an machen wir Erfahrungen, die ihre Wurzeln zunächst im 12. Haus haben. Wir sind zu dieser Zeit noch ein Teil der kollektiven Psyche und haben über unsere Mutter unbewußt Anteil an der Umgebung. Positive und negative Erfahrungen werden zu dieser Zeit noch nicht durch ein Ego verarbeitet (das ist noch nicht geformt). Einflüsse aus den frühesten Anfängen können aber im weiteren Leben eine große Rolle spielen, insbesondere in Verbindung mit unserem Gefühl von Sicherheit und Geborgenheit (4. Haus). Wenn das Kind älter wird, könnte es in Zusammenhang mit dem 8. Haus dann zur Verdrängung der persönlichen Probleme kommen. Das 8. Haus hat ebenfalls einen großen Einfluß auf unser Gefühl des Wohlbefindens, und es ist von greifbarerer Auswirkung als das 12. Haus. Der Zusammenhang vom 12. und vom 8. Haus läßt sich wie folgt beschreiben: Assoziationen, warnende Träume, Hypnose und ähnliches (12. Haus) bieten die Möglichkeit, persönliche Probleme (8. Haus) zu lösen. Negative Auswirkungen wären diesbezüglich die Flucht aus der Wirklichkeit und die Verstrickung in irreale Wahnvorstellungen. Immer jedoch geht es bei diesen Zusammenhängen um den indirekten Einfluß des 4. Hauses, das Spannungen als eine Minderung von Sicherheit und Geborgenheit erlebt. Der Mensch aber, der mit einem stark besetzten 4. Haus über eine solide Gefühlsbasis verfügt und der über keinen Mangel an Geborgenheit zu klagen hat, wird aller Wahrscheinlichkeit nach die Probleme, die mit den anderen Häusern einhergehen, lösen können: Das 4. Haus steht für das Ausmaß, in dem wir in der Lage sind, Erfahrungen sowohl aus den frühesten als auch aus späteren Lebensabschnitten zu verarbeiten. Wenn zwischen dem 4., dem 8. und dem 12. Haus ein Gleichgewicht herrscht, können kollektive und persönliche Inhalte sich sehr kreativ auswirken und viel Vitalität verleihen.

Die Analogie zu den drei Kreuzen

Der Zusammenhang der Häuser gemäß der Analogie zu den Kreuzen (Qualitäten) ist etwas schwieriger zu erkennen. Weil die Häuser eines Kreuzes analog zu den Zeichen im Quadrat oder in Opposition zueinander stehen, haben wir es bei ihnen mit einer spannungsreichen Beziehung zu tun. Diese Spannung kann jedoch sehr kreativ sein. Wir können zur Erläuterung hier auf das zurückgreifen, was bereits bei der Achsenwirkung der Häuser zu lesen war (die Kreuze sind ja schließlich eine Kombination von zwei Achsen):

- Das *kardinale Kreuz* besteht aus den Achsen 1/7 und 4/10.
- Das *fixe Kreuz* besteht aus den Achsen 2/8 und 5/11.
- Das *veränderliche Kreuz* besteht aus den Achsen 3/9 und 6/12.

Das kardinale Kreuz

Beim kardinalen Kreuz ist der Dualismus zwischen dem eigenen Wesen (1. Haus) und dem Wesen des anderen (7. Haus) von Einfluß auf unsere Maske und unser emotionelles Funktionieren (4. Haus) und unser gesellschaftliches Verhalten (10. Haus). Unsere Art des Funktionierens und das Maß, in dem wir uns emotionell geborgen fühlen, hat wiederum einen Einfluß darauf, wie wir nach außen hin in Erscheinung treten (1. Haus) und wie wir auf unseren Partner (7. Haus) reagieren.

Das fixe Kreuz

Die Verarbeitung von Problemen (8. Haus) bestimmt darüber, inwiefern wir uns selbst Sicherheit verschaffen können und wie weit uns Lust- und Unlustgefühle motivieren (2. Haus). Das hat einen Einfluß auf das Maß, in dem wir uns als Individuum erfahren (5. Haus) und auf andere – hauptsächlich Freunde – reagieren: auf Menschen, die uns nahe genug sind, um unsere inneren Spannungen wahrnehmen zu können (11. Haus). Eine harmonische und ausgewogene Verarbeitung verleiht ein starkes Selbstvertrauen (5. Haus), was auch zu einer unverkrampften Haltung gegenüber Freunden führen könnte. Gute Freunde wiederum können unser Selbstvertrauen stimulieren und uns bei den Verarbeitungsprozessen helfen (8. Haus), wodurch wir womöglich konkrete Sicherheit erfahren (2. Haus). Auch hier sehen wir ein komplexes Zusammenspiel, wobei ein Haus auf sehr subtile Weise durch die anderen aktiviert wird.

Das veränderliche Kreuz

In Verbindung mit unseren Kontakten, dem Lesen, Schreiben, Denken und anderem mehr beziehungsweise der Aufnahme und Weitergabe von Informationen (3. Haus) kann es durch tiefgreifende Reflexion dazu kommen, daß wir Dinge zu einer Synthese bringen und unseren Horizont erweitern (9. Haus). Ohne Analyse und Kritik (6. Haus) aber besteht hier die Gefahr, daß es zu »wilden«, nicht konkret nutzbaren Theorien kommt. Auch das 12. Haus spielt hierbei eine Rolle, weil es das Verbindungsglied zu dem Brunnen des Universell-Menschlichen bildet (dem kollektiven Unbewußten). Unsere tiefsten Probleme können bewirken, daß wir nicht in der Lage sind, Kritik in Hinblick auf uns selbst oder die Außenwelt zu entwickeln (Achse 6/12). Das 3. und das 9. Haus können uns dann auf den Weg helfen, indem sie uns beispielsweise Informationen verschaffen (3. Haus) oder Informationen in einen sinnvollen Zusammenhang stellen (9. Haus). Sind andererseits Probleme vorhanden, sich ein Urteil oder eine Meinung zu bilden oder eine Synthese zu entwickeln (9. Haus), kann der Mensch mittels Analyse und kritischen Fragen vorgehen (6. Haus): Was lief schief und warum? Dieser Erkenntnisprozeß könnte, auf welche Art auch immer, schließlich zu einer Art Erlebnis von Einheit führen (12. Haus). In Hinblick auf das 12. Haus kann das durch Meditation, Yoga oder Beten oder durch Dienstbereitschaft gegenüber dem Kollektiv und so weiter erreicht werden (das 12. Haus muß sich überhaupt nicht in Suchttendenzen oder Abhängigkeit äußern). Das Erleben dieser Einheit und Kritik (12. und 6. Haus) können ihrerseits wieder das Denken (3. Haus) und die Suche nach der Synthese (9. Haus) stimulieren. Denken und Synthese setzen dann vielleicht Prozesse im 6. und im 12. Haus in Gang.

Die Häuser hängen also auf verschiedene Weisen miteinander zusammen. Die oben angeführten Verbindungen sind dabei nur einige unter vielen. Um noch ein anderes denkbares Beispiel zu bringen: Das 5. und das 10. Haus stehen in einer Quinkunx-Beziehung zueinander, was erkennen läßt, daß grundsätzlich eine Spannung zwischen diesen Häusern herrscht. Das könnte sich darauf beziehen, daß unser Ich-Bild (10. Haus) vielleicht gänzlich von dem abweicht, was wir tatsächlich zum Ausdruck bringen oder was wir anstreben (5. Haus), oder daß unsere Kreativität und unser Selbstausdruck (5. Haus) nicht mit dem übereinstimmt, was dieser andere Teil von uns, der unser Bild von der Außenwelt bestimmt (10. Haus), will. Die »Maske« (die Achse 4/10, mit dem 10. Haus als »Ausgangspunkt«) und das Selbstvertrauen, das der Mensch fühlt (5. Haus), müssen nicht in Deckung zueinander stehen. Und darüber hinaus filtert das 10.

Haus auch das, was uns aus der Außenwelt tatsächlich erreicht. Insofern ergibt es sich, daß unser Ego sich gar nicht auf alle Begebenheiten beziehen kann.

Vom 5. Haus aus ist auch eine Quinkunx-Beziehung zum 12. Haus vorhanden, was eine einleuchtendere Verbindung darstellen dürfte. Auch hier kommt eine grundsätzliche Spannung zum Tragen. Das Kollektive ist unserem Gefühl nach in der Tat ein Widerspruch zum Individuellen, das wir doch eigentlich hervorheben wollen. Im 12. Haus haben wir es oft mit der »Untergrabung« der Persönlichkeit zu tun, und der Ausdruck der Persönlichkeit ist das, worum es hier geht (5. Haus). Also haben wir es auch hier wieder mit zwei offensichtlich gegensätzlichen Horoskop-Faktoren beziehungsweise Teilgebieten der Psyche zu tun. Es ist ohne weiteres denkbar, daß im Horoskop Planeten sowohl im 5. als auch im 12. Haus stehen. Diese Inhalte beeinflussen einander gegenseitig, auch wenn zwischen ihnen kein Aspekt gegeben ist.

Wir dürfen vor allen Dingen nicht vergessen, daß die Psyche eine Einheit ist, die aus vielen Komponenten besteht. Unser Beispiel läßt sich insofern auf alle Horoskophäuser übertragen. Zwischen all diesen Komponenten gibt es Beziehungen, sie können nicht losgelöst voneinander betrachtet werden. Es ist nicht richtig, wenn dies bei der Interpretation unter den Teppich gekehrt und außer acht gelassen wird.

Wenn wir die Astrologie erlernen wollen, müssen wir Schritt für Schritt vorgehen und folglich zunächst einmal jedes Haus für sich allein betrachten. Letztendlich aber kommt es darauf an, die Kenntnis der einzelnen Faktoren zu einem Ganzen zusammenzufügen, zu einem Ganzen, das viel mehr ist als die Summe der isolierten Teile. Wenn wir also ein bestimmtes Haus in einem Horoskop betrachten, sollten wir uns darüber im klaren sein, daß noch viele andere Faktoren damit zusammenhängen, die berücksichtigt werden müssen. Auf diese Weise kommen wir schließlich zu einer Deutung, die von Verantwortungsbewußtsein getragen ist. Um aber tatsächlich einen Anfang machen zu können, betrachten wir nun in dem folgenden Kapitel jedes Haus und jeden Planeten in den Häusern für sich allein, mit den potentiellen Auswirkungen, die sich im Einzelfall daraus ergeben können.

Kapitel 4

Die Planeten in den Häusern

Es ist unmöglich, in den folgenden Abschnitten alle möglichen Auswirkungen der Planeten in den Häusern wiederzugeben. Das würde einen sehr großen Umfang erforderlich machen, weil jedes Horoskop wieder andere Gegebenheiten enthält, die das Bild beeinflussen. Allerdings können wir einige Grundprinzipien aufzeigen. Für jeden Horoskop-Faktor gibt es einige fundamentale Deutungsrichtlinien, die einen soliden Ausgangspunkt für die Interpretation bilden, auch wenn sie für den Einzelfall modifiziert werden müssen. Die Beschreibungen zu den Planeten in den Häusern stellen eine kurze Charakteristik für jede Plazierung dar, mit einigen möglichen Auswirkungen dazu. Sie sollten nicht als ein für alle Male gültige Wahrheit aufgefaßt werden! Später dann geht es bei der Horoskop-Interpretation darum, die Planeten in den Häusern mit der Stellung in den Zeichen zu kombinieren, und das wiederum in Verbindung zu den anderen Planeten in Zeichen und Häusern und deren Aspekten und den Planeten-Herrschern, die wiederum in anderen Häusern stehen, und so weiter. Doch sollten wir uns nicht entmutigen lassen, sondern einen Anfang machen und danach Schritt für Schritt vorangehen.

Für die Analyse eines Planeten in einem Haus ist es wichtig, sich zu merken, daß jeder Planet für eine bestimmte psychische Energie beziehungsweise ein bestimmtes psychisches Reaktionsmuster steht, das sich durch die Umstände, die durch das Haus angezeigt sind, äußert. Es ist also nicht so, daß sich das Haus auf den Planeten bezieht – es verhält sich vielmehr so, daß sich der Planet auf das Haus richtet. Daraus läßt sich die folgende Regel ableiten:

Die Art und Weise, wie sich ein Planet manifestiert, wird durch das ***Zeichen*** angegeben, in dem er steht. Das Lebensgebiet, auf dem er zum Ausdruck kommt, wird durch das ***Haus*** angezeigt, in dem sich der Planet befindet.

Auch diese Regel ist später zu verfeinern, in Verbindung mit den nicht unbedingt immer bewußten Erwartungsmustern und Haltungen, die den Häusern zugrunde liegen. Jeder Planet wirkt sich zunächst gemäß des Zeichens aus, in dem er steht; das Erwartungsmuster und die Manifestationen in ihrer Gesamtheit hängen aber auch ab von dem Haus, in dem sich der Planet befindet. So wirkt sich beispielsweise Merkur *in den Zwillingen* im *8. Haus* ganz anders aus als im *Skorpion* im *3. Haus*. Es handelt sich hier um ein und denselben Planeten, der sich in einem Zeichen und Haus befindet, die jeweils zum anderen Fall in einer Analogie stehen. Die Auswirkungen und die persönliche Manifestationsform, die sich dabei ergeben, sind in den beiden Fällen ganz verschieden.

Merkur in den Zwillingen steht für einen zungenfertigen Redner, für einen Menschen, der an vielen Fakten interessiert und ständig auf neue Dinge aus ist. Es handelt sich dabei um eine Person, die aktiv mit den vielen Themen, mit denen sie sich beschäftigt, umgeht, was im Denken und Handeln deutlich zum Ausdruck kommt. Steht dieser Inhalt nun im 8. Haus, richtet sich das Interesse des Menschen insbesondere auf alles, was mit diesem Haus zu tun hat. Es geht dabei um Dinge, die im Verborgenen liegen, also zum Beispiel um Psychologie, um Parapsychologie wie auch das Okkulte ganz allgemein, aber auch um Tiefseetauchen, archäologische Ausgrabungen und vieles andere mehr. Mit Merkur in den Zwillingen ist ein großes Interesse verbunden; es kann gut sein, daß ein solcher Mensch Kenntnisse auf den verschiedensten Gebieten hat. Vielleicht kommen, weil das 8. Haus für einen abgeschlossenen Lebensbereich steht, die kommunikativen Anlagen etwas weniger gut zum Zuge, und vielleicht ist diesem Menschen die Verarbeitung all der Fakten beziehungsweise die Suche nach dem Warum wichtiger als der verbale Austausch. Wir dürfen in diesem Fall aber davon ausgehen, daß der Denkprozeß trotz allem einen zentralen Platz einnimmt. Die Gedanken haben dabei mit Leben und Tod, Tiefe und Abgründen, mit Kampf und dem Kern der Dinge zu tun. Und obwohl es sich um einen *Zwillings*-Merkur handelt, müssen wir mit der Möglichkeit rechnen, daß nur wenige Menschen diese Person wirklich kennen. Auf sie trifft das Motto zu: Stille Wasser sind tief.

Was den Merkur im Skorpion im 3. Haus betrifft, könnte man meinen, daß die gleichen Auswirkungen gegeben sind. Dem ist aber nicht so. Das Interesse eines solchen Menschen ist nicht auf Vielfalt, sondern vielmehr auf eine ganz persönliche Verarbeitung der Fakten gerichtet. Merkur im Skorpion »wiederkäut« alle Erfahrungen, die er macht, er entdeckt auf diese Weise deren inneres Wesen, was ihn die betreffende Erfahrung *fühlen* läßt. Anfänglich wird er darüber nicht viel reden. Grundsätzlich aber gilt, daß das Verarbeitende und Suchende, das Intensive und Einfühlsame dieser Merkurposition auf dem Gebiet des 3. Hauses zum Ausdruck kommt, dem Bereich der alltäglichen Kontakte, des Lernens, der Information, der Systematik und der Ordnung der Fakten. Einem Merkur im Skorpion im 3. Haus geht es um die Art von Informationen, durch die er sich von innen heraus berührt fühlt; diese will er ordnen und systematisieren, selbst um den »Preis«, hierfür Kontakte unterhalten zu müssen. Diese Informationen müssen nichts mit dem Okkulten oder mit der Parapsychologie zu tun haben; es könnte sich hier genauso gut um das Gebiet der Computer oder der Systemanalyse handeln, um ein beliebiges Beispiel zu geben. (Natürlich *kann* sich Merkur im Skorpion auch in der Beschäftigung mit dem Verborgenen äußern. Dies ist aber weniger wahrscheinlich als bei Merkur im 8. Haus.)

Obwohl es hier also scheinbar um eine weitgehende Übereinstimmung hinsichtlich der Planetenstellungen geht, kommt es doch zu recht unterschiedlichen Auswirkungen: Der Zwillings-Merkur im 8. Haus bedeutet Offenheit und Vielseitigkeit, manchmal aber auch eine Oberflächlichkeit gegenüber den verborgenen und tieferen Seiten des Lebens. Der Skorpion-Merkur im 3. Haus zeichnet sich dagegen durch eine Orientierung auf das »Fühlen« von Erfahrungen aus, durch eine Art »Abgeschlossenheit«. Für ihn ist das wichtigste, die gemachten Erfahrungen und Kenntnisse zu systematisieren und zu ordnen. (Es ist wahrscheinlich ohne weiteres einsichtig, daß Planeten in diesem oder jenem Zeichen besser zu diesem oder jenem Haus passen. Näheres dazu im Kapitel Die *Kombination der Deutungsfaktoren*.

Was müssen wir uns also bezüglich der Planeten in den Häusern merken? Insbesondere das folgende:

1. Planeten kommen zum Ausdruck auf dem Lebensgebiet, das durch das Haus, in dem sie stehen, angegeben wird.
2. Planeten in einem Haus sind Bestandteil der mit diesem zusammenhängenden Erwartungsmuster und Bedürfnisse. Insofern sagen sie auch etwas darüber aus, welche innerlichen Auswirkungen sie haben und wie sie nach außen hin zur Wirkung kommen. Hierbei lassen wir die Häuserregenten noch außer acht. Auf diese wird in dem bereits angesprochenen, in Vorbereitung befindlichen Buch *Deutung der Häuserregenten* ausführlich eingegangen.
3. Planeten in einem Haus sagen etwas darüber, was für eine Art von psychischer Energie wir zum Einsatz bringen, wie es also um unsere Handlungen und unsere Haltung bezüglich der Angelegenheiten bestellt ist, die mit diesem Haus zusammenhängen.

Ausgehend von diesen Überlegungen werden wir die Stellungen der Planeten in den Häusern näher betrachten. Dabei sollten wir uns vor Augen halten, daß »Kochbuch-Deutungen« nicht den Kern treffen. Das liegt daran, daß es zu viele Faktoren gibt, die hier eine Rolle spielen. Die unten angeführten kurzen Deutungstexte sind dann auch mehr als eine Art Vorschlag gedacht, wie die Planeten sich in den Häusern auswirken *können*. Vollständigkeit wurde dabei nicht angestrebt. Es bestand vielmehr die Absicht, Stichwörter, die verwirrend wirken könnten, zu vermeiden sowie einzelne Beispiele anzuführen.

PLANETEN IM 1. HAUS

☉ 1 *Sonne im 1. Haus*

Unser Ego, der Weg, der zur optimalen Entfaltung führt, und die Weise, wie wir uns zu verwirklichen und wir selbst zu sein versuchen, kommen nach außen hin deutlich zur Wirkung; sie sind untrennbar und vollständig mit unserer Haltung und unserem Handeln in der Umwelt verbunden. Jemand mit der Sonne im 1. Haus wird von den Mitmenschen deutlich wahrgenommen. Der Mensch mit der Sonne im 1. Haus geht auf eine natürliche und selbstverständliche Weise von sich selbst aus, wodurch er sofort als starke Persönlichkeit in Erscheinung tritt, als jemand, der nicht übersehen werden kann. Zusammen mit der häufig gegebenen großen Vitalität kann es sich um eine Person handeln, die unter Umständen über andere hinweggeht und die resolut die eigenen Interessen durchsetzt. Generell gilt: Dieser Mensch ist auf Anerkennung aus, wobei er alle Sonnen-Eigenschaften nach außen hin erkennen lassen kann. Wir sehen dann jemanden, der Wärme, Vitalität, Selbstvertrauen und Willenskraft ausstrahlt sowie Edelmut und Loyalität. Oftmals wird mit dieser Stellung eine Führungsrolle angestrebt. Ist die Stellung problematisch, können auch Wichtigtuerei, Taktlosigkeit, Egoismus, Herrschsucht oder Überheblichkeit zutage treten.

☾ [1] *Mond im 1. Haus*

Das Bedürfnis, in der Reaktion auf die Außenwelt die eigenen Gefühle und emotionellen Inhalte nach außen zu bringen sowie eng mit der Umgebung verbunden zu sein. Unser unbewußtes emotionelles Verhalten und unsere bewußten Antworten und Reaktionen kommen im 1. Haus auf eine direkte Weise zum Ausdruck und prägen unser Auftreten. Diese Mondstellung bedeutet das Bedürfnis zu beschützen beziehungsweise zu »bemuttern« und den Wunsch, mit der Umgebung im Gefühlsaustausch zu stehen. Wir können also eine mütterliche und fürsorgliche Einstellung erwarten, um so mehr, da der Mond zeigt, wie wir uns verhalten, wenn wir uns unsicher fühlen. Empfindsamkeit und Emotionalität kommen bei dieser Stellung sehr deutlich zum Ausdruck. Das kann dem Auftreten Wärme verleihen, allerdings auch ein ständiges Bedürfnis nach Veränderung oder nach Sensationen. Da mit dem Mond zumeist auch ein gutes Anpassungsvermögen einhergeht, bedeutet diese Stellung zumeist das Vermögen, »im Strom zu schwimmen« beziehungsweise ein flexibles Verhalten in Verbindung mit einem freundlichen und gefühlsbetonten Auftreten. Gefühlsströmungen der Umgebung werden schnell erkannt. Auch steht der Mond im 1. Haus häufig für ein gutes Verhältnis zu Frauen, zum Publikum und »zum Volk« (deshalb wurde dieser Stellung früher allgemein Popularität zugeschrieben). Bei einer schwierigeren Stellung kann es in dieser Beziehung aber zu Übertreibungen oder zu Launenhaftigkeit kommen. Unselbständigkeit und eine übermäßige Sensibilität wären weitere Stichworte sowie Anpassung und der Wunsch nach Popularität um jeden Preis. Der Mond im 1. Haus kann sich auch so äußern, daß der Mensch bestrebt ist, in anderen zu leben.

☿ [1] *Merkur im 1. Haus*

Das Auftreten nach außen hin wird in hohem Maß bestimmt durch das Bedürfnis, Informationen zu sammeln und zu verarbeiten, zu analysieren und zu systematisieren, zu kommunizieren und Kontakte herzustellen. Merkur selbst ist gewissermaßen farblos, was zur Folge hat, daß er sowohl von sich aus Kontakte herstellen kann als auch Verbindungen zwischen anderen. Kontakte zu unterhalten und das Sammeln von Informationen sind ein wichtiges Mittel, um sich zum Ausdruck zu bringen. Merkur im 1. Haus forscht gern, er kann über alles Mögliche reden, kennt häufig viele Menschen und kann sich gut auf Neues einstellen. Seine erste

Reaktion auf Dinge ist von mentaler Offenheit und dem Bestreben gekennzeichnet, die Wahrnehmungen zu ordnen. Der veränderliche Merkur gibt dem Auftreten in diesem Fall auf den ersten Blick etwas Unbeständiges und Rastloses, er macht aber auch neugierig und dadurch oft schon früh weise. Was bei dieser Stellung schwerfällt, ist das Vollenden der Dinge (es sei denn, Merkur steht im 1. Haus in einem fixen Zeichen). Er kann bei einer schwierigen Stellung eine oberflächliche Haltung verursachen, mit schwatzhaften, hinterlistigen oder indiskreten Zügen. Nervosität wäre ein weiteres Problem.

♀ 1 *Venus im 1. Haus*

Diese Position gibt das Bedürfnis, den Drang nach Sicherheit in Beziehungen, nach Harmonie und Schönheit unter allen Umständen unmittelbar nach außen zu bringen, was das Auftreten stark färbt. Kennzeichnend ist hier das Bedürfnis nach einer angenehmen Umgebung. Ein solcher Mensch wird stets versuchen, als Vermittler aufzutreten und Gegensätze zu versöhnen. Konflikte erträgt er nur schwer, er tut alles, um die angenehme, harmonische Atmosphäre wiederherzustellen. Dieses Bedürfnis nach Schönheit und Harmonie zeigt sich in einer freundlichen Annäherung an alles und jeden, auf äußerlicher Ebene oft auch im Bedürfnis, buchstäblich »in gutem Licht« erscheinen zu wollen. Venus im 1. Haus bedeutet ein freundliches, unterhaltendes, fröhliches und unkompliziertes Auftreten. Bei einer schwierigen Stellung kann es unter Umständen zu Faulheit oder Eitelkeit oder zu einem leichtsinnigen oder gar ungehobelten Verhalten kommen.

♂ 1 *Mars im 1. Haus*

Unser aggressiver Drang zum Selbsterhalt und unsere Schaffenskraft kommen im Tun und Lassen direkt zum Ausdruck. Mars in dieser Stellung macht gern von sich reden; er will sich, in welcher Form auch immer, beweisen und Aufmerksamkeit erregen, wobei er energisch, ungestüm und manchmal aggressiv ans Werk geht. Diese Stellung spricht für viel Energie, aber auch für ein impulsives Auftreten. Mars im 1. Haus ist schnell – manchmal vorschnell –, kraftvoll und selbstbewußt in seiner äußerlichen Reaktion, wobei er die Umgebung fühlen läßt, daß sie mit ihm nicht nach Belieben umspringen kann. Bei dem Ungestüm gibt es hier schon einmal Scherben – auch ohne Taten, weil auch die Worte sehr scharf, schnell und taktlos sein können. Andererseits verleiht Mars im 1. Haus Mut, Vertrauen, Freimütigkeit und Wehrhaftigkeit. Dieser Mensch hat keine Probleme, sich darzustellen; er vermag die Initiative zu ergreifen, was ihn für Führungsaufgaben qualifiziert. Mars im 1. Haus verleiht auch das Bedürfnis nach Unabhängigkeit, Ungebundenheit und danach, sich von der Außenwelt abzugrenzen, was die Ursache manchen Streits sein kann. Bei schwieriger Stellung könnte es zu Grobheit, Jähzorn, Hitzköpfigkeit und vielleicht sogar Gewalttätigkeit kommen. Daß Menschen mit dieser Marsstellung sich Verwundungen einhandeln können, ist in der astrologischen Literatur bekannt.

♃ 1 *Jupiter im 1. Haus*

Das Auftreten nach außen wird durch das Bedürfnis geprägt, dem Expansionsdrang und dem Wunsch, den Horizont zu erweitern (im wörtlichen wie im übertragenen Sinne) deutlich Ausdruck zu verleihen. Das bedeutet, daß der betreffende Mensch nach außen hin schnell mit Urteilen, Meinungen, Visionen oder seiner Lebensphilosophie zur Hand ist. Jupiter im 1. Haus steht häufig für großen Optimismus und eine positive Einstellung. Dabei stellt er gern seine eigenen Ansichten in den Vordergrund und geht am liebsten von seiner persönlichen Meinung aus. Die eigene Freiheit zu erhalten ist Jupiter im 1. Haus ein zentrales Anliegen. Im direkten Kontakt mit der Außenwelt spielt das Bedürfnis nach Expansion und Fortschritt eine sehr große Rolle. Dieser Mensch ist sofort bereit, anderen zu helfen, indem er Mut zuspricht, anderen etwas erklärt und so weiter. Die Gefahr besteht in der Einstellung, daß er besserwisserisch auftritt und anderen ungefragt Lehren erteilt. Das Expansive von Jupiter verleiht auch das Bedürfnis, große Vorhaben in Angriff zu nehmen – manchmal *allzu* große. Das könnte dann mit Dünkelhaftigkeit, Angeberei oder anderem mehr einhergehen. In dieser Beziehung sind aber auch die anderen Horoskop-Faktoren zu beachten.

♄ 1 *Saturn im 1. Haus*

Das äußerliche Auftreten wird in starkem Maß bestimmt durch das Bedürfnis, den Mitmenschen eine entwickelte Persönlichkeit zu präsentieren und als solche anerkannt zu werden, womit eine gewisse Verletzlichkeit einhergeht. Diese Menschen möchten von anderen als vertrauenswürdig, selbstbeherrscht und ausdauernd eingestuft werden. Bei Saturn im 1. Haus ist das Bedürfnis kennzeichnend, eine wohlüberlegte und abgegrenzte Haltung gegenüber der Außenwelt zu zeigen. Aus diesem Grund macht der betreffende Mensch einen ernsten, ruhigen und wenig spontanen, sondern zurückhaltenden, verschlossenen oder gar gehemmten Eindruck. Der Außenwelt nähert er sich mit großer Ernsthaftigkeit, was auf andere manchmal etwas bedrohlich wirken kann. Wie dem auch sein mag – von der Umgebung erwartet diese Person jedenfalls auch ernsthafte Antworten.

Dies ist eine Position, die nicht gerade für uneingeschränkte Fröhlichkeit spricht. Das Verantwortungsgefühl kommt im Tun und Lassen deutlich zum Ausdruck, wie auch das Bedürfnis, die Dinge abzurunden, gründliche beziehungsweise perfekte Arbeit zu liefern und der Welt von strukturierten Auffassungen aus entgegenzutreten. Saturn im 1. Haus gibt üblicherweise wenig Spontanität. Hinter der Maske von Ruhe und Verschlossenheit verbirgt sich dabei häufig eine große persönliche Unsicherheit. Aus Angst davor, nicht anerkannt zu werden, neigen diese Menschen dazu, viel Verantwortung auf sich zu nehmen. Saturn hat große Angst, verkannt zu werden; er schließt sich deshalb ab, bis er sich seiner Sache sicher ist. Die Haltung ist etwas melancholisch, pessimistisch und oft auch starr, grundsätzlich aber schlicht, geduldig, realistisch und praktisch. Manchmal spielt Mißtrauen eine Rolle. In diesem Fall führt die Angst, sich in seiner Persönlichkeit erkennen zu geben, dazu, hinter einer Maske Schutz zu suchen.

♅ 1 *Uranus im 1. Haus*

Das Bedürfnis, die eigene Individualität so frei und unbeschränkt wie nur möglich zu entfalten, färbt das äußerliche Auftreten. Alles Neue und alles, was bestehende Grenzen im wörtlichen und im übertragenen Sinne überschreitet, spielt hier eine wichtige Rolle. Der Drang zum Verändern, Aufbrechen und Zerstören bedeutet dabei eine originelle und zugleich launenhafte Erscheinung. Mit dieser Stellung besteht vor allem ein Bedürfnis: Anderen die eigene Persönlichkeit vor Augen zu führen. Das macht unkonventionell, unabhängig und bahnbrechend (*bahnbrechend* muß übrigens nicht immer erneuernd sein, dann nämlich, wenn das Verstoßen gegen überlieferte Werte beziehungsweise das Zerstören der alten Gleise nur dem Zweck dient, die eigene Einzigartigkeit zu betonen). Das Plötzliche und Blitzhafte von Uranus führt dazu, daß der Mensch mit dieser Stellung von unberechenbarem, ungestümem, manchmal genialem und dabei auch wieder sehr launischem Wesen ist, mit entsprechenden Reaktionen der Umgebung. Die Reaktionen der Umwelt kümmern den, der

Uranus im 1. Haus hat, nicht; er will sich seine Freiheit bewahren und so reagieren, wie es ihm paßt. »Freiheit, Gleichheit und Brüderlichkeit« ist sein Leitmotiv, was aber unter Umständen in eine (zu) große Impulsivität, Destruktionsneigung und Gewalttätigkeit umschlagen kann. Uranus im 1. Haus bedeutet im besten Falle eine Toleranz gegenüber dem Selbstausdruck der Mitmenschen; im schlimmsten Falle kämpft er gegen Ausdrucksformen, die ihm nicht gefallen, was dann zerstörerische und anarchistische Neigungen zur Folge hat.

♆ [1] *Neptun im 1. Haus*

Das Auftreten nach außen wird in großem Maße durch diesen im Vordergrund stehenden nebelhaften und manchmal zersetzenden psychischen Inhalt geprägt. Die Haltung gegenüber der Außenwelt ist wegen der formauflösenden oder auch transzendierenden Eigenschaften Neptuns dann auch meistens ungreifbar. Zumeist stehen dabei die Gefühle im Vordergrund. Durch die feine Wahrnehmung von Neptun im 1. Haus reagiert die betreffende Person unbewußt auf allerlei Gefühlsströmungen in der Umgebung, die als solche kaum zur konkreten Manifestation kommen. Neptun als unpersönlicher Gefühlsplanet verleiht in diesem Fall dem Auftreten etwas Mystisches und Kollektives, was – wenn dies zunächst auch widersprüchlich klingen mag – nichtsdestotrotz sehr persönlich sein kann. Kollektiv bedeutet hier aber nicht, daß jeder sofort weiß, worum es geht und also alles darauf projizieren kann.

Das Auftreten ist freundlich und offen. Diese Menschen besitzen Antennen für alles, was um sie herum vorgeht, ohne daß ihnen dies jedoch bewußt sein muß. Der verschleiernde Neptun kann hier aber das Auftreten auch »nebelhaft« und chaotisch machen, so daß vielleicht niemand die Person in ihrem wahren Wesen zu sehen bekommt. Dieser Mensch könnte träumend und phantasierend durch das Leben gehen und dabei unter Umständen auch vom Alkohol abhängig sein (dazu aber muß man das Horoskop in seiner Gesamtheit aufmerksam studieren). Andererseits kann die Empfindsamkeit auf eine Beschäftigung mit Kunst oder auf eine große Musikalität schließen lassen, manchmal auch auf Spiritualität und mediale Gaben (wiederum in Abhängigkeit zum Rest des Horoskops). Neptun im 1. Haus kann sich in seinem Auftreten nach außen überwinden und viel Mitgefühl und Liebe zum Ausdruck bringen. Genauso gut möglich ist aber der Blick durch die »rosarote Brille«, was dann dazu führen könnte, daß der Mensch Reaktionen zeigt, die im Widerspruch zur Wirklichkeit stehen.

♇ 1 *Pluto im 1. Haus*

Das Bedürfnis nach Macht und Anerkennung und die Bereitschaft, zu kämpfen und das letzte aus sich herauszuholen, färben das Auftreten nach außen in einem sehr hohen Maße. Es gibt hier eine bestimmte Spannung beziehungsweise eine gewisse Heftigkeit, aber auch eine intensive Konzentration. Mit dieser Stellung wird nach außen hin eine große psychische Kraft und viel Geltungsdrang deutlich sowie ein enormes Bedürfnis nach Anerkennung, nach Macht und Herrschaft. Dieses Bedürfnis kann sich durchaus hinter den Kulissen abspielen, was sich dann in Form von Manipulationen auswirken könnte. Diese Person tritt vielleicht mit einem Lächeln an die Außenwelt, hält aber ihre tieferen Beweggründe verborgen. Wenn Pluto im 1. Haus plaziert ist, heißt das, daß die Menschen, die persönlich mit dieser Person in Berührung kommen, gleichsam erst einen Test bestehen müssen: Sie müssen den Forderungen entsprechen, die bei dieser Plutostellung tief im Inneren gegeben sind.

Diese Person observiert die Menschen ihrer Umgebung genau, sie gräbt förmlich nach deren Motiven und Triebfedern und will genau wissen, was abläuft. Sie hat ein gutes Gespür für Strömungen, die sie in ihrem Bedürfnis nach Macht benutzen, aber auch mißbrauchen kann. Pluto besitzt das Vermögen zur Manipulation, was bei der Stellung im 1. Haus deutlich ans Licht kommt. Kennzeichnend ist hier der Wunsch, einen vitalen und selbstbewußten Eindruck zu hinterlassen, verbunden mit einer gewaltigen Willenskraft. Mit Pluto kann aber auch verbunden sein, daß die verschiedensten verborgenen Inhalte aufsteigen. Daraus resultiert die Gefahr von plötzlichen, das Gleichgewicht erschütternden oder gar hysterischen Reaktionen. Menschen mit Pluto im 1. Haus verfügen über ein gewisses Etwas, wodurch sie auffallen und die Aufmerksamkeit auf sich ziehen, ohne daß sie dafür aktiv werden müßten. Diese Stellung steht häufig für eine »Alles-oder-nichts-Haltung«.

PLANETEN IM 2. HAUS

☉ 2 *Sonne im 2. Haus*

Die Sonne im 2. Haus verleiht das Bedürfnis, sich im Aufbauen einer materiellen Sicherheit und beim Entwickeln von Wertvorstellungen so umfassend wie nur möglich zum Ausdruck zu bringen, wobei das Materielle oder Konkrete im Mittelpunkt steht. Das kann sich auf verschiedene Arten äußern, zum Beispiel im Drang, einen großen Besitz anzuhäufen oder darin, großen Wert auf Geld und Güter zu legen. Der Mensch aber kann sich auch auf eine andere Weise auf die Materie beziehen: Anstatt sich selbst zum Sklaven des Stofflichen zu machen, kann er sich des Stofflichen bedienen und ihm Form geben. Ein Gefühl für Kunst und den Wert der Schönheit und der schönen Dinge sind dann auch für die Sonne – wie für andere wichtige Planeten – im 2. Haus kennzeichnend.

Das Entwickeln von Wertvorstellungen, die einen *innerlichen* Halt fördern und Sicherheit bieten, und die *äußerliche* Sicherheit in Form eines festen Einkommens oder auch einer Rücklage für schlechte Zeiten spielen bei der Sonne in diesem Haus eine sehr große Rolle. Jemand mit dieser Stellung eignet sich für Berufe des 2. Hauses, also für eine Beschäftigung im Bankgewerbe oder als Juwelier, Makler, Schätzer, Kassierer und so weiter.

☾ 2 *Mond im 2. Haus*

Das Bedürfnis nach emotioneller Sicherheit und emotionellem Widerklang in der Welt (Mond) ist im 2. Haus auf die konkrete Sicherheit gerichtet. Das Entwickeln von Wertvorstellungen und die Erschaffung einer festen und soliden Basis stehen hierbei im Mittelpunkt. Weil es dabei in erster Linie um ein emotionelles Bedürfnis geht, dürfte die Neigung bestehen, sich mit Dingen zu umgeben, die ein Gefühl der Sicherheit verleihen. In der extremen Auswirkung könnte das dazu führen, daß der Mensch mit dem Mond im 2. Haus den Drang verspürt, sich etwas Schönes und Wertvolles zu kaufen, wenn er sich unsicher fühlt. Auf diese Weise könnte er das Gefühl seiner Sicherheit zurückgewinnen. In Übereinstimmung zu seiner wechselnden Erscheinung am Himmel kann der Mond dabei in einem Augenblick viel, im nächsten so gut wie nichts ausgeben. Wie dem auch sein mag – aller Wahrscheinlichkeit nach besteht aber zumindest ein Notgroschen als Sicherheitsreserve.

Es ist ein reiches Innenleben vorhanden, das einer Konkretisierung bedarf. Aus diesem Grund ist mit dem Mond im 2. Haus häufig eine starke Antriebskraft verbunden, die Dinge zu einem Abschluß zu bringen. Der Mond steht für die Formgebung, so daß mit der Stellung im 2. Haus auch Kunstfertigkeit als Äußerungsweise denkbar ist. Er symbolisiert gleichermaßen das Publikum und die Mitmenschen überhaupt – im 2. Haus könnte sich das dann so auswirken, daß wir Menschen im allgemeinen Sicherheit geben. Insofern brauchen wir uns nicht darüber zu wundern, diese Stellung bei vielen Beamten wiederzufinden. Beruflich gesehen sind hier also die verschiedensten Auswirkungen möglich. In diesem Fall ist das, was für die Sonne im 2. Haus angeführt wurde, übertragbar, mit dem Zusatz, daß es beim Mond nicht so sehr um den Entwurf im großen Maßstab geht. Lust- und Unlustgefühle sind bei dieser Stellung stark ausgeprägt.

☿ [2] *Merkur im 2. Haus*

Das Denken, die Kontakte, das Vermögen zu ordnen, zu analysieren und Verbindungen herzustellen sind primär auf das Entwickeln von Wertvorstellungen, auf das Schaffen von Sicherheit und das Ausbilden von Fähigkeiten gerichtet. Die Merkurstellung läßt dabei nähere Rückschlüsse zu, um welche Fähigkeiten es geht: Journalismus, Schreiben, Handel oder was auch immer. Merkur im 2. Haus steht häufig für einen praktischen Sinn oder auch für die Fähigkeit, die Sicherheit durch Schreiben, Analysieren, Denken, Verhandeln und ähnliches mehr zu gewährleisten. Dieser Planet ist veränderlich, was zu Veränderungen hinsichtlich des Sicherheitsbedürfnisses führen könnte oder zu Schwankungen in Verbindung mit Lust- und Unlustgefühlen – er bietet aber die Möglichkeit, eventuell bestehende Schwierigkeiten zu erkennen und zu lösen.

Mit Merkur im 2. Haus besteht das Bedürfnis, unser persönliches Denken, unsere Kontaktfähigkeit und unser Vermögen zur Analyse so einzusetzen, daß wir Fähigkeiten entwickeln, die zu einem Einkommen führen könnten. Das bedeutet vielfach die Motivation, sich in seinem Fach oder Beruf fortzubilden. Das wichtigste aber ist, daß dieser Mensch sich sicher und geborgen fühlt. Bei ihm verlangt das Gefühl eine konkrete Grundlage, von der aus er handeln kann.

♀ [2] *Venus im 2. Haus*

Unser Bedürfnis nach Harmonie und Schönheit, nach Gewißheit und Geborgenheit in der Beziehung sowie nach materieller Absicherung hat sehr viel mit dem Schaffen von existenzieller Sicherheit zu tun. Mit dieser Venusstellung ist der Mensch nur allzu bereit, Fähigkeiten zu erlernen, die uns diese Sicherheit verschaffen können. Der Nachdruck auf Sicherheit und auf äußerliche Formen kann dieses Haus in übermäßiger Weise beherrschen. Venus im 2. Haus kann ein Gefühl für Kunst wie auch für künstlerische Arbeit, allerdings auch einen Sinn für Luxus verleihen. Dabei wird sich dieser Mensch bei allem wohl und sicher fühlen, was mit der Verfeinerung der äußerlichen Form und namentlich dem Erlernen von Fähigkeiten auf diesem Gebiet zu tun hat. Insofern finden wir diese Venusstellung insbesondere bei Menschen, deren Einkommen mit Kunst, Mode, Kosmetika, Luxus- und Genußartikeln und anderem mehr zusammenhängt.

Die andere Seite der Venus – das Bedürfnis nach Sicherheit im Rahmen der Beziehung – kommt im 2. Haus deutlich als Bedürfnis nach Gewißheit nach außen: Der andere wird hier schnell als eine Art Besitz aufgefaßt. Es ist sehr wichtig für diese Person, einen Partner zu haben. Die Lust- und Unlustgefühle hängen dann auch stark mit dem Partner zusammen, was der Grund dafür ist, daß alte Deutungen dieser Venusstellung viel Sinnlichkeit zuschreiben. Allerdings ist Venus ein luftiger Planet, was wiederum heißt, daß hier die Fähigkeit besteht, die Augen vor dem Unangenehmen zu verschließen. Auf das 2. Haus bezogen kann das zur Folge haben, daß mehr ausgegeben als eingenommen wird. Schöne Dinge üben auf diesen Menschen eine unglaublich große Anziehungskraft aus, und der Drang, Schönheit um sich zu haben, ist bei ihm sehr stark entwickelt.

♂ [2] *Mars im 2. Haus*

Unser Geltungsdrang, unsere Tatkraft und Energie und das Bedürfnis, uns selbst zu beweisen, sind im 2. Haus auf das Schaffen von Sicherheit ausgerichtet. Bei dieser Marsstellung gibt es markante Lust- und Unlustgefühle, woraus das Bedürfnis resultiert, uns Fertigkeiten und Wissen anzueignen, die existenzielle Sicherheit verschaffen können. Allerdings kommt die Mars-Energie von Natur aus nicht auf konzentrierte Weise zum Ausdruck, so daß die Neigung bestehen könnte, sich in einer Vielzahl von Aktivitäten zu verzetteln. Vielleicht geben wir dann auch sofort das wieder auf, was wir aus dem Wunsch nach Sicherheit heraus gerade erreicht haben, um etwas anderem nachzujagen, was uns in diesem Augenblick interessanter zu sein scheint.

Die heftigen Lust- und Unlustgefühle können auch für problematische Zeitabschnitte verantwortlich sein, in denen eine Person mit dieser Marsstellung auf einmal unbedacht sehr viel Geld ausgibt. Angesichts der Tatsache aber, daß hier dann gleichzeitig der Geltungsdrang und das Ansehen des betreffenden Menschen auf dem Spiel stehen, werden die Defizite wahrscheinlich mit großer Leidenschaft und Energie schnell wieder ausgeglichen. Prinzipiell gilt: Diese Marsstellung kann Probleme auf materiellem Gebiet mit sich bringen. Gleichzeitig aber liefert sie genug Energie, um diese zu lösen. Mars im 2. Haus kann auch eine sehr aktive Einstellung auf dem Gebiet von Geld und Besitztümern verleihen (und vielleicht in dieser Hinsicht auf übermäßige Begierden schließen lassen). Ein solcher Mensch könnte sich mit Mars-Aktivitäten seinen Unterhalt verdienen, zum Beispiel durch eine Stelle beim Militär, durch sportliche Aktivitäten oder anderes mehr.

♃ 2 *Jupiter im 2. Haus*

Unser Bedürfnis nach Expansion und Fortschritt kommt hier auf der Ebene des Schaffens von existenzieller Sicherheit, des Erwerbens von Wissen und Fertigkeiten und der Lust- und Unlustgefühle zum Ausdruck. Das große Selbstvertrauen, das mit Jupiter verbunden ist, kann hier viel Sicherheit geben. Der Erwerb von Fertigkeiten versetzt uns darüber hinaus in die Lage, nicht nur stabile innere Wertvorstellungen zu entwickeln, sondern auch unsere konkrete Sicherheit zu fördern. So ist mit Jupiter in diesem Haus grundsätzlich die Möglichkeit gegeben, den persönlichen Besitz zu bewahren und zu vergrößern. Die Entwicklung von Besitz und Wertvorstellungen ist dann auch das, worauf es dem Menschen mit dieser Jupiterstellung besonders ankommt. Es ist hier oft auch die Rede von einem Bedürfnis nach Luxus, und in der Tat umgeben sich Menschen mit Jupiter im 2. Haus gerne mit schönen, wertvollen Dingen. In ihrem Drang nach Expansion kann es sogar dazu kommen, daß sie andere als ihren Besitz betrachten.

Diese Jupiterstellung könnte darauf schließen lassen, daß der Mensch sein Einkommen durch eine Beschäftigung erzielt, die mit Religion zu tun hat oder zumindest mit Themen, die zur Erweiterung des Bewußtseins führen. Pädagoge oder Lehrer, Philosoph und anderes mehr wären hier anzuführende Berufe. Allerdings kann das expansive Moment von Jupiter im 2. Haus auch Schwierigkeiten mit sich bringen. Wird zuviel Expansion angestrebt, kann die Person (beispielsweise durch Glücksspiele oder Spekulationen) sehr viel mehr verlieren, als sie aufgebaut hat. Allerdings ist das höchstens dann zu erwarten, wenn noch verschiedene andere Horoskop-Faktoren in diese Richtung weisen. Für gewöhnlich aber ist mit dieser Jupiterstellung lediglich das innerliche Vertrauen verbunden, daß alles gut gehen wird, was ja auch zumeist zutrifft.

♄ [2] *Saturn im 2. Haus*

Dieser beschränkende psychologische Inhalt, der uns unsere Grenzen erfahren läßt, verleiht dem Haus der existenziellen Sicherheit und der Lust- und Unlustgefühle deutlich Form. Dabei stehen mit großer Wahrscheinlichkeit die Gefühle der Unlust im Vordergrund, was in der Folge zur vertieften Beschäftigung mit diesem Lebensgebiet zwingt. Der betreffende Mensch hat hier gewissermaßen seinen wunden Punkt, wo er empfindlich ist und sich aktiv gegenüber den Schwierigkeiten behaupten muß. Daber zieht er die Probleme durch seine diesbezüglichen Ängste oft selbst erst an. Üblicherweise finden wir in diesem Fall die Deutung, daß wir mit dieser Stellung lange und hart arbeiten müssen, um Einkünfte zu erzielen, und daß damit nichts »von selbst« kommt. Wir sehen diese Saturnstellung dann aber auch häufig bei Sammlern – Menschen, die diese Angst umsetzen in das Anhäufen von konkreten und, wenn möglich, wertvollen Besitztümern, was vielleicht auch aus dem Wunsch nach einer stillen Reserve hervorgeht. Auch Geiz wird dieser Stellung zugeschrieben, wobei es aber um die Angst geht, nichts zu haben, und damit um das Bedürfnis, soviel wie nur möglich für schlechtere Zeiten zurückzulegen.

Besitz verleiht ein Gefühl von konkreter existenzieller Sicherheit. Dieser Mensch neigt zum sparsamen Umgang mit Dingen und Geld. Mit Saturn im 2. Haus ist das Schaffen von konkreter Sicherheit der empfindliche Punkt. Verluste können den betreffenden Menschen vollkommen aus der Bahn werfen. Es besteht hier aber auch noch eine andere Manifestationsform. Die Person könnte sich dem Drang, hart für den Erwerb von Besitz (Sicherheit) zu arbeiten, verweigern und sich all ihrer Besitztümer entledigen, um als eine Art Einsiedler weiterzuleben. Wenn sie dann auch der Ansicht sein könnte, nicht mehr der Sklave ihrer Unsicherheit zu sein, hat sie doch wahrscheinlich die Angst um den Besitz nicht wirklich überwunden, sondern nur den unangenehmen Folgen eines potentiellen Verlustes vorgebeugt. Beides – sowohl der nichts besitzende Einsiedler als auch der wohlhabende Sammler – sind also Extreme der Stellung von Saturn im 2. Haus. Grundsätzlich läßt sich sagen: Mit dieser Saturnposition sind wir in der Lage, uns mit saturnischer Arbeit ein dauerhaftes Einkommen zu sichern, beispielsweise durch die Arbeit an der Erde und ihren Früchten (Waldwirtschaft, Bergbau, Abbau von Bodenschätzen und anderem mehr) oder auch durch den Handel mit Land. Struktur und Ordnung, in Kombination mit einem großen Verantwortungsbewußtsein, können hier zu ständigen Fortschritten führen.

♅ [2] *Uranus im 2. Haus*

Das Bedürfnis, in Verbindung mit der existenziellen Sicherheit und den Fertigkeiten ein sehr eigenständiges und individuelles Verhalten zu zeigen – was auf die Sicherheit untergrabend wirken könnte. Der betreffende Mensch bezieht aber in einem mehr oder weniger starken Ausmaß Sicherheit aus dem Wissen, daß er diese Unterminierung als eine Art Spannung nötig hat. Durch seine plötzlichen Eingebungen kann er mit seinen Taten im Handumdrehen zerstören, was er über lange Zeit aufgebaut hat. Allerdings ist es hier auch denkbar, daß die Person plötzlich weiß, worauf es ankommt. Das Launenhafte und Unvorhersehbare des Uranus gibt stark wechselnde Lust- und Unlustgefühle, was mit ebenso drastischen Veränderungen hinsichtlich der Werte und Auffassungen einhergeht.

Bei dieser Uranusstellung ist für gewöhnlich der Drang gegeben, durch unkonventionelle Methoden Einkommen zu erzielen und existenzielle Sicherheit zu erreichen. Wir könnten uns in diesem Fall wohl fühlen, wenn wir im wörtlichen oder im übertragenen Sinn mit dem »Durchbrechen von Grenzen« beschäftigt sind. In buchstäblicher Auslegung kann das eine ganze Reihe von Beschäftigungen beinhalten, von der Luftfahrt über die Elektrotechnik bis hin zum Kartenlegen und der Astrologie. Das Moment der Überschreitung bezieht sich bei Uranus im 2. Haus oft auch direkt auf die Grenzen der Sicherheit. Diese Personen können plötzlich einen außergewöhnlichen Mut beweisen und ein gewaltiges Risiko auf sich nehmen, wodurch sie sowohl ihr Glück machen als auch sich ruinieren können.

♆ [2] *Neptun im 2. Haus*

Unser Drang nach Verfeinerung und Transzendenz, unsere Fähigkeit zum Mitfühlen, aber auch unsere Neigung zum Verschleiern und Phantasieren kommen in diesem Fall auf der Ebene der existenziellen Sicherheit und der Lust- und Unlustgefühle zum Ausdruck. Letztere spielen hier recht deutlich eine Rolle, wenn sie auch für die betreffende Person selbst meistens vage bleiben und schwer zu definieren sind. Es handelt sich hier zumeist um ein vages, unbestimmtes Verlangen nach »irgend etwas«. Das kann sehr motivierend wirken, wenn es sich auf Kunst beziehungsweise Musik richtet. Einen konkreten Zugriff auf die Materie verleiht diese Stellung jedoch nicht, so daß wir hier kaum von ökonomischen Fähigkeiten reden können. Bestenfalls ist damit manchmal ein unbestimmtes Gefühl für Entwicklungen verbunden, das sich aber kaum in konkrete Vorteile umsetzen läßt.

Mit Neptun im 2. Haus besteht die Gefahr, daß in Hinblick auf das Konkrete – und damit auch auf die eigenen Ausgaben – eine Haltung der Unverantwortlichkeit gegeben ist oder daß zumindest vage und unrealistische Annahmen existieren. So könnte eine solche Person auf chaotisch anmutende Weise Geld verlieren – und es auf genauso wenig nachvollziehbare Weise wieder erhalten. Manchmal sind mit dieser Stellung auch große Schwierigkeiten verbunden, zwischen Mein und Dein zu unterscheiden, was eine mehr oder weniger stark ausgeprägte Unehrlichkeit bedeuten würde. Ebenfalls aber zu erwähnen ist eine möglicherweise sehr idealistische Einstellung zum Besitz. Ein solcher Mensch hält nichts davon, sich aus Sicherheitsmotiven an konkrete Besitztümer zu klammern. Wie dem auch sein mag: Ganz allgemein bedeutet Neptun in diesem Haus die Fähigkeit, selbst eine Form zu begründen, im Rahmen der darstellenden Kunst oder der Musik.

♇ [2] *Pluto im 2. Haus*

Der innere Drang zur Liquidierung oder Umwandlung, durch den das Unterste in uns zuoberst gekehrt wird, kommt auf dem Gebiet der existenziellen Sicherheit zum Ausdruck, was natürlich diesbezüglich zu großer Unsicherheit führen kann. Pluto bedeutet auch den Drang nach Macht und das Bedürfnis, in einer Alles-oder-nichts-Einstellung unsere innersten Abgründe zu erforschen. Es kann dann nicht verwundern, daß mit Pluto in diesem Haus intensive Lust- oder Unlustgefühle verbunden sind. Mit dieser Stellung besteht eine enorme Konzentration auf das, was der Mensch wirklich will. Er kann sehr hart dafür arbeiten, und er weiß tief in sich, daß der Besitz von Mitteln mehr oder weniger mit Macht gleichzusetzen ist. Unsere heftigen Lust- und Unlustgefühle können ein brennendes Verlangen und eine Vielzahl von Wünschen in uns wecken, was uns dann vielleicht dazu bringt, aktiv zu werden und Fertigkeiten zu entwickeln. Mit Pluto im 2. Haus kann dann auch eine bemerkenswerte Vielseitigkeit einhergehen, dann zumindest, wenn er es für nötig erachtet, sich auf der konkreten Ebene zu beweisen. Er wird unter dieser Voraussetzung viel Energie aufbringen, um seinen Besitz zu bewahren; er wird alles, was er hat – und darunter fallen auch oft Menschen –, als Ausdruck seiner Sicherheit festhalten wollen.

Andererseits ist mit dieser Plutostellung auch stets die Erfahrung verbunden, daß Materie an sich nicht ausreicht, was dazu führt, daß ein solcher Mensch höchstwahrscheinlich nach Werten sucht, die tiefer liegen. Er wird dann letztendlich auf die eigenen Lust- und Unlustgefühle und die inneren Beweggründe stoßen, die durch die Kraft des Pluto von Zeit zu Zeit in ihm aufsteigen. Insofern ist Pluto im 2. Haus eine Stellung, die intensiv nach Halt und Sicherheit suchen läßt, dabei aber ständig durch die Konfrontation mit den eigenen Trieben zu Unsicherheit führt. Der Drang zur Liquidierung oder Umwandlung, der von Pluto symbolisiert wird, wirkt sich dann hier auch so aus, daß wir fortwährend die Unterminierung unserer Sicherheit erfahren, solange, bis wir diese Sicherheit in uns selbst suchen statt in der Materie.

PLANETEN IM 3. HAUS

☉ 3 *Sonne im 3. Haus*

Mit der Sonne im 3. Haus haben wir das Bedürfnis, uns auf dem Gebiet der Kommunikation, der alltäglichen Kontakte, dem Herstellen von Verbindungen und der Informationen zum Ausdruck zu bringen. In diesem Fall streben wir nach Entfaltung und Selbstverwirklichung durch die aktive Auseinandersetzung mit vielen Menschen, durch einen möglichst umfangreichen Informationsaustausch, durch die Befriedigung vieler verschiedener Interessen, durch das Verknüpfen der Fakten untereinander (Denken), durch die Verbindung von Fakten und Menschen (Übertragung von Wissen) und die Verbindung von Menschen untereinander (Zustandebringen und Unterhalten von Kontakten). Auch die Übertragung von Gütern fällt unter das 3. Haus, so daß Handel, Vertretungen und ähnliches zu ihm gezählt werden. Mit der Sonne in diesem Haus sind die betreffenden

Gebiete sehr wichtig. Eine solche Person wird sich mit einer oder auch mehreren der genannten Aktivitäten ausführlich beschäftigen. Das 3. Haus bietet die verschiedensten Ausdrucksmöglichkeiten, was aber die Gefahr birgt, daß es hier zu Oberflächlichkeit kommen könnte.

Weil es hier um die Sonne geht, spielt die Identifikation mit dem, womit wir beschäftigt sind, eine große Rolle. Der Mensch mit der Sonne im 3. Haus hat den Anspruch, auf dem Gebiet des Handels, der Kommunikation, der Information oder der Kontakte eine Autorität zu sein. Er ist bestrebt, sich in dieser Beziehung so deutlich wie nur möglich zum Ausdruck zu bringen. Bei guten Entfaltungschancen ergibt dies eine große Wißbegierde, viel Abwechslung, ein gutes Gefühl für das Schreiben, für Sprachen, für das Studium und anderes mehr. Bei Schwierigkeiten aber könnte der Mensch seine Informationen aus Klatsch und Tratsch beziehen oder sich auf das Austauschen von unwesentlichen Details beschränken. Unbeständigkeit wäre ein weiteres Stichwort.

☾ 3 *Mond im 3. Haus*

Der Mond steht in diesem Haus für das Bedürfnis, emotionelle Sicherheit durch Kommunikation, kurze Kontakte, Informationen und das Herstellen von Verbindungen zu erfahren. Weiterhin ist damit der Drang angezeigt, die eigenen formgebenden und reproduzierenden Fähigkeiten auf diesem Gebiet auch tatsächlich zum Einsatz zu bringen – in einer seiner vielen Ausdrucksmöglichkeiten: durch das Herstellen von Verbindungen im weitesten Sinne, durch eine Tätigkeit, die mit Kommunikation oder Austausch zu tun hat, in Zusammenhang mit Wort, Schrift, Sprache und so weiter. Es handelt sich um eine Stellung, die für Vielseitigkeit spricht, allerdings mit der Gefahr, daß es an Tiefgang fehlt.

Wenn sich dieser Mensch mit einer Situation konfrontiert sieht, die ihm ein Gefühl der Unsicherheit verschafft, kommt sofort das 3. Haus zum Tragen. Er versucht dann, sein emotionelles Gleichgewicht mittels Analyse, dem Austausch und dem Herstellen von Verbindungen wiederzugewinnen. Bei der mondhaften Unbeständigkeit aber geschieht die Verarbeitung der Fakten häufig auf eine sehr subjektive Weise, was zur Folge hat, daß es hier insbesondere bei einer schwierigen Stellung zu Phantastereien kommen kann. Daraus könnten sich Rastlosigkeit und unüberlegte Äußerungen oder Abmachungen ergeben. Positive Auswirkungen dieser Stellung wären dagegen ein gutes Sprachgefühl, die Fähigkeit, Informationen weiterzugeben und anderes mehr. Der Mond fühlt sozusagen, worauf es bei der Botschaft ankommt, und kleidet dies in geeignete Worte. Das führt zu einem bildhaften Denken und Kommunizieren. Aus diesem Grund handelt es sich dabei um eine gute Stellung für Schreiber und Journalisten.

☿ 3 *Merkur im 3. Haus*

Hiermit kommt das Bedürfnis, Verbindungen und Kontakte herzustellen, zu kommunizieren und Informationen zu sammeln, auf »merkurischem Gebiet« (3. Haus) zum Ausdruck. Das bedeutet für den betreffenden Menschen die Fähigkeit, sich optimal und in vollkommener Übereinstimmung mit den Umständen äußern zu können. Damit treten alle seine Merkur-Seiten deutlich in Erscheinung – sowohl seine besten (wissenschaftliche Neigungen, journalistische Fähigkeiten, Sprachkenntnisse und so weiter) als auch seine schwierigen (die Neigung zu Tratsch und Hinterlist und anderes mehr).

Diese Stellung hat viel mit der Sonne und dem Mond im 3. Haus gemeinsam, allerdings handelt es sich dabei um einen anderen Hintergrund. Der Selbstausdruck (Sonne) spielt hier keine Rolle, ebensowenig die Launenhaftigkeit des Mondes. Merkur kann an sich sehr veränderlich sein, ist aber in diesem Haus auffallend neutral. Er ist nicht so bildhaft und phantasievoll wie der Mond – er ist vielmehr auf den Verstand bezogen und logisch, was dazu führt, daß diese Stellung zum Beispiel eine besondere Befähigung für objektive wissenschaftliche Forschung bedeutet: zum Betrachten, Ordnen und Analysieren der verschiedensten Fakten. Auch hier sehen wir als weitere Ausdrucksmöglichkeit wieder Sprachgefühl und die Fähigkeit zum Verhandeln und zum Lehren. Das Bewegliche des Merkur kann dabei allerdings ein Moment der Unbeständigkeit hineinbringen, sowohl im Denken als auch im Handeln. Es fällt diesem Menschen leicht zu reden (natürlich gilt das nur, wenn nicht andere problematische Faktoren dagegen sprechen), und mit Merkur im 3. Haus ist dann auch das Vermögen verbunden, sich auf die Gedanken und Ideen von anderen einzustellen. Eine schwierige Stellung aber kann möglicherweise zu einem vorschnellen oder überkritischen Reagieren führen, bei dem der Mensch anderen das Wort abschneidet oder den Mund verbietet. Gleichfalls denkbar wäre, daß er auf eine zu analytische Weise reagiert und keine Emotionen gelten läßt.

♀ 3 *Venus im 3. Haus*

Das Bedürfnis nach Harmonie und Schönheit und nach emotioneller und konkreter Sicherheit in der Partnerschaft wird auf dem Gebiet der Kontakte, der Kommunikation, der Informationen und so weiter zum Ausdruck gebracht. Damit ist der Mensch bestrebt, die Harmonie in aller Freundschaft aufrechtzuhalten und die äußeren Formen zu waren, was manchmal dazu führt, daß Probleme unter den Teppich gekehrt werden. Harmonie in den Verbindungen ist das, worauf es diesem Menschen ankommt. Aus diesem Grund besteht hier der Eindruck einer diplomatischen und kontaktorientierten Persönlichkeit – der allerdings nur dann wirklich zutrifft, wenn er durch weitere Horoskop-Faktoren erhärtet wird. Da die Venus mit ihrer Ausrichtung auf Schönheit sich in diesem Fall auf der Ebene des Denkens und Schreibens äußern kann, ist womöglich die Neigung vorhanden, wohlklingende Sätze zu bilden, Geschichte auf eine harmonische Weise zu erzählen oder ganz allgemein über schöne Dinge zu schreiben oder zu reden. Kurzum, die äußerliche Verfeinerung – in welcher Form auch immer – steht im Mittelpunkt. Das kann unter Umständen mit einer Haltung der Heuchelei einhergehen (die Dinge in einem besseren Licht erscheinen lassen), ist aber zunächst einmal lediglich in einem positiven Sinne verschönernd.

Der Mensch mit der Venus im 3. Haus schätzt es, mit vielen Menschen in einem angenehmen und freundlichen Kontakt zu stehen. Er hat weiterhin eine gefühlsmäßige Neigung zu Sprachen und interessiert sich für Kommunikation und Reisen.

♂ [3] *Mars im 3. Haus*

Der Geltungsdrang, die Energie und Schaffenskraft und das Sich-selbst-Beweisen äußern sich in diesem Fall durch Fähigkeiten, die mit Kommunikation, Kontakten, dem Herstellen von Verbindungen, Denken, Informationen und anderem mehr zu tun haben. Das bedeutet beim Reden eine große Schlagfertigkeit und viel Energie beim Suchen nach Fakten und Zusammenhängen. Gleichermaßen aber kann damit eine beißende Haltung in Gesprächen und Diskussionen verbunden sein. Mars im 3. Haus versucht, sich durch das Sammeln von vielerlei Kenntnissen bezüglich der unterschiedlichsten Gebiete Geltung zu verschaffen, wodurch er andere immer wieder zu überraschen vermag. Allerdings ist es meist so, daß er von allem ein bißchen und von nichts wirklich viel versteht. Manchmal nimmt er anderen mit seiner raschen, oft etwas taktlosen Art zu reden unbewußt die »Butter vom Brot«. In Gesprächen ist er sehr streitbar, dabei manchmal auch witzig.

Bei problematischeren Manifestationsformen kann es im Reden und bei den Kontakten zu einem aggressiven Verhalten kommen, das dann wiederum unangenehme Reaktionen nach sich ziehen könnte. Auch neigen diese Menschen häufig dazu, beim Einordnen der Fakten und Dinge überstürzt vorzugehen, so daß es zu voreiligen Beschlüssen kommt (wenn der Mensch zum Beispiel mit einem langen bitterbösen Brief auf eine nebensächliche Nachricht reagiert). Weil das 3. Haus auch mit Verkehrsmitteln zu tun hat, kann Mars in dieser Stellung bedeuten, daß der Mensch in dieser Hinsicht zu einem unvorsichtigen Verhalten neigt.

♃ 3 *Jupiter im 3. Haus*

Hiermit ist das Bedürfnis angesprochen, die Fähigkeiten, die zu Expansion und Fortschritten führen, auf dem Gebiet der Kommunikation und alltäglichen Kontakte, der Informationen und dem Herstellen von Verbindungen zum Ausdruck zu bringen. Das bedeutet eine sehr große Verarbeitungskapazität, womöglich aber auch ein *Zuviel* auf diesem Gebiet. Zunächst einmal läßt diese Stellung auf eine Vielzahl an Kontakten schließen, auf ein breites und vielseitiges Interesse und eine gute Ausdrucksmöglichkeit (allerdings manchmal auch auf Weitschweifigkeit: wenn der Mensch viele Worte über etwas verliert, was kurz und bündig erklärt werden könnte). Im allgemeinen kommt es hier nicht zu problematischen Reaktionen. Jupiter im 3. Haus bezieht auch gern andere in sein Bedürfnis nach Expansion ein, indem er sein Wissen weitergibt, anderen damit hilft und selbst auch wieder Neues aus den Kontakten lernt.

Allerdings steht Jupiter hier jedoch in einem Haus, in dem er sich nicht sehr wohl fühlt. Er selbst sucht nach einer *Synthese* der Dinge – in dem Haus, das für Details und einzelne Fakten als solche steht, läuft er Gefahr, in den Details »unterzugehen« oder wichtige Informationen zu übersehen, weil er sie für unwichtig hält. Jupiter hat das Bedürfnis, eine Vision oder ein Urteil auf dem Gebiet der Kontakte zum Ausdruck zu bringen, was die betreffenden Angelegenheiten deutlich prägt. Im 3. Haus kommt es aller Wahrscheinlichkeit nach, was die Themen dieses Hauses betrifft, tatsächlich zu Fortschritten – vorausgesetzt, daß die Neigung zur Weitschweifigkeit unter Kontrolle gehalten wird. Anzusprechen ist auch die Gefahr der Angeberei oder Übertreibung, auch wenn Jupiter von Natur aus zumeist ein faires Wesen und eine tolerante Einstellung gegenüber anderen bedeutet. Insofern sind mit dieser Stellung zumeist Erfolge hinsichtlich der Aktivitäten des 3. Hauses zu erwarten.

♄ 3 *Saturn im 3. Haus*

Das Bedürfnis nach Tiefgang, nach Begrenzung und Konzentration wirkt sich auf dem Gebiet der Informationen, der Kommunikation, der beiläufigen Kontakte und des Denkens aus. Das kann zu einer Beschränkung oder Trägheit, aber auch zu Besonnenheit und immer neuen Einsichten führen. Der Betreffende fühlt sich auf den angesprochenen Gebieten unsicher, was auf verschiedene Weisen zum Ausdruck kommen kann – zum Beispiel dadurch, daß er wenig sagt und alles erst gründlich untersuchen möchte, bevor er eine Schlußfolgerung hören läßt. Insofern handelt es sich um eine gute Stellung für einen ernsthaften Forscher auf wissenschaftlichem Gebiet. Die Schwierigkeiten können neben dem Reden (in manchen Fällen ist mit dieser Stellung sogar eine Sprachstörung verbunden) aber auch beim Lernen auftauchen. Es können hier derart intensive Ängste vorhanden sein, daß der Mensch es ablehnt, sich den Fakten gegenüber zu öffnen. Als Folge von Überkompensationen kann es ganz allgemein einige Enttäuschungen geben, die verarbeitet werden müssen.

Diese Saturnstellung weist häufig auf emotionelle Probleme in bezug auf Kontakte hin, was eine etwas kühle und distanzierte Haltung zur Folge hat. Derartige Probleme sind aber im Grunde nur die Folge der eigenen Abwehrhaltung. Die Kommunikation ist hier etwas zäh, was aber den Vorteil hat, daß das, was gesagt wird, zumeist gut durchdacht und gründlich fundiert ist. Allerdings gibt es wenig Flexibilität. Das Denken orientiert sich mehr oder weniger intensiv am Bestehenden und ist damit oft recht konventionell. Saturn im 3. Haus bedeutet keine schwunghafte Redegabe. Wenn es aber ansonsten im Horoskop keine großen Schwierigkeiten gibt, dürften wir es mit einer Person zu tun haben, die gut gerüstet, mit großer Sorgfalt und viel Verantwortungsgefühl zu Werke geht. Tiefgang ist hier wichtiger als kurzlebige Erfolge. Mit dieser Stellung fällt der Mensch in seiner Bedachtsamkeit zumeist sehr ausgewogene Urteile – allerdings besteht dabei die Gefahr, daß er für deren Begründung zuviel Zeit braucht. Wenn Saturn im 3. Haus ein Buch verfaßt, wird es entweder so geschrieben, daß nur Fachleute es verstehen, oder aber so, daß es zuviele Information enthält, wodurch die Übersicht verloren geht. Im 3. Haus führt Saturn einen Kampf, in dem es um das eigene Bedürfnis nach Tiefgang und den Kern geht, gegen die unzähligen Fakten und Dinge, die das 3. Haus bietet und die nur schwer Tiefgang zulassen.

♅ [3] *Uranus im 3. Haus*

Das Bedürfnis, die eigene Individualität und Ursprünglichkeit, die persönliche Unkonventionalität und den Drang nach Neuem auf dem Gebiet der Kommunikation und der Informationen auszudrücken, was zu einem schnellen Denken, einem raschen Herstellen von Verbindungen und zu einer guten Auffassungsgabe führt. Allerdings ist hiermit auch die Tendenz zu Nervosität oder Angespanntheit möglich, weil das Denken gewissermaßen ständig unter Hochspannung steht. Diese Spannung ist aber ein charakteristischer Wesenszug dieser Planetenstellung: Es ist eben das Bedürfnis vorhanden, schnell, intuitiv und »authentisch« zu reagieren, was eine permanente Aufmerksamkeit erfordert. Von Uranus im 3. Haus können wir dann auch die ungewöhnlichsten und unkonventionellsten Ideen und Verhaltensweisen erwarten, und Probleme löst er dabei womöglich im Handumdrehen: Wie ein Blitz scheint in ihm plötzlich eine Einsicht auf, die dann sofort in eine Handlung umgesetzt wird. Die Kontakte sind von großer Lebhaftigkeit gekennzeichnet – manchmal von *zuviel* Lebhaftigkeit –, und das Grenzüberschreitende von Uranus manifestiert sich im 3. Haus immer wieder dadurch, daß Kontakte überraschend eingegangen oder aufgekündigt werden. Das resultiert aus der Neigung, impulsiv auf Neues beziehungsweise auf das loszustürmen, was anders ist.

Das Denken verläuft bei Uranus im 3. Haus auf ungebahnten Wegen; es richtet sich auf alles, was außerhalb der konventionellen Begrenzungen liegt. Darum ist jemand mit Uranus im 3. Haus auch in der Regel sehr geeignet für informative und kommunikative Berufe. Natürlich bestehen in unserer Zeit mit den unbegrenzten Kommunikationsmöglichkeiten, mit Flugverkehr und allem, was mit Elektronik zusammenhängt, zahllose Gelegenheiten für Uranus im 3. Haus, sich zu entfalten. Dabei kann aber das Brüske und Plötzliche manchmal schädliche Folgen haben, beispielsweise im Verkehr. Auch das Denken ist grenzüberschreitend, was diese Stellung für Erfinder günstig macht. Grundsätzlich entscheidend ist aber in diesem Fall das Bedürfnis, daß der Mensch in seinen Kontakten er selbst sein will und seine eigene Individualität und Ursprünglichkeit auf diesem an sich neutralen Gebiet zum Ausdruck bringen möchte.

♆ 3 *Neptun im 3. Haus*

Unser Drang nach Verfeinerung, Transzendenz, Auflösung von Formen und der Idealisierung wirkt sich hier auf dem Gebiet der Kommunikation, der Informationen, der Kontakte und des Denkens aus, was mehr oder weniger ungreifbare Auswirkungen hat. Dies ist keine Stellung, die günstig für Logik ist, es fällt mit ihr nicht leicht, systematische Begründungen anzuführen. Die Phantasie ist dabei aber gut entwickelt, und das Denken kann in den höheren Atmosphären durchaus viel Idealismus widerspiegeln – leider allerdings auch zum Bau von »Luftschlössern« verleiten. Mit Neptun an dieser Stelle ist aber doch generell die Möglichkeit gegeben, dem Gebiet des 3. Hauses Form zu verleihen: durch das Vermitteln von Gefühlsinhalten und religiösen oder metaphysischen Informationen.

Diese Stellung befähigt den Menschen, das, was nicht durch Logik oder systematische Deduktion erfaßt werden kann, zu erkennen. Mit ihr geht ein fein entwickeltes Gefühl für die Analyse von »ungreifbaren« Fakten einher. Neptun im 3. Haus weiß zum Beispiel intuitiv, ob es sich bei einem Fall von Hellseherei um Betrug oder um eine wahre Begebenheit handelt. Diese Erfahrung in Worte zu fassen oder mit diesen Fakten zu argumentieren, ist aber für die betreffende Person wiederum sehr schwierig. Das Denken ist hier stark durch die Gefühle beeinflußt, manchmal streift es dabei das Chaotische. Bei ansonsten problematischer Horoskopstellung besteht in diesem Fall eine ausgeprägte Neigung zu Tagträumen und dem Vermischen von Wirklichkeit und Phantasie. Eine positive Äußerungsmöglichkeit wäre hier, sich der Mühe zu unterziehen, das reiche Traum- und Phantasieleben zu Papier zu bringen – bildhaftes Schreiben paßt gut zu dieser Neptunstellung.

♇ 3 *Pluto im 3. Haus*

Der Wille nach Macht, nach Zerstörung oder Umwandlung der Formen sowie der Drang, das Unterste zuoberst zu kehren, wirken sich im 3. Haus insbesondere auf die Kontakte aus. Das Denken kommt hier auf eine angespannte Weise zum Ausdruck. Seine Gedanken und Auffassungen äußert der betreffende Mensch mit außerordentlich viel Überzeugungskraft. Dabei ist es häufig so, daß Pluto im 3. Haus keine Widerrede duldet; er bestimmt selbst darüber, welche Informationen und welche Fakten wichtig sind, und häufig vertieft er sich auf zwanghafte Art in derart viele Wissensgebiete, daß andere vor seinen Kenntnissen anerkennend den Hut ziehen. Mit Pluto kommt es aber nie zum Punkt, daß der Mensch zufrieden ist. Der Mensch mit Pluto im 3. Haus verliert niemals das Gefühl, daß es *noch mehr* gibt, daß er *noch mehr* ans Licht bringen muß. In Zusammenhang damit steckt er häufig enorm viel Energie in das Erforschen und Aufspüren von Verbindungen und Sachverhalten.

Daß insofern bei dieser Planetenstellung viel Verborgenes ans Licht kommt, ist klar. Immer aber sieht sich die betreffende Person bei den Ergebnissen ihrer Forschung mit sich selbst konfrontiert. Pluto im 3. Haus bedeutet die geradezu zwanghafte Konfrontation mit sich selbst – dadurch, daß er in Kontakt zu so vielen Tatsachen steht und dabei seinen Willen, die Informationen, die Umstände sowie die Kontakte selbst kontrollieren möchte. Allerdings kann diese Tendenz bedeuten, daß er sich von seinen Mitmenschen isoliert und trotz einer großen Kenntnis von Fakten alleine steht. Dann hat er die Informationen und die Kommunikation im »Griff« – allerdings sind diese nicht mehr das, was sie sein sollten. In diesem Prozeß der Umformung aber kann der Mensch mit Pluto im 3. Haus entdecken, wer er ist und was er macht. Infolgedessen kann der persönliche Transformationsprozeß einsetzen.

Pluto im 3. Haus ergibt einen oft sehr überzeugenden und zwingenden Redner, mit der Gabe, sich stark auf das Angestrebte konzentrieren zu können. Wenn es auf dem Weg der Verwirklichung auch zu großen Konfrontationen kommen kann – die Entfaltungsmöglichkeiten, die mit dieser Stellung angezeigt sind, lassen Großes erhoffen.

PLANETEN IM 4. HAUS

☉ 4 *Sonne im 4. Haus*

Die Antriebskraft, wir selbst zu sein und uns zu verwirklichen, drückt sich auf dem Gebiet der Häuslichkeit aus, der Geborgenheit, der Fürsorglichkeit und bei der Formung einer inneren emotionellen Basis als Kernpunkt des Horoskops. Gefühlvolle Häuslichkeit, eine Art Schutzhülle, in die wir uns zurückziehen können, ein Ort der Geborgenheit sind sehr wichtig. Bei der Sonne im 4. Haus sehen wir dann auch schon bald, daß der Geborene gerne zu Hause ist und daß er das Bestreben fühlt, sich zu Hause optimal zu entfalten. Gleichsam geht es hier darum, daß er ein innerliches Zuhause zu schaffen versucht: eine feste, auf das Gefühl gegründete Basis, die als ein sicherer Hafen dient. Jemand mit der Sonne im 4. Haus ist sehr stark in seiner Vergangenheit, seiner Familie, den häuslichen Umständen und nicht weniger in seinen eigenen Gefühlen und Emotionen verwurzelt. Das Unterhalten der gefühlsmäßigen Kontakte mit der engsten Umgebung ist in diesem Falle außerordentlich wichtig. Das ist der Grund dafür, daß diese Stellung auch für das Vorhandensein von mütterlichen oder väterlichen – auf jeden Fall fürsorglichen und schützenden – Eigenschaften spricht.

Doch die Sonne im 4. Haus hat auch etwas Verschlossenes. Das eigene Wesen kommt hier in Verbindung mit den Gefühlen zum Ausdruck, und diese dürfen dann auch nicht angetastet werden, weil sonst eine Art Entwurzelung oder gar das Gefühl von Heimatlosigkeit die Folge wäre. Menschen mit der Sonne im 4. Haus zeigen nur selten ihre wahren Gefühle, was mit diesem Sachverhalt zusammenhängt. Verschlossenheit aus Selbstschutz ist das Motto, das dem zugrunde liegt. Das kann sich auch so auswirken, daß der Mensch anderen etwas vorspielt. Theaterspielen – in die Haut eines anderen schlüpfen – gehört zu den diesbezüglichen Möglichkeiten.

Das 4. Haus ist auch das Resultat der unbewußten Verarbeitungsprozesse im 8. und 12. Haus, die hier an die Oberfläche kommen. Gibt es dabei Probleme, hat die Sonne es im 4. Haus schwer, sich gefühlsmäßig zu behaupten. Der Mensch mit dieser Sonnenstellung ist sehr empfindlich für das, was im Inneren bewußt oder unbewußt vorgeht, sowohl bei sich selbst als auch bei der Umgebung.

☾ [4] *Mond im 4. Haus*

Unser Bedürfnis nach emotioneller Sicherheit, unsere emotionellen Reaktionen und unsere Veranlagung zum Schützen und Pflegen kommen auf dem Gebiet der häuslichen Umstände, der innerlichen emotionellen Basis und der Gefühle zum Ausdruck. Eine Stellung, die viel Empfindsamkeit und Sensibilität verrät. Das 4. Haus bietet dem Mond sozusagen die Möglichkeit, all seine Eigenschaften optimal zu entfalten. Mit dem Mond aber haben wir Sicherheit und Geborgenheit auf dem häuslichen Gebiet auch unbedingt nötig, wenn wir uns zu Hause wohl fühlen und ungehindert zum Ausdruck kommen wollen. Deshalb ist dem Mond im 4. Haus – wie der Sonne auch – sehr viel daran gelegen, eine warme häusliche Atmosphäre zu schaffen. Ist eine solche vorhanden, kann der Mensch mit dieser Mondstellung viel erreichen. Es ist eben so, daß er zunächst für sich eine emotionelle Ausgangsbasis errichten muß, bevor er nach außen hin aktiv werden kann.

Das Empfängliche und Beeinflußbare des Mondes tritt im 4. Haus stark hervor. Mehrfach habe ich damit ein Maß an Überempfindlichkeit oder sogar auch mediale Fähigkeiten gesehen, allerdings nur dann, wenn auch andere Horoskop-Faktoren in diese Richtung wiesen. Ganz allgemein gilt, daß das Empfängliche und Fürsorgliche des Mondes sich im 4. Haus zumeist sehr gastfreundlich auswirkt: Das eigene Haus steht für jeden offen, der Wärme braucht. Dieser Mensch hat sogar emotionell das Bedürfnis, es anderen auf seine Art bequem zu machen. Der Mond ist jedoch ein veränderliches Prinzip, das innerlich wie äußerlich auf Veränderungen hindeutet. Im 4. Haus ist er, mit anderen Worten, sowohl empfänglich für Änderungen der Stimmung, der Haltung als auch der häuslichen Umstände überhaupt (Umzug, Umbau und anderes mehr).

☿ [4] *Merkur im 4. Haus*

Der Drang zum Denken, Ordnen, Analysieren, Kommunizieren und Herstellen von Verbindungen ist im 4. Haus hauptsächlich auf die häuslichen Umstände und auf die emotionelle Sicherheit gerichtet. Wenn das Kontaktbedürfnis in der häuslichen Atmosphäre zum Ausdruck kommt, ist Merkur sozusagen ein wenig stillgestellt. Er stürmt nicht einfach, wie es sonst seine Art ist, auf alles los, sondern entfaltet sich am liebsten zu Hause. Nicht selten sehen wir, daß Menschen mit Merkur im 4. Haus in ihrer Wohnung dieses oder jenes an Informationen sammeln oder daß sie Einladungen aussprechen, um Informationen auszutauschen. Auch das Einrichten einer Bibliothek im eigenen Haus ist hier anzusprechen.

Das Reden und Denken hat in diesem Fall viel mit Geborgenheit und Sicherheit des häuslichen Lebens zu tun, wodurch Tradition, die Familie und die Vergangenheit ihre wichtige Rolle beziehen. Das Interesse dieser Menschen kann sich auch auf das Erforschen der Wurzeln der Kultur richten, also auf die Geschichte oder anderes mehr. Diese Stellung bringt nicht nur eine Vorliebe für Themen der Vergangenheit, sondern auch für Märchen, Sagen und Legenden. Eventuell ist der betreffende Mensch damit beschäftigt, diese niederzuschreiben.

Merkur ist ruhelos und veränderlich und kann dadurch ein gewisses Maß an Rastlosigkeit in die häusliche Atmosphäre bringen, in der doch emotionelle Ruhe so wichtig ist. Das könnte sich in einem häufigen Umziehen äußern oder darin, daß immer wieder viel im Haus verändert wird. Diese Person könnte aber auch in ihrem Haus oder in ihrer Wohnung große Aktivitäten durchführen, zum Beispiel ein Fernstudium absolvieren. Bei einer problematischen Merkurstellung sind vielleicht viel Anspannung und Nervosität vorhanden – und das, obwohl das 4. Haus ein so großes Bedürfnis nach emotioneller Ruhe und einer inneren stabilen Basis erkennen laßt.

♀ [4] *Venus im 4. Haus*

Das Bedürfnis nach Harmonie und Schönheit und Vertrauen in andere in einem so sehr auf Sicherheit und Geborgenheit orientierten Haus gibt ein gutes Gefühl für Einrichtung und das Schaffen einer freundlichen und harmonischen Atmosphäre. Das Zuhause wird hier in den meisten Fällen einen angenehmen und gemütlichen Eindruck machen und Geschmack verraten, mit vielen kleinen Details, die es wohnlich und harmonisch erscheinen lassen. Mit dieser Venusstellung besteht auch das Bedürfnis, mit dem Partner zusammen ein häusliches Leben zu führen, Anteil an seinen Sorgen zu nehmen und Wärme und Harmonie zu geben. Da dieses Haus auch für die Jugendzeit steht, können wir hier in vielen Fällen auf eine harmonische Verbindung zu den Eltern schließen. Es ist bei den betreffenden Menschen zumeist eine große Kompromißbereitschaft vorhanden, damit es in dieser Beziehung nicht zu Problemen kommt. Insofern besteht die Neigung, über emotionelle Mißhelligkeiten Stillschweigen zu bewahren, um das Gefühl der Geborgenheit nicht zu erschüttern. Das kann natürlich früher oder später zu Problemen führen.

Wenn das Horoskop auch sonst für Harmonie und Gleichgewicht spricht, entfaltet sich die Venus hier auf eine freundliche und angenehme Weise. Das innerliche Gefühlsleben verläuft ruhig und ausgeglichen und ist nicht sofort erschüttert, wenn sich einmal negative Einflüsse ergeben. Bei schwierigeren Stellungen aber kann Venus in diesem Haus einen übertriebenen Nachdruck auf den häuslichen und fürsorglichen Aspekt legen und dann in der Beziehung erstickend wirken. Vielleicht wehrt sich die Person dann auch, das zu geben, was sie so gut könnte: Wärme.

♂ [4] *Mars im 4. Haus*

Der Geltungsdrang, das Bedürfnis, sich zu behaupten, sich gegenüber den anderen zu beweisen und Tatkraft und Energie zum Ausdruck zu bringen, kommt hier auf einem abgeschlossenen, hintergründigen und gefühlsmäßigen Lebensgebiet zum Tragen. Das ergibt eine Vielzahl von Manifestationsmöglichkeiten, beispielsweise die Verwicklung in ein unruhiges, streiterfülltes häusliches Leben. Entweder äußert Mars im 4. Haus selbst seine Aggression auf diesem Gebiet, oder er erlebt, daß sich Aggressionen und Spannungen von den häuslichen Umständen aus gegen ihn richten (vielleicht in der Kindheit). Mars im 4. Haus neigt dazu, seine Aktivitäten insbesondere auf das Zuhause zu richten (vielleicht ist der Geborene ein passionierter Heimwerker). Wir haben es hier vielleicht mit einem Menschen zu tun, der innerhalb der Mauern seines Zuhauses außerordentlich aktiv ist und alles mögliche unternimmt, namentlich Dinge, die ihn stimulieren. Wie dem auch sein mag – mit Mars ist der Wunsch verbunden, die anderen zu dominieren, was sich hier auf die häuslichen Umstände richtet. Mars will seinen eigenen Weg gehen, selbst entscheiden und sich nichts sagen lassen. Das kann auch zu Spannungen mit einem oder beiden Elternteilen führen.

Mit dieser Stellung kann, wenn der Hintergrund des Zeichens das unterstreicht, emotionsbedingter Jähzorn gegeben sein. Das Horoskop in seiner Gesamtheit läßt erkennen, ob sich hier nach außen gerichtete Ausbrüche ergeben oder ob die Neigung zu innerlichen Spannungen vorhanden ist, welche nicht nach außen hin zum Ausdruck kommen, die aber das Gefühl der innerlichen emotionellen Sicherheit erschüttern. In jedem Fall aber müssen wir uns darüber im klaren sein, daß ein solcher Mensch zu sehr emotionellen Reaktionen neigt. Wahrscheinlich sind diese dann auch nicht zu übersehen.

♃ 4 *Jupiter im 4. Haus*

Das Bedürfnis nach Fortschritten und Expansion hat in Verbindung mit dem 4. Haus oft einen günstigen Einfluß auf die innerliche emotionelle Basis und die häuslichen Umstände. Mit dieser Jupiterstellung versuchen wir, unsere häuslichen Umstände zu verbessern; wir verfügen damit über eine solide und widerstandsfähige emotionelle Basis, was uns dazu befähigt, die unterschiedlichsten Dinge anzustreben. Diese Stellung verleiht gewissermaßen die Gabe, das gefühlsmäßige Erleben immer wieder mit Optimismus und Vertrauen aufzuladen – eine Lebenshaltung, die gefühlsmäßig angenehme Erlebnisse nur so anzieht.

Die Fähigkeit, anderen zu helfen, Wärme zu geben und Mut zuzusprechen, ist gut entwickelt. Von seinem eigenen innerlichen Halt kann dieser Mensch auch andere profitieren lassen. Das Expansive in Hinblick auf die häuslichen Umstände weist vielleicht manchmal konkret auf den Besitz von mehreren Häusern, von viel Land oder dergleichen mehr – das Entscheidende ist hierbei jedoch zunächst einmal die innerlich umfassende harmonische Wirkung.

Jupiter kann bei einer problematischen Stellung im Horoskop auch auf die Neigung zu Übertreibungen hindeuten, die in diesem Fall auf dem Gebiet der Gefühle und in den häuslichen Umständen zum Tragen käme. Das würde womöglich beinhalten, daß mehr Geld für die Verschönerung der Wohnung ausgegeben wird als vorhanden ist oder daß die emotionelle Verbindung mit der Umgebung, der Vergangenheit oder der Tradition auf eine unglaubwürdige, theatralisch übertriebene Weise dargestellt wird. Im allgemeinen aber zeigt Jupiter im 4. Haus durch sein gut entwickeltes Gefühl einfach »Jovialität«. Er teilt seine Wärme bereitwillig mit anderen.

♄ [4] *Saturn im 4. Haus*

Die konzentrierenden und begrenzenden Fähigkeiten spielen bei dieser Saturnstellung sowohl bei den häuslichen Umständen als auch bei der Formung einer innerlichen emotionellen Basis eine große Rolle. Es besteht ein großes Bedürfnis nach einem sicheren Zuhause, in dem die Gefühle frei zum Ausdruck kommen können. Allerdings traut sich Saturn im 4. Haus trotz dieses starken Bedürfnisses oft nicht, seine Gefühle nach außen dringen zu lassen. Er kann sich dann kühl, distanziert und verschlossen zeigen, wobei er mit dieser Haltung eigentlich um Wärme bittet. Er neigt stark dazu, sich in einer Festung einzumauern und nur durch ein kleines Guckloch nach außen zu schauen, aus der Angst heraus, in seinen Gefühlen verletzt zu werden. Einen gefühlsmäßigen Schlag überwindet er nicht so schnell; das Gebiet der Gefühle ist schließlich seine schwache Stelle, das Gebiet, auf dem er sich so unsicher fühlt. Saturn im 4. Haus kann sich darum einsam fühlen, sogar in einer großen Familie.

Wegen der stillen Distanz und der Schwierigkeiten mit den Gefühlen, die Saturn hier hat, weiß die Umgebung oft nicht, was in ihm vorgeht. Saturn bedeutet hier eine ernste und zurückhaltende Erscheinungsweise. Oft sucht er nach Ordnung, Regeln und festen Strukturen, um seine Haltung zu festigen. Das Verantwortungsgefühl für alles, was sich im Zuhause abspielt, ist in diesem Fall sehr stark entwickelt. Dieser Mensch ist sehr empfänglich für Häuslichkeit, muß sich aber damit abfinden, daß er mit seiner verschlossenen Haltung ablehnende Reaktionen der Umgebung hervorruft. Die Verbindung mit dem Zuhause ist eine sehr tiefe und häufig auch problematische. Saturn kann in diesem Haus auf unterschiedliche Weise zum Ausdruck kommen. Extrempositionen wären dabei die ausschließliche Konzentration auf ein anspruchsvolles Berufsleben (um der Konfronation mit den Gefühlen zu entgehen) oder der vollständige Rückzug in den häuslichen Bereich.

⛢ [4] *Uranus im 4. Haus*

Wenn sich der Drang, ein authentisches, originelles und unabhängiges Individuum zu sein, auf das Lebensgebiet der Gefühlsbasis und häuslichen Umstände richtet, ist das üblicherweise ein Hinweis darauf, daß der Mensch von innen heraus für Neues offen ist und die Bereitschaft hat, das Alte und Traditionelle gefühlsmäßig hinter sich zu lassen. Uranus als veränderlicher und blitzhafter Inhalt verleiht den Emotionen aber nur wenig Stabilität. Er kann von Zeit zu Zeit sehr empfindlich machen und dann wieder zu einem kühlen und distanzierten Verhalten führen – also alle emotionellen Farben annehmen. Mit dieser Uranusstellung ist von Natur aus das Bedürfnis nach Veränderung vorhanden. Diese Menschen sind zumeist nicht darauf aus, sich ein sicheres Nest im konventionellen Sinn zu bauen. Insofern bringt Uranus im 4. Haus oft schwierige häusliche Umstände mit sich: eine große Ruhelosigkeit in Form von Spannungen oder auch in Form von häufigen Umzügen. Manchmal weist er auch auf Schwierigkeiten zwischen den Eltern hin, die die Kinderjahre tiefgreifend prägten.

Wie schwer es der Mensch auch bei seinen Problemen, sich eine emotionelle innerliche Basis zu erschaffen, haben mag – es ist nicht zwangsläufig so, daß Uranus sich in diesem Haus explosiv oder entwurzelnd auswirkt. Entwickelt diese Person in sich das Gefühl einer innerlichen Verwurzelung, bei der sich das Traditionelle und das Individuelle ergänzen und bei denen das Neue nicht schockierend, sondern bereichernd wirkt, kann die persönliche Individualität auch innerhalb des häuslichen Familienkreises ungehindert zum Ausdruck kommen. Dann ist sehr wohl die Möglichkeit gegeben, daß der Mensch trotz der Tatsache, daß Uranus sich nicht schnell verwurzelt, eine innere Ruhe entwickelt – dann muß er nicht immer weiterziehen. Dort, wo er er selbst sein kann, fühlt er sich zu Hause.

♆ [4] *Neptun im 4. Haus*

Das Bedürfnis nach Verfeinerung und Vollendung der Formen, nach Transzendierung, nach Träumen und Idealisierung kommt in diesem Fall auf dem Gebiet der Emotionen und der häuslichen Umstände zum Ausdruck. Neptun im 4. Haus bestärkt die gefühlsmäßige Reaktion auf die Umgebung, wodurch wir auch ohne Worte oder Vorwissen und Kenntnis der Tatsachen fühlen können, was in bestimmten Situationen vor sich geht. Es ist eine Position, die für prophetische oder mediale Gaben stehen kann. Das Gefühl und das Erleben von Gefühlen stehen hier im Mittelpunkt, wobei der Betreffende Mühe hat, die Eindrücke bewußt zu erfassen. Vielleicht verspürt er dann auch das Bedürfnis, den Reichtum an inneren Bildern und Gefühlen auf eine kunstorientierte Weise auszudrücken, beispielsweise durch das Verfassen von Märchen oder Gedichten oder durch Musizieren oder Malen.

Die häuslichen Umstände können etwas sehr Verfeinertes, vielleicht aber auch etwas Chaotisches haben. Ein Beispiel dazu: Die vielen Sachen, die überall herumliegen, tragen zwar zum Eindruck von Gemütlichkeit bei, aber auch dazu, daß der Betreffende nichts von dem findet, was er sucht. Möglicherweise ist die häusliche Atmosphäre von den verschiedensten emotionellen Problemen belastet. Die häusliche Situation könnte auch dadurch gekennzeichnet sein, daß alles vage und unbenennbar ist und keine klaren Worte fallen. Familiengeheimnisse wären ein derartiges Stichwort. Genausogut könnte es dazu kommen, daß Neptun die häusliche Situation oder die Vergangenheit idealisiert. Es besteht auf jeden Fall die Gefahr, daß die emotionelle Basis beziehungsweise die häuslichen Umstände nicht so gesehen werden, wie sie wirklich sind.

Wie dem auch sein mag – Neptun im 4. Haus vergrößert die Empfindsamkeit und bringt das Zuhause in Kontakt mit dem Ungreifbaren, dem Unsichtbaren und dem Transzendenten im weitesten Sinne (was sich zum Beispiel auf parapsychologische Studien oder einfach auf rätselhafte Erscheinungen richten könnte). Es kann hier zu sehr vergeistigten Auswirkungen kommen, aber auch zu einem Chaos.

♇ [4] *Pluto im 4. Haus*

Der Drang nach Macht und das Bedürfnis, das Unterste zuoberst zu kehren, wirken sich hier auf der innerlichen emotionellen Ebene und in den häuslichen Umständen aus. Das Gefühlsleben ist mit Pluto im 4. Haus stark und heftig, und durch emotionelle Konfrontationen kann sich der betreffende Mensch sehr heftig mit sich selbst konfrontiert sehen. Pluto bedeutet auch hier »alles oder nichts«: Es besteht damit das Bedürfnis, Gefühle und Emotionen auf eine sehr intensive Art zu erleben, was erbarmungslos auch auf andere übertragen wird. Er hat den Anspruch, daß seine Umgebung auf die Intensitität seines emotionellen Lebens ohne jeden Vorbehalt eingeht.

Mit dieser Plutostellung ist ein sehr großes Interesse an dem vorhanden, was in anderen vor sich geht. Die Person mit Pluto im 4. Haus sucht den wunden Punkt in ihren Mitmenschen und fordert damit ständig Aufmerksamkeit. Sie kann sehr dominant in den häuslichen Umständen sein und vielleicht sogar die Gefühle ihrer Mitwohner manipulieren, alles aus dem Drang heraus zu erfahren, wie weit sie gehen kann. Pluto bedeutet das Ende oder die Umwandlung von Formen – Pluto im 4. Haus verleiht eine derart große Empfindlichkeit, daß schon die kleinsten Vorfälle einen tiefen Eindruck auf den Menschen machen können. Das läßt ihn denken, daß er es besonders schwer hat.

Mit den Eltern kommt es hier, oft im Verborgenen, zu einem erbitterten Machtkampf, häufig als Folge davon, daß der Vater oder die Mutter sehr dominant ist (oder beide sehr beherrschend sind). Pluto in diesem Haus bedeutet immer Konfrontation – eine Auseinandersetzung, die der Betreffende aber letztendlich immer nur mit sich selbst führt. Er fordert andere nur deshalb heraus, um mit sich selbst konfrontiert zu werden. Im 4. Haus, der Basis des Horoskops, führt dies emotionell zu viel Unruhe und einem extremen Gefühlsleben. Auf diese Weise aber kommt die betreffende Person in Kontakt zu den eigenen inneren Wurzeln. Später dann merkt sie, daß es ein Kampf mit den eigenen Gefühlen und den eigenen innerlichen Problemen war. In diesem Sinn bedeutet Pluto auch Transzendierung: die Erkenntnis von innerlicher Macht über sich selbst, ein Gefühl von Unverletzbarkeit, das die innere Basis des Menschen nahezu unzerstörbar macht. Allerdings muß auf die Gefahr hingewiesen werden, daß dieser Mensch so sehr von der Idee besessen sein könnte, sich durch den Sieg über sich selbst als etwas Besonderes zu sehen, daß er auf die Umwelt keine Rücksicht mehr nimmt. Dazu muß es aber nicht kommen. Die Person mit Pluto im 4. Haus wird, weil sie so tief gräbt und sich so intensiv mit ihren Gefühlen und mit denen der anderen beschäftigt, eine große Menschenkenntnis aufweisen.

PLANETEN IM 5. HAUS

☉ 5 *Sonne im 5. Haus*

Die Sonne als unser Ego, als die Antriebskraft, uns selbst zu entfalten und zu verwirklichen, fühlt sich im 5. Haus sehr wohl. Das 5. Haus ist schließlich das Lebensgebiet, das für unsere Selbstentfaltung steht. Es stellt uns all das, was die Entfaltung der Sonne begünstigt, zur Verfügung. Der Mensch mit der Sonne im 5. Haus hat das Bedürfnis, eine führende Rolle zu spielen, die Aufmerksamkeit auf sich zu ziehen und das Heft in die Hand zu nehmen. Er ist stets bestrebt, seinen eigenen Weg zu gehen. Die Willenskraft ist in diesem Fall stark entwickelt, wie der Lebenswille an sich auch. Darum können wir bei der Sonne im 5. Haus eine große Lebenslust und eine positive Lebenseinstellung finden. Damit hängt auch der Drang zusammen, das Leben zu genießen und sich zu amüsieren. Wir können ohne weiteres sagen, daß die betreffende Person Spaß, Vergnügen und Abenteuer sucht, um sich vollständig ausleben zu können. Die angenehmen Seiten des Lebens stehen dabei im Vordergrund. Auch ist mit dieser Stellung ein Schöpfungsdrang als Form der Selbstbestätigung verbunden, der sich auf unterschiedlichen Niveaus manifestieren kann: in künstlerischer Kreativität, im kreativen Anleiten von anderen, im Hervorbringen von Kindern oder auch im »Machen« von Geld durch Spekulation und anderes mehr. Ob die Lust zu Abenteuern und Spekulationen unangenehme Folgen hat, ist aus der Stellung der Sonne im 5. Haus allein nicht zu ersehen.

Das 5. Haus spiegelt auch die Haltung gegenüber Kindern wider und die Erfahrungen, die der Mensch mit dem eigenen Nachwuchs macht. Die Sonne im 5. Haus verleiht eine optimistische Haltung gegenüber Kindern – es handelt sich hier um eine Art natürliche Elternschaft, die Kinder in ihrer Entwicklung sehr unterstützen kann, allerdings unter der Gefahr, etwas autoritär zu sein. Grundsätzlich aber gilt: Menschen mit der Sonne im 5. Haus können gut mit Kindern umgehen.

☾ 5 *Mond im 5. Haus*

Das Bedürfnis, die unbewußten emotionellen und gefühlsmäßigen Reaktionen auf dem Gebiet zum Ausdruck zu bringen, das mit unserem Selbstausdruck zu tun hat. Das in Verbindung mit dem Mond stehende Verhalten rührt von dem Wunsch her, sich sicher und wohl zu fühlen. Der Mond im 5. Haus kann – wie die Sonne in diesem Haus auch – Führungseigenschaften, Willenskraft und anderes mehr bedeuten. Im Gegensatz zur Sonne ist aber das Bedürfnis entscheidend, sich dabei wohl zu fühlen. Es geht nicht um den Ausdruck von Identität, wie das bei der Sonne der Fall war. Der Mond im 5. Haus läßt aber auch, weil der Mensch damit eine festumrissene Haltung ausdrückt und nach Anerkennung sucht, die Merkmale des 5. Hauses deutlich in Erscheinen treten. Stichworte hierzu sind Genußsucht, Bedürfnis nach amourösen Abenteuern und vielleicht auch eine zahlreiche Nachkommenschaft (das 5. Haus als »Kinderhaus«).

Es ist dies eine Stellung, bei der wir unser unbewußtes emotionelles Verhalten und das Prinzip der Formgebung (Mond) auf eine Art zum Ausdruck bringen, indem wir uns selbst hervorheben, was sich auf Sport, Amüsement im weitesten Sinne oder anderes mehr beziehen kann. Mit dem Mond in 5. Haus bekommen wir das Publikum schnell auf unsere Seite. Es könnten sich hier Aktivitäten ergeben, die sich auf die äußerliche Darstellung von Gefühlen beziehen oder die nach der Verbindung zu einer großen Gruppe von Menschen verlangen. Grundsätzlich denkbar wären in diesem Zusammenhang Berufe wie Regisseur oder Schauspieler. Im kleineren Rahmen geht es vielleicht um Menschen, die beispielsweise Kindergärten oder Spielplätze einrichten.

Mit dem Mond im 5. Haus kommen die Gefühle zumeist unverstellt zum Ausdruck, was ein bestimmtes Maß an Heftigkeit und Temperament bedeuten kann. Bei einer schwierigen Stellung ist dann manchmal *zuviel* Impulsivität und die Neigung zu beobachten, den eigenen Willen unter allen Umständen durchsetzen zu wollen.

☿ 5 *Merkur im 5. Haus*

Das Bedürfnis, Fakten und Geschehnisse zu ordnen, zu analysieren und Verbindungen dazwischen herzustellen und der Drang nach Kommunikation und Austausch richten sich auf das Lebensgebiet, das den persönlichen Selbstausdruck zum Inhalt hat. Dadurch werden die Aktivitäten des Merkur zu einem Mittel, das uns Gestalt verleiht, das uns zu unserer Manifestation dient und das in uns das Gefühl von Autorität hervortreten läßt. Das Spielerische, Unvoreingenommene und Veränderliche des Merkur sorgen in dieser Hinsicht für Vielseitigkeit und das Bedürfnis nach Abwechslung. Der Wunsch nach Abwechslung kann sich darin auswirken, daß der Mensch sich allerlei Abenteuern hingibt oder Sport treibt oder sich aktiv zeigt, was das Anleiten von anderen betrifft. Dieser Mensch hat zwar nicht grundsätzlich das Bedürfnis, im Mittelpunkt zu stehen – wenn es aber darum geht, Gedankengänge und Gespräche zu fördern oder zu strukturieren oder den Austausch in Gang zu bringen, wird er nicht mit seiner Meinung hinterm Berg halten.

Die mentalen Aktivitäten haben für diese Person etwas Spielerisches, und sie stützt sich auf dieses Spielerische, wenn es um die Art und Weise ihres Selbstausdrucks geht. Dies sowie die mögliche Führungsrolle, die hier gegeben sein könnte, bedeutet aber nicht, daß der Betreffende beim Lernen keinerlei Schwierigkeiten hat oder hatte. Es sind hier zwar potentiell gute Anlagen vorhanden, allerdings zeigt sich Merkur im 5. Haus widersätzlich, wenn ihm durch Regeln Schranken gesetzt werden. Er möchte selbst derjenige sein, der bestimmt. Mit einem Lehrplan, der ein gewisses spielerisches Moment beinhaltet, kann es dieser Mensch aber sehr weit bringen. Auf diese Art kann er auch seinen Abenteuerdrang befriedigen und dabei auch einen gesunden Wettkampfdrang zeigen.

♀ 5 *Venus im 5. Haus*

Das Bedürfnis nach Harmonie und Schönheit, nach Geborgenheit und Sicherheit in den Beziehungen kommt auf dem Lebensgebiet zum Ausdruck, das sich auf die Formgebung der eigenen Individualität richtet beziehungsweise auf den Selbstausdruck. Venus-Aktivitäten können dann hier als Hobby in Erscheinung treten. Das ist der Sachverhalt, welcher der in diesem Zusammenhang oft konstatierten künstlerischen Veranlagung zugrunde liegt. Es kommt hier aber darauf an, ob andere Faktoren im Horoskop in die gleiche Richtung deuten, da die Venus von sich aus nicht sehr aktiv und unternehmungslustig eingestellt ist. Es kann sich hier um einen Inhalt in uns handeln, der Bequemlichkeit oder auch den Wunsch nach Luxus anzeigt.

Venus in dem Haus der Affären und des Schöpfungsdranges kann auch auf eine amouröse Einstellung weisen, die in Liebesbeziehungen und im Bedürfnis nach einer angenehmen und romantischen Atmosphäre zum Ausdruck kommt. Der Mensch mit einer solchen Stellung neigt dann auch dazu, sich mit Schönheit, Behaglichkeit und allem, was Wärme geben kann, zu umgeben. Dabei besteht zunächst einmal nicht unbedingt der Wunsch nach großem Tiefgang. Es könnte hier der Wunsch vorhanden sein, die eigene Persönlichkeit in Verbindung mit Aktivitäten zur Darstellung zu bringen, die mit dem Bedürfnis nach Spaß, Freude und Wärme zu tun haben. Das könnte zum Beispiel auf eine Beschäftigung weisen, die mit Arbeit für wohltätige Zwecke in Verbindung steht, wie das Organisieren eines Basars, dessen Erlös für eine gute Sache gespendet wird.

♂ 5 *Mars im 5. Haus*

Der Drang nach Selbstbehauptung, die Schaffenskraft, Energie und das Bedürfnis, sich selbst zu beweisen, äußert sich hier in einem Haus, das auf die Betonung der eigenen Individualität gerichtet ist. Das kann Schroffheit, einen Drang nach Aktivität, Durchsetzungsvermögen oder auch viel Leidenschaft zur Folge haben. Mit Mars an dieser Stelle besteht hier das ausgeprägte Bedürfnis, deutlich zu machen, wer der Chef ist. Diese Stellung spricht für eine große Lebenskraft und viel Freude am Leben, zumeist auch für Mut und Kühnheit auf dem Gebiet von Sport, Spiel und Spaß. Das kann sich beispielsweise in einer Vorliebe für Sportarten manifestieren, die Kraft, Körperbeherrschung, Wagemut und Wettkampfgeist erfordern. Der sportliche Einsatz der Körperkraft ist aber nur ein Mittel unter anderen der Selbstbestätigung. Ebenfalls denkbar wäre ein angeberisches Auftreten auf dem Gebiet der amourösen Eroberungen. Mars im 5. Haus kann sich in Verbindung mit der Sexualität sehr intensiv zur Geltung bringen.

Die Person mit einer derartigen Marsstellung neigt dazu, die Dinge direkt anzugehen und keine Konfrontation zu scheuen. Sie handelt sofort, packt jede Gelegenheit am Schopfe und macht aus ihrem Herzen keine Mördergrube. Mars im 5. Haus kommt dadurch zum Ausdruck, daß er die Initiative ergreift; er geht auf alles los, was sein Interesse erweckt. Das verleiht ihm etwas Energisches, aber auch Autoritäres. Er ist jedenfalls nicht »kleinzukriegen«. Was die Karriere betrifft, ist dies dann auch eine recht günstige Stellung, auch wenn die Gefahr besteht, daß die betreffende Person von Zeit zu Zeit einmal *zuviel* des Guten tut.

♃ 5 *Jupiter im 5. Haus*

Wenn sich das Bedürfnis nach Expansion, Ausweitung und Verbesserung auf dem Lebensgebiet entfaltet, das mit unserem persönlichen Selbstausdruck zusammenhängt, kann das Ergebnis ohne weiteres eine Art natürliche Führungsrolle sein. Jupiter in dieser Stellung bedeutet eine große Jovialität und viel Selbstvertrauen, was die betreffende Person mehr oder weniger deutlich zum Ausdruck bringt. Dieser Mensch widmet sich dem, was er mag, mit viel Enthusiasmus, was zu der Neigung führt, alles mit viel Schwung, Temperament und Wärme anzupacken. Von Jupiter im 5. Haus geht gewissermaßen eine beseelte Begeisterung aus, die sehr heilsam sein kann. Mit dieser Stellung besteht auch ein großer Schaffensdrang, und nicht selten haben wir es hier mit sehr produktiven Künstlern zu tun. Produktivität auf anderer Ebene kann einen reichen Kindersegen zur Folge haben. Viel Spaß beim Umgang mit Kindern wäre eine weitere Entsprechung.

Ein Planet wie Jupiter, für den Expansionsdrang und der Wunsch nach Weiterentwicklung kennzeichnend ist, wird in dem Haus von Sport, Spiel und Spaß diesbezügliche Neigungen nahelegen. Vergnügungen und Freuden vielerlei Art fallen darunter, das Streben nach Luxus, amouröse Affären sowie Spielleidenschaft oder Spekulationsdrang sind weitere Stichworte. Wie dem auch sein mag – mit Jupiter im 5. Haus ist der Drang entscheidend, sich im großen Maßstab zu entfalten. Auf Beschränkungen reagieren diese Menschen ungehalten, sie haben größte Schwierigkeiten damit, sich zurücknehmen zu müssen. Jupiter im 5. Haus will frei und aufrecht, schwungvoll, im Großen und mit viel Spaß und Amüsement leben. Er ist dabei in der Lage und dazu bereit, die Umgebung an seinem freigiebigen, offenen, warmherzigen und amüsanten Wesen teilhaben zu lassen.

♄ [5] *Saturn im 5. Haus*

Der Drang nach Beschränkung und Konzentration unserer selbst in dem Haus, das das Bedürfnis widerspiegelt, uns selbst zum Ausdruck zu bringen, bedeutet die Gegenüberstellung von zwei Faktoren, die nur sehr schwer miteinander zu vereinbaren sind: hier das klar umrissene Bedürfnis, die eigene Persönlichkeit zu zeigen und deutlich zu machen, daß wir eine markante und abgerundete Individualität darstellen, und dort die Angst vor einer herausgehobenen Stellung und das Gefühl, den Trieben und Wünschen Widerstand entgegensetzen zu müssen. Das hat zur Folge, daß Saturn sich auf zwei sehr verschiedene Arten auswirken kann. Entweder verkennt dieser Mensch (bewußt oder unbewußt) seine Bedürfnisse und Wünsche und sorgt selbst dafür, daß diese nicht erfüllt werden, oder er ist bestrebt, der Außenwelt sehr deutlich zu zeigen, was für ein starkes Individuum er darstellt. Dieser Zwiespalt kann zur einer verkrampften Haltung und zu großer Unsicherheit führen, in jedem Fall aber zu einem Selbstausdruck, der von großer Ernsthaftigkeit gekennzeichnet ist. Das 5. Haus steht ja für das, was wir besonders gern tun – mit Saturn im 5. Haus sind hier besonders seriöse Beschäftigungen angezeigt oder solche, die auf der konkreten oder klassischen Ebene liegen.

Was das Gebiet von Sport, Spiel und Spaß betrifft, ist eine ernste, wenn nicht sogar ängstliche Haltung zu erwarten. Entweder besteht mit Saturn hier der Drang zu glänzen oder aber eine Verweigerungshaltung mit dem Rückzug in sich selbst. Diese Stellung hat in der Kindheit nicht selten große Schwierigkeiten zur Folge, die insbesondere mit einem Unverständnis der Eltern zusammenhängen. Oft wird das Kind von den Eltern nicht geschätzt oder ist unerwünscht. Dadurch wird von Beginn an das Bedürfnis nach Unterstützung und Anerkennung nicht befriedigt, was dann dazu führt, daß dies zum wunden Punkt wird. Aus diesem Grund zeigt sich der Mensch mit Saturn im 5. Haus manchmal als harte, kalte oder egoistische Persönlichkeit – was aber nichts anderes als ein verkappter Schrei nach Anerkennung und Aufmerksamkeit ist. Dieser Mensch verlangt viel von sich und viel von anderen, alles wegen seiner Unsicherheit und ernsthaften Einstellung. Wenn hier aber erst einmal der schwierige Lernprozeß absolviert ist, wird eine solide, abgerundete und zuverlässige Individualität zum Vorschein kommen, die eine unbeugsame und ernsthafte Einstellung gegenüber dem Leben besitzt.

♅ 5 *Uranus im 5. Haus*

Mit Uranus in diesem Haus haben wir das Bedürfnis, unsere Unabhängigkeit, unsere Ursprünglichkeit, Individualität und Originalität auf dem Gebiet auszuleben, das der individuellen Formgebung und dem persönlichen Selbstausdruck dient. Das bewirkt, daß der betreffende Mensch auf eine originelle und innovative Weise auftritt, ungewöhnliche Hobbys hat und den Kampf für das Neue dem Eintreten für das Überlieferte vorzieht. Dieser Mensch scheut nicht davor zurück, den eigenen Weg zu gehen, mit oder ohne Zustimmung der anderen – sein ganz persönlicher Selbstausdruck ist ihm wichtiger als alles andere. Uranus verleiht in dieser Stellung dann auch ein gewisses Flair: originelle Eingebungen und den Mut, Grenzen zu durchbrechen und neue Ideen auszuprobieren (welche manchmal jedoch sehr utopisch sein können).

Es besteht hier das Bestreben, sich durch das Ungewohnte, Ungebräuchliche und Exzentrische zur Geltung zu bringen, unter Umständen bis hin zum Provokativen. Damit kann diese Uranusstellung auf einen Menschen hindeuten, der nur seine eigenen Methoden gelten läßt und seinen eigenen Weg geht, geleitet von seiner Intuition und seinen plötzlichen Einfällen. Hobbys könnten sich auf das Gebiet der Technik oder Elektronik beziehen oder auf das Okkulte (wie beispielsweise Kartenlegen, Astrologie und ähnliches mehr). Auch kann Uranus im 5. Haus auf immer wieder plötzlich in Erscheinung tretende kreative Ausbrüche weisen oder auf die Tendenz, daß sich wie aus heiterem Himmel Ereignisse manifestieren, die mit dem 5. Haus zu tun haben (Liebe, Kinder, Hobbys). Der Drang nach Unabhängigkeit und Unkonventionalität wird des öfteren als mögliche Perversion in der Liebe, Homosexualität oder anderes mehr gedeutet; an dieser Stellung allein kann so etwas aber nicht abgelesen werden. Uranus im 5. Haus ist lediglich ein Ausdruck dafür, daß es hinsichtlich der Liebe ganz individuelle und eigenständige Anschauungen gibt.

♆ 5 *Neptun im 5. Haus*

Wenn sich das Bedürfnis nach Auflösung, Verfeinerung, Vollendung und Idealisierung, aber auch die Tendenz zur Verschleierung, zur Unterminierung oder zum Verfall im 5. Haus äußern, ist grundsätzlich der Drang vorhanden, uns selbst Gestalt zu geben – allerdings auf eine Art und Weise, die entweder sehr undeutliche Züge hat oder für die Person selbst oder ihre Umgebung ungreifbar bleibt. Neptun macht hier sehr empfindsam und kann, verbunden mit sexuellen Affären, Kreativität und

Vergnügungen jeglicher Art, in diesem Haus große künstlerische Gaben anzeigen.

Bei Sport, Spiel und Spaß sowie auch in der Liebe kann Neptun in dieser Stellung sehr idealistisch machen und dabei den Kontakt zur Realität vernebeln. Der Mensch mit dieser Stellung neigt zum Blick durch die »rosarote Brille«, was sich hauptsächlich in der Liebe romantisch und idealisierend auswirken kann. Das Nebelhafte aber – sei es nun in der Liebe, bei den Hobbys oder bei anderen Aktivitäten des 5. Hauses – birgt die Gefahr der Ernüchterung und Enttäuschung in sich, doch ebenso die Gabe, Gefühle auf kreative Art auszudrücken. Auch Tagträumerei und Phantasien sind Ausdrucksmöglichkeiten von Neptun in diesem Haus. Jemand mit dieser Neptunstellung hat das Bedürfnis, wenigstens einen Teil seiner selbst in den Träumen zu verwirklichen. Der Rest des Horoskops läßt erkennen, wie weit er in der Lage ist, diese Träume auch zu verwirklichen. Allerdings ist es in vielen Fällen so, daß diesem Menschen die Verwirklichung der Träume nicht wichtig ist. Auch andere Neptun-Themen können hier als Mittel zum Selbstausdruck gebraucht werden, zum Beispiel Musik, ein Sinn für Kunst, Spiritualität, die Neigung zu Glanz und Glitter, das (Falsch-) Spielen, Angeln und anderes mehr.

Neptun im 5. Haus erschwert es mehr oder weniger, sich selbst konkret zum Ausdruck zu bringen. Die betreffenden Menschen existieren zwar als individuelle Persönlichkeiten, haben doch aber große Probleme damit, sich als Persönlichkeiten zu erfahren und sich nach außen hin zur Geltung zu bringen. Es kann hier in dieser Richtung auf Gefühle der Unsicherheit geschlossen werden, die in der Folge aber zu einer Verfeinerung der Persönlichkeit führen können.

♇ 5 *Pluto im 5. Haus*

Das Bedürfnis nach Macht und Anerkennung und der Drang, das Unterste zuoberst zu kehren, verleihen im 5. Haus, in dem es um den Selbstausdruck geht, ein stark entwickeltes Ichgefühl. Zumindest handelt die betreffende Person aus einer stark entwickelten Identität heraus. Bei Pluto geht es um Liquidation oder um Umwandlung, um alles oder nichts, was zu einer sehr intensiven oder auch verbissenen Haltung führen kann. Diese Person hat den Drang, etwas zu vollbringen und die Fäden in eigenen Händen zu behalten. Diese Position bedeutet Stärke, ist aber für den persönlichen Selbstausdruck nicht einfach, wenn wir daran denken, daß Pluto im 5. Haus in der Lage ist, sein Bedürfnis nach Führerschaft, Autorität und anderem mehr ohne Rücksicht durchzusetzen. Selbst dann, wenn das

Horoskop sonst nur weiche und sanfte Züge zum Inhalt hat, wird die Kraft von Pluto im 5. Haus augenfällig sein. Die betreffende Person will ihr eigenes Leben führen und ihren eigenen Weg gehen. Andere dürfen sie begleiten, müssen sich aber ihren Bedingungen fügen.

Der Mensch mit Pluto im 5. Haus sucht ein leidenschaftliches und intensives Leben; der Lebensdrang dieses Bereiches wird intensiv erfahren, was bei allem, das damit zusammenhängt, deutlich zum Ausdruck kommt: in der Liebe, bei den Vergnügungen, in Sport und Spiel, bei den Hobbys und der Selbstbestätigung. Und auch hier sorgt Pluto dafür, daß das Unterste zuoberst gekehrt wird. Pluto spielt und erobert im 5. Haus, nicht wegen des Spiels an sich, sondern um zu gewinnen. Faktisch führt er dabei einen Kampf gegen seine eigenen Kräfte. Er ist bestrebt, mehr aus sich herauszuholen, und wirklich zufrieden ist er nur selten. Sein Geltungsdrang ist groß, und er beweist sich dadurch, daß er in allen Äußerungsformen dieses Hauses andere zu beherrschen versucht. Ständig setzt er alles aufs Spiel, um es besser zu machen, was dann auch schnell dazu führt, daß er als unbestrittene Autorität anerkannt wird. In Verbindung mit dieser Alles-oder-nichts-Haltung aber, durch diese innerliche Verbissenheit steht der Geborene doch in Wirklichkeit allein, was ihn auf die Konfrontation mit sich selbst zurückführt. Der Mensch mit Pluto im 5. Haus kann alles, was er will. Dabei ist es aber so, daß sich sein Leben gewissermaßen auf einem Vulkan abspielt.

PLANETEN IM 6. HAUS

☉ 6 *Sonne im 6. Haus*

Das Ego – das Symbol für den Weg, der zu optimaler Entfaltung führt – in dem Haus der Selbstanalyse und (Selbst-) Kritik, der Dienstbarkeit, Krankheit und Gesundheit. Jemand mit der Sonne im 6. Haus versucht, sich selbst Ausdruck zu verleihen, indem er sich anderen dienstbar macht, seinen Mitmenschen hilft und vor allem arbeitet. Menschen mit der Sonne im 6. Haus haben häufig Berufe, die mit Dienstleistungen zu tun haben, sie sind tätig als Sozialarbeiter, Arzt oder ähnliches. Dabei weist die Sonne – der an sich unabhängige Inhalt unserer Psyche – in diesem Haus längst nicht immer auf Arbeit in untergeordneter Position hin. Sehr oft handelt es sich hier um Personen, die als Selbständige arbeiten oder die (kleinere) Unternehmen besitzen.

Das 6. Haus als das Haus der Analyse und Kritik macht jemanden mit dieser Sonnenstellung kritisch oder sogar perfektionistisch, sowohl in Hinblick auf sich selbst als auch in Hinblick auf andere. Diese kritische Einstellung kann sich auch auf dem Gebiet der Hygiene und Ernährung äußern. Wir haben es dann mit einem Menschen zu tun, der gut über Krankheit und Gesundheit informiert ist und der seine Ernährung und Körperpflege darauf abstellt. Psychisch kann sich die kritische Fähigkeit jedoch auch in einer etwas zurückhaltenden und schüchternen Haltung auswirken, nicht selten in ausweichenden Reaktionen.

Mit der Sonne im 6. Haus ist der Mensch empfindsam gegenüber Kritik von außen. Sein Ego reagiert darauf, ob es das nun will oder nicht, sehr direkt. Aber auch körperliche Reaktionen können hiermit in Verbindung stehen. Spannungen und Konflikte, innerliche wie äußerliche, wirken sich in diesem Fall häufig auf den Körper aus. Krankheit kann die Folge davon sein, als Mittel, das zu einer Kursänderung führt. Wenn in vielen Deutungswerken zu lesen steht, daß die Sonne im 6. Haus mit einer schwachen Gesundheit einhergeht, dann ist das größtenteils auf diesen psychischen Warnmechanismus zurückzuführen. Der Körper ist hier gewissermaßen der Gradmesser der psychischen Verfassung. Der Mensch mit der Sonne im 6. Haus aber, der seinen eigenen Weg geht und darin seine Entfaltung findet, braucht keinerlei Probleme mit seiner Gesundheit zu haben.

☾ [6] *Mond im 6. Haus*

Das unbewußte emotionelle Verhalten, unser Bedürfnis nach Sicherheit und Geborgenheit und die Haltung, in die wir automatisch verfallen, wenn wir uns unsicher fühlen, wirken sich auf dem Gebiet des 6. Hauses in Dienstbarkeit und Hilfsbereitschaft aus. Der Mond wird sich in diesem Haus wohl und sicher fühlen, wenn es etwas zu tun gibt und er helfen kann. Jemand mit dem Mond im 6. Haus hat Freude daran, wenn er anderen beistehen kann, auch in einer untergeordneten Position. Allerdings kann hier in Verbindung mit dem Unbeständigen des Mondes die gefühlsmäßige Haltung bezüglich der Arbeit und deren Umstände wechseln, was ein fortwährendes Aufkündigen von Arbeitsverhältnissen zur Folge haben könnte (wenn es nicht an anderer Stelle im Horoskop Gegenkräfte gibt).

Es können hiermit auch vielerlei Schwankungen in der körperlichen Verfassung angezeigt sein. Der Mond ist sehr empfänglich für Stimmungen, auch wenn er in diesem Fall keine spontanen Reaktionen zeigt. Das kann zur Folge haben, daß die körperliche Widerstandskraft und die Empfänglichkeit für Krankheiten sich im Rhythmus der Stimmungen mitbewegen. Wie bei der Sonne im 6. Haus auch kann der Körper beim Mond im 6. Haus als Gradmesser des psychischen Zustandes dienen.

Das Bedürfnis zum Hegen und Pflegen, das ebenfalls durch den Mond symbolisiert ist, kann sich hier auf Gebieten auswirken, die mit Medizin, Heilkunde, Ernährung oder Diätkunde zusammenhängen, weiterhin auch mit der Versorgung oder Betreuung von Tieren oder anderem mehr. Mit dem Mond im 6. Haus verrichtet der Mensch aber zumeist keine selbständige Arbeit, sondern ist eher in untergeordneten oder assistierenden Tätigkeiten beschäftigt.

Der Bereich von Analyse und Ordnung, von Selbstkritik und praktischer Arbeit bedeutet hier auch, daß sich der betreffende Mensch zufrieden fühlt, wenn die Dinge geordnet sind und alles laut Schema und gemäß den Erwartungen verläuft. Er wird dann auch alles tun, um dafür zu sorgen, daß das so bleibt. Dabei schont er sich selbst nicht, er ist ohne weiteres dazu bereit, seinen Teil der Arbeit in Angriff zu nehmen. Mit dieser Mondstellung ist eine sehr genaue, gewissenhafte und analytische Veranlagung gegeben, was vielleicht auch für eine Tätigkeit im Bereich von wissenschaftlicher oder anderweitiger Forschung spricht. Hierbei kommt es möglicherweise aber auch auf eine äußerliche Anregung an.

☿ 6 *Merkur im 6. Haus*

Die analysierenden, ordnenden, einteilenden und verbindenden Fähigkeiten kommen in dem Haus, das auf Analyse gerichtet ist, sehr deutlich zum Ausdruck. Das verleiht einen wachen Geist und ein gutes Kombinationsvermögen, wobei keine Einzelheit übersehen wird. Merkur reagiert in diesem Haus nicht schnell, aber sehr, sehr genau, bis hin zum i-Tüpfelchen. Das wirkt auf die kommunikativen Merkur-Fähigkeiten zwar etwas bremsend, behindert aber nicht dessen Eigenschaften, die auf das Herstellen von Verbindungen gerichtet sind. So könnte es dann hier beispielsweise zu einer Tätigkeit als Händler oder Kaufmann kommen. Als analytischer Planet in einem auf Analyse gerichteten Haus kann Merkur in diesem Fall ein besonders ordentliches und systematisches Denken zur Folge haben, vor allem in praktischer und konkreter Hinsicht. Aktivitäten, in denen das Schreiben, alles, was sich rund um die Kommunikation ergibt (mehr als die Kommunikation als solche) oder das Analysieren im Mittelpunkt stehen, sind weitere Aktivitäten, für die sich diese Menschen sehr gut eignen.

Manchmal kann diese Stellung ein Übermaß an Kritik und Perfektionismus bedeuten, was die Vollendung von Dingen womöglich behindert: immer wieder bastelt dieser Mensch dann an Details herum, wodurch er den Blick für das Ganze verliert. Das kann in seinem Fall Probleme bedeuten. Er ist aber bestrebt, sich allem mit großer Präzision und mit scharfem Verstand zu nähern, vor allem, wenn es um Arbeit oder Dienstbarkeit geht. Dieselbe Einstellung zeigt er gegenüber Themen wie Krankheit oder Gesundheit. Das Nervös-Bewegliche des Merkur kann unter Umständen eine Empfänglichkeit für Nervenkrankheiten zur Folge haben. Vielleicht sind hier aber auch nur die allgemeineren Auswirkungen wie Nervosität oder Angespanntheit als Folge der übergroßen geistigen Aufmerksamkeit oder ähnliches mehr zu verzeichnen.

♀ 6 *Venus im 6. Haus*

Das Bedürfnis nach Sicherheit und Geborgenheit in bezug auf einen Partner und der Drang nach Harmonie und Schönheit wirken sich im 6. Haus auf eine praktische, nüchterne und konkrete Art aus. Auf dem Gebiet der Arbeit und der Arbeitsumstände besteht mit dieser Stellung die Neigung, eine angenehme Atmosphäre zu schaffen, sowie der Wunsch nach einem angenehmen Arbeitsklima. Nicht selten kommt es in diesem Fall dazu, daß sich am Arbeitsplatz Liebesbeziehungen ergeben. Doch geht die Venus im 6. Haus bei Romanzen sozusagen wählerisch ans Werk. Oft fällt es der betreffenden Person leichter, Wärme zu geben als zu empfangen. (Näheres hierzu ist an dem Zeichen, in dem sie steht, abzulesen.)

Mit dieser Venusstellung ist das Bedürfnis nach Aktivitäten verbunden, die mit Harmonie und Schönheit, Luxus und angenehmen Dingen zu tun haben. Das kann zum Beispiel die Arbeit in Modehäusern sein, aber auch Arbeit in der Welt des Vergnügens. Die betreffende Person möchte nur das Warme, Schöne und Angenehme auf dem Gebiet der Arbeit zum Ausdruck bringen, vom Wunsch aus, Menschen zu helfen. Konkret kann das die verschiedensten Auswirkungen haben. Die Venus als Planet ist aber sozusagen häufig faul und eitel, was nahelegen könnte, daß das Arbeitstempo des Menschen mit dieser Stellung nicht unbedingt hoch ist. Wie dem auch sein mag – die Arbeit, die er verrichtet, dürfte zu keinem Tadel Anlaß geben. Auch ist das Verhalten am Arbeitsplatz wahrscheinlich hundertprozentig in Ordnung.

Selbstkritik aber ist in diesem Fall keine der herausragendsten Tugenden. Das hängt manchmal auch damit zusammen, daß sich der betreffende Mensch aufgrund seiner nachgiebigen und hilfsbereiten Wesensart keiner Kritik von anderen ausgesetzt sieht. In Hinblick auf Gesundheit und Erkrankung kann die Venus im 6. Haus eine ganze Menge vertragen. Erst dann, wenn der Mensch hier das Maß verliert und es beim Essen oder Naschen oder anderem übertreibt, können sich nachteilige Folgen ergeben. Es hat aber geradezu den Anschein, als ob auch der Körper selbst die Fähigkeit zur Ausgewogenheit widerspiegelt: Jemand mit dieser Stellung erkrankt nicht so schnell und wird im Krankheitsfall auch rasch wieder gesund (falls die Venus sonst nicht problematisch gestellt ist).

♂ 6 *Mars im 6. Haus*

Die Tatkraft und Energie, der Geltungsdrang und das Bedürfnis, sich von anderen abzuheben, richten sich im 6. Haus besonders auf die Arbeitssituation. Das verleiht eine große Arbeitslust, viel Einsatz bezüglich der Arbeitsbedingungen, eine große Energie und rasche Reaktionen, unter Umständen aber zu Lasten von Disziplin oder Perfektionismus. Mars ist unser Geltungsdrang – mit dieser Stellung könnte der Drang verbunden sein, sich unter allen Umständen bei der Arbeit beweisen zu wollen, was dann auf Widerstand bei Kollegen stoßen kann. Darum ist dies hauptsächlich eine gute Stellung für Menschen, die bei ihrer Arbeit mehr oder weniger selbständig sind beziehungsweise unabhängig von Kollegen arbeiten können. Mit Mars im 6. Haus ist nämlich auch die (manchmal unbewußte) Neigung verbunden, die Kollegen zu einem höheren Tempo anzutreiben oder sie wegen eventueller Fehler zu tadeln.

Nicht selten kommt es in diesem Fall dazu, daß der Mensch zuviel arbeitet. Allerdings ist die Gesundheit zumeist stark genug, um das zu verkraften. Natürlich kann auch dieser Mensch einmal erkranken – seine Widerstandskraft und sein Regenerationsvermögen aber sind groß. In einigen Fällen kann Mars in diesem auch auf den Körper bezogenen Haus andeuten, daß der Geborene gefährliche Arbeit verrichtet, bei denen es möglicherweise zu Verwundungen kommt. Das ist aber eher selten der Fall. Gewissermaßen ist es hier so, daß psychische Probleme sowie körperliche Krankheiten in einem kurzen und heftigen Feuer »verbrannt« werden. Falls es hier häufiger zu Krankheiten kommen sollte, ist davon auszugehen, daß der Mensch auch immer wieder rasch gesundet (es sei denn, daß an anderer Stelle im Horoskop problematische Sachverhalte abzulesen sind).

Selbstkritik ist generell keine starke Seite von Mars. Ihm ist es wichtiger, sich in Aktivität zu beweisen, also in diesem Fall durch Arbeit und Dienstbarkeit. Hier kann er eine Art von aggressiver Hilfsbereitschaft zeigen, die ihm nicht immer zum Vorteil gereicht. Auf diese Weise kann er aber schließlich einen Blick für das bekommen, was er eigentlich macht. Wenn er erst einmal Einsichten gewonnen hat, ist er ohne weiteres zu Kursänderungen bereit.

♃ 6 *Jupiter im 6. Haus*

Der Drang nach Expansion und Fortschritten in dem Haus der Arbeit und der Arbeitsumstände verleiht eine joviale, heitere und enthusiastische Einstellung bezüglich der angesprochenen Themen. Jupiter aber sucht die Synthese; er bildet sich ein Urteil und geht am liebsten seinen eigenen Weg, was im Haus der Dienstbarkeit schon einmal zu Problemen führen kann. Nichtsdestotrotz wird jemand mit Jupiter im 6. Haus kaum je arbeitslos sein, dazu ist seine Einstellung zur Arbeit zu positiv. Meistens wird er sich auch bei seiner Arbeit wohl fühlen, allerdings unter einer Bedingung: Die Arbeit muß ihm sinnvoll erscheinen, nur dann kann er sich voll für sie einsetzen. Wenn es langweilig wird, verschwindet er schnell.

In dem Haus der Krankheit steht Jupiter meist für eine gute Gesundheit und für ein gutes Regenerationsvermögen. Unmäßigkeit allerdings (übermäßiges Essen, Naschen oder anderes mehr) kann der Gesundheit schaden, unter Umständen mit sehr negativen Folgen. In diesem Fall ist das 6. Haus nicht als eine Art Gradmesser für das psychische Wohlbefinden zu benutzen – der Körper kann sehr viel vertragen, was auch für die Psyche gilt. Dadurch kann der betreffende Mensch auch bei schlechten Bedingungen noch lange durchhalten. Der Nachteil ist allerdings, daß er sich kaum je gezwungen sieht, Kursänderungen vorzunehmen. So könnte er allzu lang an Mustern, die mit der Arbeit in Verbindung stehen, festhalten. Das hängt auch damit zusammen, daß die Jupiter-Eigenschaften nicht besonders gut mit der Detail-Analyse und der (Selbst-) Kritik des 6. Hauses übereinstimmen. Jupiter ist nämlich der Planet, der die breite Perspektive und die Synthese symbolisiert, und insofern besteht hier nur ein sehr mäßiges Interesse an vermeintlich Belanglosem und unwichtigen Details. Außerdem könnte es in diesem Fall auch schon einmal zur Kollision mit den allgemein anerkannten Werten und Normen kommen.

All dies hat zur Folge, daß Jupiter im 6. Haus nicht besonders gut mit Kritik umgehen kann. Die mögliche Attitüde der Besserwisserei und seine

Eigensinnigkeit können unter Umständen Schwierigkeiten verursachen, trotz seiner grundsätzlich so positiven Arbeitshaltung.

♄ 6 *Saturn im 6. Haus*

Der mühsame Prozeß des Absteckens und Abgrenzens wird, wenn er im Haus der Krankheit, des körperlichen Zustandes, der Arbeit und der Arbeitsumstände zum Tragen kommt, zumeist als nicht sehr angenehm empfunden. Es wird behauptet, diese Stellung würde eine Schwächung der Gesundheit sowie ein schlechtes Regenerationsvermögen bedeuten, und diese Probleme würden sich auch bei der Arbeit auswirken. So kraß sind die Folgen aber in den meisten Fällen bei weitem nicht. Saturn als die Fähigkeit zur Strukturierung hat zur Folge, daß Form und Struktur auf dem Lebensgebiet des 6. Hauses zum Ausdruck kommen. So ist dann mit dieser Stellung zwar keine *schnelle* Arbeit, genausowenig aber *unvollständige* Arbeit zu erwarten. Saturn macht ernst, gewissenhaft und gründlich. Saturn im 6. Haus bedeutet, daß der Mensch hier seine schwache Stelle hat und daß es in diesem Zusammenhang zu Überkompensationen kommen kann.

Der Mensch mit Saturn im 6. Haus versucht, besonders gut bei seiner Arbeit zu sein. Er fühlt sich meistens auch sehr angezogen von allem, was mit dem Körper und seinen Funktionen, der Ernährung und so weiter zu tun hat. Aber die Gefahr ist groß, daß er sich in Details verliert. Wenn er den roten Faden – den Sinn der Dinge und den Zusammenhang zwischen dem einzelnen Teil und dem Ganzen – aus den Augen verloren hat, kann es, trotz seiner Vorsorge, zu Krankheiten kommen. Was die Arbeit betrifft, ist Zähigkeit und Hartnäckigkeit eine herausragende Charakteristik, sowie die Neigung, sich in Probleme hineinzumanövrieren oder aus Verantwortungsgefühl zuviel Pflichten auf sich nehmen. Vielleicht hat er auch unter diversen Rückschlägen bei der Suche nach Arbeit zu kämpfen. Dieser Mensch beschäftigt sich so krampfhaft mit der Arbeit, daß er seine innerliche Spannung stets in den äußerlichen Umständen wiederfindet. Erst wenn Saturn diesen schwachen Punkt akzeptiert, wird er in der Arbeit und Gesundheit Beständigkeit erleben können.

Mit dieser Stellung besteht die Fähigkeit zu einem sehr analytischen, ökonomischen und nützlichen Denken. Diese Person kann gut analysieren und liefert ausgezeichnete Kritik. Sie hat jedoch Schwierigkeiten, Dinge auf sich selbst zu beziehen. Selbstkritik und Kritik von anderen sind für sie sehr schmerzhaft, sie treffen ihren schwachen Punkt. Das bedeutet, daß wir, wenn wir Saturn im 6. Haus haben, mehrmals mit unserem Kopf gegen die Mauer stoßen werden, bevor wir das Bild, das wir von uns selbst haben, zu ändern bereit sind.

♅ [6] *Uranus im 6. Haus*

Mit dieser Stellung wollen wir unsere Originalität, unseren Drang nach Unabhängigkeit und unsere Individualität hauptsächlich auf dem Gebiet der Arbeit zum Ausdruck bringen. Dabei bedeutet die Konfrontation von Uranus mit diesem Haus bei aller damit verbundenen Aktivität viel Nervosität, Ruhelosigkeit und Unbeständigkeit. Der Mensch mit dieser Stellung hat häufig Mühe, seine Gedanken bei der Arbeit zu halten. Er ist schnell abgelenkt, stets auf das Neue aus und sehr erfindungsreich. Insofern wird sich jemand mit Uranus im 6. Haus schwerlich bei einer gleichförmigen und wenig anspruchsvollen Tätigkeit entfalten können. Viel besser ist in diesem Fall eine abwechslungsreiche, immer wieder andersartige Arbeit, bei der Erfindungsgabe und Originalität gefordert sind. Angesichts dessen, daß Uranus mit Elektrizität, Technik und ähnlichem zu tun hat, kann sich jemand mit einer solchen Stellung bei entsprechenden Beschäftigungen wohl fühlen. Diese Uranusposition ist übrigens nicht besonders günstig für die Arbeit in untergeordneter Position, dazu bedeutet Uranus viel zu viel Individualismus. Muß der Mensch einmal eine solche Stellung annehmen, wird er alles daransetzen, bald etwas Befriedigenderes zu finden. Für ihn gehören Originalität und Erfindungsgeist einfach zur Arbeit – und zum Lernen auch – dazu, sonst tut er sich hier sehr schwer.

Wie eine solche Person auf *Kritik* reagiert, ist schwer vorhersehbar. Es ist auch schwer einzuschätzen, ob sie zur *Selbstkritik* fähig ist. Vielleicht ist mit dieser Uranusstellung viel Kritik verbunden, welcher es aber an der Verhältnismäßigkeit mangelt. Mit der uranischen Intuition könnte dieser Mensch Aspekte erkennen, die für seine Arbeit wichtig sind, ohne diese jedoch weiterzuleiten und andere an den Erkenntnissen teilhaben zu lassen. Kritik auf einer Ebene der Gleichberechtigung kann er bereitwillig anhören, ohne daß es dabei unbedingt zu Resultaten kommt.

Auch auf dem Gebiet von Gesundheit und Erkrankung wird das Moment, anders als andere sein und über das Bekannte hinausgehen zu wollen, deutlich in Erscheinung treten. Der Mensch mit Uranus in diesem Haus könnte plötzlich unter einer körperlichen Reaktion zu leiden haben, die schwer zu diagnostizieren ist und die so schnell verschwindet, wie sie kam. Ganz allgemein kann Uranus, der zusammen mit Merkur über die Nerven herrscht, nervöse Reaktionen in unserem Körper hervorrufen oder zu plötzlichen, meist zeitweiligen motorischen Störungen führen.

Menschen mit Uranus im 6. Haus sind nicht unbedingt empfänglich für Krankheiten, sondern zeichnen sich lediglich durch ungleichmäßige und insofern »plötzliche« Reationen aus, oft in Verbindung mit Angespanntheit und Rastlosigkeit. Sie reagieren häufig sehr gut auf alternative Heilmethoden. Für den »normalen« Hausarzt können sie mit ihrer sehr individuellen und eigenwilligen Einstellung hinsichtlich des Körpers ein Problem sein.

♆ 6 *Neptun im 6. Haus*

Das Moment der Verfeinerung, der Idealisierung, aber auch des Nebelhaften und Chaotischen manifestiert sich auf dem konkreten Gebiet der Arbeit, der Arbeitsumstände, der Gesundheit und Erkrankung auf eine ungreifbare Weise. Die Empfindlichkeit – sowohl die körperliche als auch die psychische – ist hier meistens sehr groß. Das kann bei der Arbeit von großem Nutzen sein: Der Mensch mit dieser Neptunstellung neigt dazu, seinem Gefühl zu folgen, welches tatsächlich zur Diagnose und Behebung von Störungen dienen kann. So erkennt er womöglich intuitiv genau, was vorgeht und was getan werden muß. Das kann insbesondere bei Berufen, bei denen es um Unterstützung, um Dienstleistung oder um Tätigkeiten im Gesundheitswesen geht, günstig sein. Vielleicht zeichnet sich der betreffende Mensch sogar dadurch aus, durch seine Hände heilmagnetische Kräfte fließen lassen zu können.

Die Person mit Neptun im 6. Haus kann sich mitunter selbst durch ihre Einbildung krank machen und dann aber auch wieder selbst durch die Kräfte der Selbstsuggestion für ihre Gesundung sorgen. Ferner ist dies eine stimulierende Stellung für künstlerische Berufe. Neptun ist hier zwar schwer »greifbar«, kann aber zu den verschiedensten Resultaten führen.

Auf dem Gebiet der Arbeit kommt es zu einem mehr oder weniger stark ausgeprägten Idealismus, manchmal auch zu dem Blick durch die berüchtigte rosarote Brille, wobei alles schöner aussieht, als es in Wirklichkeit ist. Jemand mit Neptun im 6. Haus neigt hier dann auch schnell dazu, sich beeinflussen zu lassen, insbesondere dann, wenn an seinen Idealismus appelliert wird. Vielleicht ist er selbst aber auch der, der hier seinen Profit zieht. In der Folge derartiger Entwicklungen könnte auch eine Neigung zu Fluchttendenzen vorhanden sein, auch deshalb, weil die Grenze zwischen dem Wirklichen und dem Irrealen nicht deutlich markiert ist. Was die Eigenschaft der Selbstkritik betrifft, sind die analytischen Fähigkeiten von Neptun im 6. Haus nicht sehr stark entwickelt: Der betreffende Mensch hat keine klare Einsicht in sich selbst.

♇ [6] *Pluto im 6. Haus*

Der Drang nach Macht, das Bedürfnis, das Unterste zuoberst zu kehren und der Drang nach Zerstörung beziehungsweise Umwandlung der Form haben im 6. Haus eine enorme Arbeitskraft und ein immenses Beharrungsvermögen zur Folge. In diesem Fall will Pluto gewissermaßen den anderen auf dem Gebiet der Arbeit stets eine Nasenlänge voraus sein. Er läßt sich nicht gern in die Karten sehen und hat das Bedürfnis, die Arbeit so gut wie nur möglich zu verrichten. Sein Geltungsdrang und sein Streben nach Macht setzt er ein, um nach oben zu kommen, was zumeist auch gelingt, obwohl viel Widerstand bei Kollegen gegeben sein kann. Diese Person isoliert sich für gewöhnlich und wird dann als Resultat der Arbeitssituation immer wieder mit sich selbst konfrontiert. Insofern weist diese Stellung darauf hin, daß es bei der Zusammenarbeit zu Schwierigkeiten kommen könnte. Die betreffende Person arbeitet lieber für sich allein, nimmt die Tätigkeit dabei aber sehr ernst. Die Arbeit, die sie verrichtet, hat häufig etwas mit den in die Tiefe gehenden Qualitäten des Pluto zu tun. Forschung, Psychologie, Okkultismus und anders mehr wären hier anzusprechen.

Da Pluto eine Art von Alles-oder-nichts-Haltung gegenüber der Arbeit an den Tag legt, ist dieser Mensch ständig in der Gefahr, sich bei der Arbeit zu verausgaben. In dieser fortwährenden gesundheitsschädigenden Haltung läßt sich die Neigung zur Zerstörung wiedererkennen. Die Konfrontationen aber, die damit zusammenhängen, können zu transzendierenden Einsichten führen, in Verbindung mit einer umfassenderen Sicht auf die persönlichen Umstände. Dabei wird die betreffende Person niemals das Gefühl verlieren, daß es immer noch mehr zu erforschen und zu analysieren gibt. Diese Stellung verleiht manchmal in Verbindung mit anderen Horoskop-Faktoren auch übernatürliche Heilkräfte. Ganz allgemein besteht damit ein Interesse für alles, was mit der Gesundheitsvorsorge zu tun hat.

Kritik kann Pluto gut vertragen, wenn er das Gefühl hat, daß sie berechtigt ist. In diesem Fall ist er durchaus auch zur Selbstkritik bereit, ansonsten aber lehnt er die Worte anderer als Einmischung in seine Angelegenheiten ab. Dieser Mensch wird manchmal der Meinung sein, daß das Ergebnis seiner Arbeit den Zweck heiligt, insofern kann die Kritik anderer seiner Meinung nach jede Grundlage vermissen lassen. Wenn er aber den Kern der Kritik erkennt und ihn annimmt, kann er mit seiner Alles-oder-nichts-Einstellung seiner Ursache rigoros zu Leibe rücken.

PLANETEN IM 7. HAUS

☉ 7 *Sonne im 7. Haus*

Die Sonne als unser Ego in dem Haus der Mitmenschen beziehungsweise des Partners oder der Person, mit der wir eng zusammenarbeiten, zeigt eine zweifältige Auswirkung. Einerseits können wir uns erst dann gut verwirklichen, wenn ein tiefes Einvernehmen zu jemandem besteht – wir zum Beispiel verheiratet sind oder mit jemandem zusammenwohnen. Andererseits wirkt unser Ego hier so kräftig, daß es der Beziehung den Stempel aufdrückt. Wir wollen uns im Rahmen der Beziehung zum Ausdruck bringen und zugleich unseren eigenen Weg gehen. Diese Zwiespältigkeit ruft allerlei Probleme hervor, darunter besonders die Frage, bis zu welchem Punkt wir selbst wichtig sind und wo das Gebiet des anderen beginnt. Die Person mit der Sonne im 7. Haus trägt dieses Problem von Natur aus in sich. Sie kann damit Verständnis für die verschiedenen Seiten einer Angelegenheit aufbringen, und ist auch dazu willens, die Dinge von beiden Seiten zu betrachten. Dadurch ist sie jemand, der harmonisierend wirken und einen Ausgleich schaffen kann, was für die Umgebung, nicht aber für ihr Inneres gilt. Die Zusammenarbeit gedeiht in diesem Fall aber nur dann, wenn ein abgegrenztes Gebiet besteht, auf dem sich die Person ihrer Art gemäß geltend machen kann. Dafür wiederum ist nicht unbedingt eine Haltung des Ehrgeizes verantwortlich, sondern vielmehr der Drang, sich zu verwirklichen und Anerkennung zu ernten. Fühlt sich diese Person von anderen akzeptiert, kann man uneingeschränkt auf sie bauen.

Wenn es viele Konflikte rund um das 7. Haus gibt, können mit der Sonne in diesem Haus manchmal extreme Auswirkungen verbunden sein: eine tyrannische Haltung dem Partner gegenüber oder auch die Verbindung mit einem tyrannischen Partner. Das 7. Haus gibt oft Informationen darüber, was wir in einem Partner suchen und was sich davon verwirklicht. Mit der Sonne im 7. Haus suchen wir jemanden, auf den wir bauen können, jemanden mit einem stark entwickelten Ichgefühl. Daß dies zu Konflikten mit unserem eigenen Ichgefühl, welches ebenfalls im 7. Haus Ausdruck findet, führen kann, ist nur zu offensichtlich. Dies erklärt dann auch das Bedürfnis nach (innerlichem) Gleichgewicht, das mit diesem Haus einhergeht.

☾ [7] *Mond im 7. Haus*

Der Mond als Widerspiegelung unseres unbewußten emotionellen Wesens und als Symbol für die Haltung, die wir einnehmen, sobald wir uns unsicher fühlen, hat auf dem Lebensgebiet von Partnerschaft und Zusammenarbeit ein gefühlsmäßiges Bedürfnis nach dem einen oder ganz allgemein nach Menschen zur Folge, besonders dann, wenn wir uns nicht gänzlich sicher fühlen (dann tritt das »Mond-Verhalten« ja besonders stark in den Vordergrund).

Mit dieser Mondstellung suchen wir jemanden, der fürsorglich und vielleicht etwas mütterlich ist, der an unseren Gefühlen teilhat und für den wir auch selbst sorgen können. Wir richten unser Bedürfnis nach Fürsorglichkeit und Aufmerksamkeit dann gern auf den anderen, was unserem eigenen Verhalten Züge der Bemutterung verleihen könnte. Diese Menschen haben das Bedürfnis nach Vertraulichkeit, nach Intimität und Gefühlswärme in den persönlichen Beziehungen. Sie wollen das, was sie haben, mit anderen teilen. Das Teilen aber geschieht auf der Basis von Emotionen und Gefühlen, wodurch sich genauso Veränderungen ergeben können wie bei der Gestalt des Mondes, wie wir ihn am Himmel sehen. Wenn nicht andere Faktoren des Horoskops Gegenteiliges aussagen, dürfte mit dieser Stellung eine sehr emotionelle und gefühlsmäßige Reaktion auf den oder die Mitmenschen verbunden sein. Diese sind manchmal vielleicht »possierlich« und ein anderes Mal eher von unangenehmer, heftiger Art.

Der Mond zeigt an, wie es um unser Anpassungsvermögen bestellt ist. Im 7. Haus läßt er darauf schließen, daß hier keine Schwierigkeiten bestehen, weder in bezug auf den einen Lebenspartner noch auch die Menschen im allgemeinen, mit denen wir es zu tun haben. Was die Zusammenarbeit oder auch gemeinsame Feiern betrifft, hat die Person mit einer solchen Mondstellung keine Probleme, Aufgaben zu übernehmen. Es kann aber sein, daß dies nur eine Maske ist. Hier müssen wir auf den Rest des Horoskops schauen, um zu erkennen, ob tatsächlich innere Flexibilität vorhanden ist oder nicht.

☿ [7] *Merkur im 7. Haus*

Das Bedürfnis zum Analysieren, Einteilen, zum Kommunizieren und Herstellen von Verbindungen kommt hier im 7. Haus in Verbindung mit den Beziehungen zum Ausdruck. Wir können in diesem Falle erkennen, welche diesbezüglichen Erwartungen bestehen. Merkur als Faktor, der den

Verstand und die Logik symbolisiert, hat im 7. Haus sozusagen gern einen Partner, mit dem er reden kann und der logisch und nüchtern auf alles eingeht, was er vorbringt. Er selbst dürfte dem Partner auf die gleiche Weise begegnen, was dann vielleicht nicht gerade romantisch ist, aber doch eine starke intellektuelle Verbindung schaffen kann. Die merkurische Lebendigkeit und Offenheit muß, soll die Partnerschaft Bestand haben, unbedingt zum Ausdruck gebracht werden. Was das Moment der Veränderlichkeit betrifft, ist mit dieser Stellung nicht auszuschließen, daß es auch noch zu einer zweiten Ehe oder immer wieder zum Wechsel des Partners kommt.

Jemand mit Merkur im 7. Haus könnte dazu neigen, den Partner sehr kritisch zu sehen – manchmal *zu* kritisch, was sich in Form von Konfrontationen oder heftigen Konflikten auswirken könnte. Bei noch anderen problematischen Faktoren hinsichtlich des 7. Hauses besteht die Möglichkeit, daß es der betreffende Mensch mit einem nörgelnden oder überkritischen Partner zu tun hat oder daß er selbst ein derartiges Verhalten erkennen läßt. Manchmal symbolisiert diese Merkurstellung einen großen Altersunterschied zum Partner (wahrscheinlich ist der Partner jünger – oder auch unreifer in seinem Verhalten). Mit Merkur im 7. Haus steht das Intellektuelle, das Kritische und das Kommunikative in der oder den Beziehungen an erster Stelle. Damit kann unter Umständen eine mehr oder weniger starke Rastlosigkeit einhergehen.

♀ 7 *Venus im 7. Haus*

Venus als das Bedürfnis nach Schönheit, Harmonie und Gleichgewicht und nach emotioneller und materieller Sicherheit in Beziehungen wirkt sich im 7. Haus auf der Ebene von Beziehungen und Zusammenarbeit harmonisierend und angenehm aus. Es besteht das Bedürfnis, Beziehungen auf eine möglichst angenehme und harmonische Weise verlaufen zu lassen, ohne Trübungen der Stimmung und der Atmosphäre, unter Wahrung der äußerlichen Formen. Insofern neigen diese Menschen dazu, Probleme zu unterdrücken und unter den Teppich zu kehren. Sie fürchten, daß sonst der Zustand des Gleichgewichts erschüttert würde. Mit der Venus an dieser Stelle geht der Mensch sehr diplomatisch vor; er scheut unter allen Umständen davor zurück, den Finger direkt auf den wunden Punkt zu legen. Das läßt erkennen, daß eine solche Person gut mit anderen zusammen leben oder arbeiten kann. Die Kehrseite besteht darin, daß sie nur wenig Initiative zeigen wird, um die unvermeidlich in Erscheinung tretenden Probleme zu lösen. Die Folge davon könnte sein, daß sie sich, um den Frieden zu wahren, nach anderen richtet und damit ihre eigenen Wünsche und Bedürfnisse unterdrückt.

Mit dieser Venusstellung sucht sich der Mensch am liebsten einen ebenfalls freundlichen und diplomatischen Partner, der sich auf gesellschaftlichem Parkett ohne Schwierigkeiten behaupten kann. Deshalb wurde die Venus im 7. Haus traditionell immer als sehr günstig angesehen. Wenn aber auch durch andere Horoskop-Faktoren Probleme angezeigt sind, kann Venus in diesem Haus auch zu negativen Eigenschaften wie Bequemlichkeit, Faulheit oder Oberflächlichkeit beitragen, in Beziehung zum Partner wie zu der eigenen Person.

♂ [7] *Mars im 7. Haus*

Der Geltungsdrang, die Tatkraft, Energie und das Bedürfnis, sich selbst auf der Ebene der Verbindungen und Beziehungen zu beweisen können zu Streit und Konflikten führen, aber auch zu Aktivitäten, bei denen wir den anderen mit einbeziehen. Traditionell gilt dies als eine heikle Stellung für Mars, weil dessen Grobheit und Aggressität das Gleichgewicht des 7. Hauses leicht zerstört, infolge von Meinungsunterschieden, Konflikten und Jähzorn. Dies ist tatsächlich keine besonders günstige Stellung für die Zusammenarbeit, weil die betreffende Person unter allen Umständen selbst die Initiative übernehmen und aktiv sein will, manchmal ohne das Wissen des anderen. Mars in diesem Haus kann jedoch auch bedeuten, daß jemand unwillkürlich einen Partner mit Mars-Qualitäten anzieht, also einen aggressiven, groben oder sehr aktiven und unternehmungslustigen Partner. Zwischen diesen beiden Extremen sind die verschiedensten Abstufungen möglich.

Mars als Symbol des Geltungsdrangs im Haus der Partnerschaft ist keine einfache Stellung. Sobald wir uns mit vollem Einsatz darauf werfen, Dinge mit jemand anderem zusammen zu tun – zum Beispiel zusammenzuwohnen oder zusammenzuleben –, ist das Risiko gegeben, daß wir uns derart intensiv zur Geltung bringen, daß dem anderen kaum noch Raum gelassen wird. Ist der andere auch ein marsgeprägter Mensch (was bei dieser Stellung ohne weiteres der Fall sein könnte), sind womöglich Streitigkeiten die Folge. Solche Streitereien müssen aber nicht auf eine Scheidung hinauslaufen, sie können ebensogut ein reinigendes Element sein, durch das sich die Beziehung ständig erneuert. Es kann sein, daß die Partner einer solchen Beziehung große Stücke voneinander halten. Das Hegen und Pflegen der leidenschaftlichen Zuneigung zum anderen ist dann auch eine besondere Qualität von Mars im 7. Haus.

♃ [7] *Jupiter im 7. Haus*

Der Drang nach Expansion und Fortschritt sowie die religiösen und geistigen Bedürfnisse kommen in diesem Fall in Verbindung mit dem Partner zum Ausdruck. in bezug auf den Partner besteht eine joviale und optimistische Haltung, mit sehr hochgesteckten Erwartungen. Der andere muß hier etwas zu bieten haben, in materieller oder in geistiger Hinsicht. Jupiter als Expansion sucht im 7. Haus Erweiterung beziehungsweise Bereicherung durch den oder mit dem Partner. Das kann sich auf unterschiedliche Weisen auswirken. Vielleicht hat dieser Mensch den Drang nach einem Partner, mit dem er philosophieren und »geistreiche« Gespräche führen kann, vielleicht wartet er auf jemanden, der ihn in höhere Kreise einführt (in den älteren Werken wurde diese Stellung als Chance gesehen, in »bessere Kreise« einzuheiraten). Es könnte hier aber auch das Bedürfnis bestehen, mehr als nur eine Beziehung zu führen – nacheinander oder auch zur gleichen Zeit. Diese Tendenz aber müßte noch durch andere Horoskop-Faktoren gestützt werden.

Mit Jupiter im 7. Haus kann der Mensch für gewöhnlich von dem Partner in jeder Hinsicht profitieren, was sich auch auf das Finanzielle erstrecken kann. Auch was die Zusammenarbeit mit anderen betrifft, ist dies eine günstige Stellung. Andererseits lassen sich bei Konflikten im Horoskop womöglich Probleme konstatieren, die mit Genußsucht, dem Drang zur Verschwendung oder anderem mehr zusammenhängen, entweder *auf Kosten* des Partners oder aber *durch* einen Partner, der verschwenderisch oder genußsüchtig ist.

♄ [7] *Saturn im 7. Haus*

Der Drang nach Begrenzung, Konzentration und Strukturierung konfrontiert uns mit unserem schwachen Punkt, was sich in dem Haus der Mitmenschen auf die Verbindungen bezieht. Zusammenarbeit und Partnerschaft sind insofern heikle Themen. Wir spüren zwar den Drang, eine Struktur zu entwickeln, haben aber zugleich Angst, weil es sich hier um unsere schwache Seite handelt. Das bedeutet, daß wir mit Saturn im 7. Haus oft eine ganze Reihe von Enttäuschungen in der Liebe und der Zusammenarbeit hinnehmen müssen, die ihre Ursache mit in der eigenen reservierten oder verschlossenen Haltung haben. Das muß nun wiederum nicht heißen, daß wir mit einer solchen Saturnposition nicht oder erst spät heiraten könnten. Auch Ehen in sehr jungen Jahren sind in diesem Fall – als Folge von Uberkompensation – sehr wohl möglich, wie auch die Heirat oder Zusammenarbeit mit einem Partner, der viel älter oder reifer ist.

Saturn hat in diesem Haus auch gute Seiten. Ist die Angst einmal in den Hintergrund gedrängt worden, treten die Qualitäten wie Tiefe, Treue, Dauer und Verläßlichkeit hervor. Wir suchen diese Eigenschaften dann im anderen, bringen sie aber auch selbst in der Einstellung zum Partner zum Ausdruck. Oftmals führt dann gerade der Mensch mit Saturn im 7. Haus dauerhafte Beziehungen – allerdings erst, nachdem er einige Enttäuschungen verarbeitet hat.

Saturn im 7. Haus bedeutet immer, daß wir einen Teil der Form und Struktur unserer selbst der Partnerschaft entnehmen. Infolgedessen werden wir in diesem Fall durch den Partner bestimmt beziehungsweise geprägt. Der Mensch mit Saturn im 7. Haus neigt dazu, sich für einen Partner zu entscheiden, der Saturn-Eigenschaften aufweist oder uns zum Beispiel durch eine melancholische oder mürrische Haltung stark beeinflußt. Auch Tyrannei oder Herrschsucht mit Beschränkungen jeder denkbaren Art wären hier anzuführen. All diese Extreme aber können letztendlich zu einer anderen Haltung gegenüber dem (innerlichen) Partner führen, wodurch sie ihrerseits auf die Partnerschaft einwirken und dieser eine neue Struktur verleihen. Die positive Seite dieser Saturnstellung ist dann auch in dem Partner zu sehen, der eine feste Einstellung hat, der genau weiß, was er vom Leben will und der uns auf diese Weise eine Stütze sein kann. Diese Stellung ist also bei weitem nicht so dramatisch, wie viele ältere Deutungswerke uns weismachen wollen.

♅ 7 *Uranus im 7. Haus*

Die Antriebskraft, sich als Individuum zu entwickeln, der Drang nach dem Neuen sowie das Bedürfnis nach Unabhängigkeit und Originalität scheint zunächst einmal nur schwer mit dem 7. Haus – dem Zusammengehen mit jemand anderem – vereinbar zu sein. Aber wenn Uranus hier auch das Bedürfnis nach Freiheit und Unkonventionalität verleiht, ist damit doch nicht ausgeschlossen, daß sich eine feste Beziehung ergibt. Eine Beziehung im konventionellen Sinn wird dies wohl nicht sein, eher das, was wir unter dem Stichwort »moderne Ehe« verstehen, ein Zusammenwohnen mit jemandem, der Liebespartner und Freund zugleich ist. Jemand mit Uranus im 7. Haus wählt auch gern einen unkonventionellen Partner, manchmal bis hin zur Exzentrik oder Provokation. Jedem seine eigene Entwicklung und ein eigenes Leben zuzugestehen und doch viel zusammen zu unternehmen – das ist das Ideal von Uranus im 7. Haus.

Wenn die Verbindung ihm zu eng wird und es keine Bewegungsfreiheit mehr gibt, kann Uranus sich hier nicht entfalten, und es besteht die Möglichkeit, daß seine explosive Seite zum Ausdruck kommt.

Mit Uranus im 7. Haus gibt es in einer Partnerschaft kaum Langeweile, es passiert immer wieder etwas Neues. Diese Stellung kann sehr stimulierend sein, was die Verbindung ´von Freiheit und Verpflichtung betrifft. Womöglich gehen hier sehr viele Impulse zur persönlichen Weiterentwicklung vom Partner aus. Aber auch dann ist damit zu rechnen, daß Uranus von Zeit zu Zeit Spannungen hervorruft. Es handelt sich dabei um einen Horoskop-Faktor, der für Reizbarkeit und nervöse Reaktionen spricht und immer wieder einmal zu übereilten Handlungen Anlaß gibt.

♆ 7 *Neptun im 7. Haus*

Das Element der Verfeinerung und Vervollkommnung sowie das Nebelhafte, das Auflösende und das Transzendierende wirken sich hier auf dem Lebensgebiet von Partnerschaft und Zusammenarbeit aus. Neptun in dieser Stellung kann darauf hinweisen, daß der Partner idealisiert und auf ein Podest gestellt wird, mit der Folge, daß sein wahres Wesen über lange Zeit im dunkeln bleibt. Das ist die Ursache dafür, daß Neptun im 7. Haus als schwierige Stellung für die Ehe gesehen wird. Schließlich folgt auf die Projektion des Guten und »Göttlichen« irgendwann unvermeidlich die Enttäuschung, wodurch sich zu bewahrheiten scheint, daß Neptun Vernebelung und Zersetzung bringt. Menschen mit dieser Stellung sollten unter allen Umständen versuchen, den Partner nicht durch die »rosarote Brille« zu sehen.

Mit dieser Stellung können aber auch andere, weniger frustrierende Erfahrungen einhergehen. Neptun ist ein Planet, der auch für die Verfeinerung und Vervollkommnung der Formen steht und der bei der Stellung im 7. Haus die vollkommene Ehe anstrebt. Geht der Mensch dabei auf illusionäre Weise vor, führt das unweigerlich zu Enttäuschungen; bleibt er aber nahe an der Realität, kann diese Neptunstellung darauf schließen lassen, daß die Ehe nicht auf alltäglichen Werten oder materieller Sicherheit beruht, sondern auf einer spirituellen Verbindung, bei der ein geradezu telepathisch anmutender Kontakt zwischen den Partnern vorhanden sein kann, der sich weit über den Austausch von banalen Mitteilungen erhebt.

Die Person mit Neptun im 7. Haus sucht nach einem neptunischen Partner. Die Neptun-Qualitäten können geistiger Art sein – sich zum Beispiel auf das Spirituelle oder das Metaphysische beziehen –, aber auch für Probleme sorgen, in Form von Sucht, Alkohol, Drogen oder vielleicht auch Untreue. Es kommt hier auf das Horoskop in seiner Gesamtheit und auf das des Partners an. Neptun *kann* hier auf Enttäuschungen schließen lassen, bietet aber auch die Möglichkeit zu einer besonderen Verbindung, die von großer Romantik erfüllt ist.

♇ 7 *Pluto im 7. Haus*

Pluto als der Wille zur Macht und als die Kraft, die verdrängte und verborgene Inhalte nach oben holt, wirkt im 7. Haus mit großem Nachdruck auf alles, was mit den Beziehungen zu tun hat. Dies ist dann das Gebiet, auf dem wir uns der Konfrontation mit uns selbst stellen, ausgehend von den Verbindungen, die zwischen uns und den Menschen in der Umwelt bestehen. Mit Pluto in diesem Haus neigen wir dazu, entweder einen Partner mit deutlichen plutonischen Merkmalen zu wählen – was uns in einen permanenten Machtkampf mit diesem verstricken würde –, oder wir entscheiden uns dafür, selbst die Eigenschaften von Machtstreben und Dominanz zum Ausdruck zu bringen, mit der Auswirkung, daß wir es sind, die dem anderen den Willen aufzwingen und ihn nach unseren Vorstellungen umformen wollen. Zumeist handelt es sich um eine Kombination von beiden Faktoren. Wie dem auch sein mag – vielleicht ist jetzt verständlich, warum Pluto im 7. Haus so häufig zu sehr intensiven Beziehungen führt, zu Verbindungen, in denen die Partner auf intensivste Art aufeinander bezogen sind und nur zu oft einen erbitterten Machtkampf mit dem Gegenüber führen (vielleicht auch im Unbewußten). Manchmal steigt durch eine Beziehung derart viel in uns auf, daß wir über Jahre hinweg damit beschäftigt sind, die Folgen zu verarbeiten.

Durch die Haltung, die wir hier in Hinblick auf den anderen erkennen lassen, werden wir unweigerlich mit unserem eigenen Unbewußten in all seinen Schattierungen konfrontiert. Neben dem Machtkampf und der Manipulation, die für Pluto im 7. Haus typisch sind, können auch Schläge von anderen als Folge des eigenen tyrannischen Verhaltens zu verarbeiten sein. Derartige Konfrontationen werfen den betreffenden Menschen radikal auf sich selbst zurück. Diese Plutostellung steht dann auch für umfassende innerliche Wendungen und Durchbrüche mittels Partnerschafts- oder gemeinschaftlicher Arbeits-Erfahrungen. Verfügt der betreffende Mensch aber über eine gewisse Reife, kann er nach der Verarbeitung derartiger Konflikte intensive Beziehungen führen, in denen sich die tiefgründigen Emotionen sehr positiv auswirken. Und die schwierigen Erfahrungen können im fortgeschrittenen Alter häufig dazu führen, anderen in Beziehungsschwierigkeiten wahrhaften Beistand zu gewähren.

PLANETEN IM 8. HAUS

☉ 8 *Sonne im 8. Haus*

Bei dieser Stellung kommt der Drang nach Entfaltung und Selbstverwirklichung auf dem Lebensgebiet des Verborgenen, des Unbewußten, in bezug auf den Kern der Dinge und den Prozeß von Leben und Tod zum Ausdruck. Die Sonne im 8. Haus entzieht sich insofern mehr oder weniger der Wahrnehmung, nichtsdestotrotz ist sie sehr aktiv und forschend. Äußerlichkeiten interessieren sie nicht, es geht ihr um das, was den Dingen zugrunde liegt. Diese Menschen sind solange aktiv, bis das Unterste zuoberst gekehrt ist, auch dann, wenn sie von falschen Voraussetzungen ausgehen. Das kann die Ursache für ihr »brütendes« Temperament sein. Sie kommen erst dann aus sich heraus, wenn sie finden, daß sie genug in Erfahrung gebracht oder weit genug vorgedrungen sind. Manchmal bleibt lange Zeit im dunkeln, was in ihnen vorgeht, und insofern besitzen sie sogar die Fähigkeit, »Theater« zu spielen. Sie können abweisend und kühl erscheinen, sind aber in Wirklichkeit emotionell intensiv bei der Sache.

Der Mensch mit der Sonne im 8. Haus ist, was die eigene Persönlichkeit wie die Umgebung überhaupt betrifft, andauernd darauf aus, die Motive der Psyche zu ergründen. Es besteht hier von Natur aus ein Interesse an der Psychologie, Psychiatrie und ein deutlich ausgeprägter Drang, zum Verborgenen vorzustoßen, auch in Verbindung mit Parapsychologie oder okkulten Phänomenen und anderem mehr. Konkret manifestiert sich das vielleicht als Interesse an Archäologie oder Tiefseetauchen oder als Arbeit als Chirurg oder was auch immer. Bei all dem sieht sich der betreffende Mensch mit der Vergänglichkeit und dem Ende der Erscheinungen konfrontiert; er erfährt damit den Tod in seinen verschiedenen Facetten. Das kann ihn etwas melancholisch oder zynisch machen, gleichzeitig aber dazu führen, daß er den Tod in seinem Leben überwindet – indem er etwas Wichtiges tut oder etwas Unvergängliches schafft.

Diese Stellung kann einen großen Geltungsdrang bedeuten, nicht nur in Verbindung mit der angestrebten gesellschaftlichen Position, sondern eher noch als Bestätigung des Sieges über sich selbst. Darum wird jemand mit der Sonne im 8. Haus selten zufrieden sein – immer wieder gilt es für ihn, neue Siege zu erringen. Manchmal sind hier Minderwertigkeitsgefühle, die dann überkompensiert werden, Anlaß für die Probleme. Aber die

Schaffenskraft und die Fähigkeit, in die Tiefe zu gehen, können über vieles hinweghelfen. Diese Person hat das Bedürfnis, sich dem, womit sie beschäftigt ist, vollständig zu widmen, gleichsam ihr Leben in dies hineinzulegen. Doch sie wird selten viel darüber erzählen, ein Grund, warum sie manchmal als geheimnisvoll oder als Einzelgänger angesehen wird.

☾ [8] *Mond im 8. Haus*

Unser gefühlsmäßiges Bedürfnis nach Geborgenheit und nach emotioneller Sicherheit hat es im 8. Haus durch die Konfrontation mit dem Verborgenen und Verdrängten schwer. In diesem Fall ist es so, daß wir mit dem Mond bei Gefühlen von emotioneller Bedrohung auf einem Lebensgebiet Sicherheit suchen, das wegen der Konfrontationen gerade zu großer Unsicherheit Anlaß geben kann. Das führt zu großer innerlicher Unruhe, auch wenn davon nach außen hin wenig zu merken ist.

Wie bei der Sonne im 8. Haus besteht auch beim Mond an dieser Stelle ein vielseitiges Interesse für alles, was mit dem Verborgenen und Okkulten zu tun hat, allerdings in Verbindung mit Umständen, die mehr Abhängigkeit bedeuten: Die Sonne in diesem Haus *untersucht* die Erscheinungen, der Mond möchte sie *erleben.* Dadurch kann der Mond im 8. Haus auf eine mediale oder okkulte Veranlagung hindeuten.

Der Mond als Symbol für das, was mit den Gefühlen und Emotionen zusammenhängt, kann in dem 8. Haus bei weiteren problematischen Horoskop-Faktoren die Schlußfolgerung nahelegen, daß sich der betreffende Mensch manchmal von unbeherrschbaren Emotionen überwältigt fühlt. Vielleicht wäre hier in manchen Fällen auch von Hysterie zu sprechen. Solche intensiven Gefühle würden dann womöglich sehr intensiv auf die Außenwelt übertragen werden. Mit ihnen könnte ein facettenreicher Selbstausdruck und ein gutes Ausdrucksvermögen verbunden sein, das sich mehr auf die Haltung und den Körper als auf Worte bezieht. Mimik, Imitation und die »Femme fatale« fallen unter den Mond im 8. Haus.

☿ [8] *Merkur im 8. Haus*

Das Bedürfnis nach Analyse und Erforschung und danach, die Tatsachen zu ordnen und in Zusammenhang zueinander zu bringen, richtet sich im 8. Haus hauptsächlich auf das Verborgene und Verdrängte und den Kern der Dinge. Damit ist dies eine ausgezeichnete Stellung für Forschung im allgemeinen. Merkur, der von Natur aus neugierig und wissensdurstig ist, wird in diesem Fall die verschiedensten Sachverhalte ans Licht bringen wollen. Darum ist dies eine sehr günstige Hausposition, um etwas aufzudecken – ob es hier nun um Detektive, Polizisten oder um Forscher auf dem Gebiet der Physik, Chemie oder der Psychologie oder Psychiatrie geht.

Die Person mit Merkur im 8. Haus fühlt sich von allem fasziniert, was sich unter der Oberfläche verbirgt. Wenn sie erst einmal die Fährte aufgenommen hat, bringt sie ein großes Konzentrationsvermögen und eine starke Zielstrebigkeit zum Ausdruck. Der ansonsten so veränderliche und schnell abgelenkte Merkur wird im 8. Haus zielbewußter und analytischer, er verliert hier die Neigung, sich in der Kommunikation aufzusplittern. Der Mensch mit Merkur im 8. Haus versucht, psychische oder auch ins Unbewußte verdrängte Probleme mit dem Verstand zu begreifen und zu lösen. Bei ansonsten problematischer Stellung kann es aber womöglich dazu kommen, daß der Verstand »durchdreht« und Nervosität oder sogar eine Neurose die Folge sind.

♀ 8 *Venus im 8. Haus*

Unser Bedürfnis nach emotioneller und materieller Sicherheit in Zusammenhang mit den Beziehungen und unser Bedürfnis nach Schönheit und Harmonie kommen im 8. Haus auf eine sehr intensive Weise zum Tragen. Eine solche Person wird in der Beziehung bis zum Kern oder bis zum Äußersten gehen wollen, um herauszufinden, was ihr der Partner bedeutet. Äußerungsmöglichkeiten hiervon sind eine starke ausgeprägte Sinnlichkeit und Sexualität sowie ein damit verwandter künstlerischer Schaffensdrang. Es besteht ein intensives Gefühlsleben und unbewußt sehr hohe Erwartungen an den Partner. Die Venus im 8. Haus ist daran interessiert, die Verbindung zum Partner als unzerstörbare Einheit zu erleben, was eine große Wärme beinhalten kann, aber auch die Gefahr der Eifersucht und einer alles verzehrenden Leidenschaft.

Wenn unser Liebesvermögen auf dem Gebiet von Leben und Tod zum Ausdruck kommt, können diesbezügliche Fragen in der Beziehung eine große Rolle spielen. Das kann – muß aber nicht – auf eine karmische Verbundenheit hindeuten oder vielleicht auf ein Verbrechen aus Leidenschaft oder auf Selbstmord als Folge einer dramatischen oder unerwiderten Liebe. Die intensiven, häufig sexuell geprägten Gefühle des Menschen mit der Venus im 8. Haus sollten wir nicht unterschätzen. Dieser kann, wenn sich Schwierigkeiten bei seinem Selbstausdruck ergeben, versuchen, alles auf Venus-Art zu verdrängen. Das hätte dann vielleicht eine übermäßige

Ausrichtung auf Genuß oder Luxus zur Folge oder möglicherweise auch eine ausgeprägte Trägheit.

♂ 8 *Mars im 8. Haus*

Wenn unser aggressiver Drang nach Selbsterhaltung und unsere Tatkraft und Energie sich auf dem Gebiet von Leben und Tod, auf dem Gebiet des Verdrängten, des Unbewußten und des Verborgenen zu verwirklichen suchen, wird der betreffende Mensch viel Leidenschaft an den Tag legen, wenn er verliebt ist oder etwas erfahren oder erreichen will. Mars kann wie ein Messer durch alles schneiden, was im Verborgenen liegt oder was ausgemerzt werden muß. Darum ist dies zum Beispiel eine günstige Stellung für Chirurgen oder Zahnärzte, bei denen ein solches Ausmerzen konkreter Bestandteil der Tätigkeit ist. Aber auch ein Metzger kann unter Mars im 8. Haus fallen.

In anderer Hinsicht gibt Mars im 8. Haus das Bedürfnis, sich auf »Messers Schneide« zu bewegen und die Grenzen des eigenen Mutes auszuloten. Der Tatendrang ist groß, was bei einer schwierigen Position aber vielleicht in unbeherrschte Betriebsamkeit oder auch in ruchlose, manchmal mitleidlose Handlungen umschlagen kann. Unglücksfälle aus Unachtsamkeit und übertriebenem Wagemut könnten hier die Folge sein.

Wie bei der Venus in diesem Haus kann auch Mars an dieser Stelle auf eine stark ausgeprägte Sinnlichkeit und Sexualität weisen. Der Schöpfungsdrang, der im 8. Haus liegt, richtet sich in Verbindung mit Mars hauptsächlich darauf, sich selbst zu beweisen und die persönliche Kraft und Kompetenz deutlich zum Ausdruck zu bringen.

♃ 8 *Jupiter im 8. Haus*

Das geistige und religiöse Bedürfnis und der Drang nach Erweiterung und Expansion suchen auf dem Gebiet von Leben und Tod, von Verborgenem und Verdrängtem nach Verwirklichung. Jupiter im 8. Haus gibt dem Geborenen das Bedürfnis, seine Probleme hauptsächlich im Licht der Psychologie, der Parapsychologie und des Okkulten zu betrachten. Damit ist dies eine gute Stellung für Psychologen, doch auch für Ärzte, die durch ihre Einsicht in psychische Ursachen von körperlichen Problemen Heilung bringen können.

Das jupiterhaft Expansive kann hier für eine umfassende Perspektive bezüglich der eigenen Probleme und der anderer Leute sorgen. Dieser

Mensch will vom Wunsch aus, die Dinge zu verstehen, alles in einem möglichst großen Zusammenhang sehen. Dadurch entsteht das Vermögen, alles zu relativieren und mit einem wissenden Lächeln zu betrachten. Jupiter weist hier außerdem auf Vertrauen in das Können von anderen hin, was für eine unproblematische Stellung gegenüber Fachleuten wie Ärzten, Psychiatern und anderen mehr stehen kann.

Möglicherweise aber kommt es zu Übertreibungen. In dem Fall »bläst« sich dieser Mensch so auf, daß jegliches Gefühl für Proportionen verloren geht. Dies steht dann meistens auch mit übertriebenen Ansprüchen an das Leben in Verbindung. Zumeist aber bedeutet Jupiter im 8. Haus eine große Gemütsruhe und viel Zuversicht, die eigenen Probleme lösen zu können. Diese Person scheut sich nicht davor zurück, ihre Probleme genau unter die Lupe zu nehmen. So ist dies dann keine Stellung, die für ausgeprägte Neurosen spricht. Es könnte manchmal nur so sein, daß sich der betreffende Mensch seinen Problemen gegenüber *allzu* ruhig verhält. Wir sehen dann jemanden vor uns, der zwar auf seine Fähigkeit vertraut, die tieferen Schichten des Lebens zu ergründen, ohne aber jemals von seinen Gaben wirklich Gebrauch zu machen. Damit würde er die im Verborgenen liegenden Reichtümer des Lebens verkennen, vielleicht in Verbindung damit, daß er nur konkrete Besitztümer als wichtig erachtet.

♄ [8] *Saturn im 8. Haus*

Wenn die Antriebskraft zur Entwicklung des Egos, zur Ausbildung der Identität und dem Erfahren und Akzeptieren unserer Grenzen sich auf dem Gebiet von Leben und Tod sowie im Verborgenen und Verdrängten äußert, wird der Betreffende hier nachdrücklich seine eigene Verletzlichkeit erleben. Er muß versuchen, die saturnischen Hindernisse und Blockaden zu besiegen und dadurch Mut zum Leben zu beweisen. Das 8. Haus verlangt Hingabe, und um voranzukommen, muß sich der Mensch hier quasi auf des Messers Schneide bewegen. Und das ist etwas, zu dem der bewahrende Saturn meist erst nach heftigen inneren Kämpfen in der Lage ist. Es fällt ihm schwer, sich hinzugeben, sowohl in der Sexualität als auch im Leben überhaupt. Dadurch macht er häufig einen ziemlich kühlen, schwermütigen oder melancholischen Eindruck.

Der Mensch mit Saturn im 8. Haus schiebt häufig seine eigenen Probleme und Komplexe vor sich her. Es ist nicht so, daß er sich nicht traut, mit der Arbeit zu beginnen (wenn er erst einmal an seinen Problemen zu arbeiten beginnt, geschieht das gründlich und mit großer Zähigkeit). Saturn im 8. Haus hat aber oft Schwierigkeiten zu erkennen, worin seine

Probleme wirklich bestehen. Seine tiefverwurzelte Unsicherheit bezüglich des Teilens von (sexuellen) Gefühlen mit einem anderen projiziert er nämlich nur allzu schnell nach außen, um so stärker, je deutlicher der Drang zum Überkompensieren ausgeprägt ist. Konfrontationen und schwierige Erfahrungen – manche von ihnen heftig, andere eher subtil – bleiben mit dieser Stellung nicht aus. In der Überkompensation könnte der Mensch mit Saturn im 8. Haus sogar so weit gehen, daß er als Lebenskünstler oder Don Juan durch die Welt schreitet. Doch von innen her ist er einsam und die überkompensierende Haltung bloß eine Maske.

Jemand mit dieser Planetenstellung fühlt sich verletzlich und unsicher, was das Genießen des Lebens, die Hingabe an das Leben und an die Mitmenschen und das Teilen betrifft (Teilen bezieht sich dabei nicht nur auf konkrete Besitztümer). Die Haltung der Abwehr oder der Überkompensation führen diese Person dabei mittels Konfrontationen nur näher an den eigenen Kern heran, der so unerreichbar fern erscheint.

♅ 8 *Uranus im 8. Haus*

Der Drang nach Unabhängigkeit und Originalität und das Bedürfnis, Formen und Grenzen zu durchbrechen, können auf dem Gebiet des 8. Hauses für den Wunsch stehen, sich auf originelle Weise auf das Verborgene im allgemeinen und die eigenen Probleme im besonderen zu beziehen. Uranus im 8. Haus ist in der Lage, schwierige, befremdliche, untergründige oder unlösbar scheinende Fragen auf unorthodoxe und überraschende Art zu beantworten, mit viel Intuition und blitzartigen Eingebungen. Damit ist dies eine gute Stellung für kreative Forschungen, also für Wissenschaftler und Erfinder sowie für (Para-)Psychologen, Okkultisten, Astrologen, Kartenleger und andere mehr. Die Hintergründe, der Kern und das Wesen der Menschen und Situationen können mit Hilfe von Uranus im 8. Haus gut ergründet und verstanden werden.

Das Sprunghafte des Uranus kann sowohl zu plötzlichen psychologischen Einsichten führen als auch zum unvermittelten Zusammenbruch als Folge von Spannungen. Wenn eine solche Person Spannungen und Probleme verdrängt, wird sie unweigerlich immer wieder unerwartet mit ihnen konfrontiert. Dieser fortwährende psychische Zustand der Anspannung kann eine große Nervosität zur Folge haben. Das Plötzliche kann sich zum Beispiel auch in Form von Unglücken oder Explosionen zeigen (dafür aber müßten noch andere Faktoren des Horoskops in die gleiche Richtung weisen). Innerliche Angespanntheit und uranische intuitive Klarheit sind gleichermaßen mit dieser Stellung verbunden.

♆ 8 *Neptun im 8. Haus*

Die Fähigkeit zur Verfeinerung, Idealisierung und Transzendierung sowie unser Wunsch nach dem Vollkommenen, aber auch das Moment des Nebelhaften kommen auf dem Lebensgebiet von Leben und Tod und dem innersten Wesen der Dinge auf eine etwas ungreifbare, aber doch inspirierende Weise zum Ausdruck. Neptun an dieser Stelle könnte auf ein reiches, aber etwas unpersönliches Gefühlserleben hinweisen. Vielleicht gibt es dabei eine Verbindung zu Musik oder Kunst überhaupt – sowohl im schöpferischen (Komponieren, Malen) als auch im ausführenden Sinn (ein Instrument spielen). Auf diese Weise könnte sich der betreffende Mensch die tiefen Expressionen, die mit dieser Neptunstellung verbunden sind, zugänglich machen.

Neptun kann in diesem Haus durch (Tag-)Träume sowie durch Phantasie ganz allgemein zu den tieferen Schichten des Unbewußten vordringen und dadurch verborgene Probleme ans Licht holen. Die Sprache aber, die Neptun spricht, ist eine Bildsprache, die vom Bewußtsein durchaus nicht immer verstanden wird. Deshalb kann Neptun im 8. Haus uns ebensogut von unseren wahren Problemen ablenken, uns zur Flucht verführen oder uns in eine unwirkliche, vielleicht okkulte Welt abgleiten lassen. Letzteres bedeutet womöglich, daß der Mensch mit Neptun im 8. Haus an obskure Sekten gerät, obwohl er von seinem Potential die geistigen und spirituellen Quellen des Lebens erkennen könnte. Im anderen Fall aber kann, wenn mehrere Faktoren des Horoskops darauf hinweisen, eine solche Person sich vielleicht durch hellseherische Gaben oder prophetische Einsichten auszeichnen.

♇ 8 *Pluto im 8. Haus*

Pluto als der Wille zur Macht und Umwandlung der Formen sowie als der Drang, das Verborgene nach oben zu holen, kann sich in dem Haus, das ebenfalls mit dem Verborgenen, dem Verdrängten und der Umwandlung zu tun hat, optimal entfalten. Diese Stellung weist dann auch auf jemanden hin, der in Extreme verfallen kann. Mit ihm ist das 8. Haus das Gebiet, wo der Mensch sich mit sich selbst konfrontiert sieht, was nicht einfach ist, da dieses Haus für genau das steht, was wir eigentlich lieber nicht bewußt wissen wollen. Pluto läßt das Verdrängte unerbittlich aufsteigen, wodurch jemand mit dieser Plutostellung bei aller Gegenwehr sehr unsicher werden kann. Diese Gegenwehr ist der Grund dafür, daß Menschen mit Pluto im 8. Haus oft so sehr von sich selbst überzeugt, so hart, so unerbittlich und so zwanghaft auf »ihr« Recht bedacht sind. Sie streben damit weniger weltliche Macht an als vielmehr Macht über sich selbst und das Leben. Fragen über Leben und Tod können Pluto im 8. Haus sehr ausführlich beschäftigen.

Die andere Seite von Pluto im 8. Haus ist die Konfrontation mit den eigenen verborgenen Gaben und Talenten, die auch im persönlichen Unbewußten verborgen sind. Pluto kann eine enorme Konzentration auf die Dinge, die ihn berühren und beseelen, aufbringen, wodurch er bis in die abgelegensten Tiefen vordringen kann. Damit besteht ein ausgeprägtes Vermögen, Spuren nachzugehen und zu forschen, bis hin zu Vorgängen, die ins Unsichtbare reichen. Pluto im 8. Haus ist auch eine Stellung, die zu übernatürlichen Begabungen beitragen kann.

Es handelt sich aber auch um eine Planetenposition, die dem Geborenen kaum Ruhe gönnt. In ihm besteht damit eine große Anspannung und eine suchende Unruhe, geboren aus den Konfrontationen, denen sich diese Person ständig gegenübersieht. Daraus kann eine tiefe Menschenkenntnis erwachsen, als überkompensierende Abwehrhaltung aber auch Grausamkeit oder eine erbarmungslose Durchsetzung der eigenen Interessen.

PLANETEN IM 9. HAUS

☉ [9] *Sonne im 9. Haus*

Die Antriebskraft, uns selbst zu verwirklichen und wir selbst zu sein, und unser Ego kommen auf dem Lebensgebiet der Expansion und Weiterentwicklung zum Ausdruck – auf dem Lebensgebiet, das unser Bedürfnis widerspiegelt, den Horizont zu erweitern. Diese Stellung bezieht sich darum häufig auf den Gedanken des Reisens. Das kann ein Reisen im engeren Sinne bedeuten – also den Gang ins Ausland –, genausogut aber um »Reisen im Geiste«, also um Studien, die die Erweiterung des geistigen Horizonts zur Folge haben. Das ist der Grund dafür, daß Menschen mit dieser Stellung so häufig studieren oder so oft mit weltanschaulichen Fragen beschäftigt sind. Von Wichtigkeit ist hauptsächlich der *innerliche* Aspekt, die *äußerlichen* Facetten des Studiums und des Reisens sind für die Sonne im 9. Haus nebensächlich. Faktisch ist dieser Mensch auf der Suche nach der Synthese seines Wissens, nach dem roten Faden, der alle Dinge in ihrer Unterschiedlichkeit miteinander verbindet, und damit nach dem allumfassenden Sinn. Darum auch ist sein Wesen auf die Zukunft mit ihren ständig neuen Möglichkeiten gerichtet, was zu bestimmten Erwartungen und seiner grundsätzlich optimistischen Haltung führt.

Je älter dieser Mensch wird, desto toleranter zeigt er sich: Er hat dann schließlich schon soviel gesehen und sich mit vielen verschiedenen Meinungen beschäftigt. Auch ist ihm eine gewisse religiöse Einstellung (nicht kirchlicher Art!) zu eigen. Wenn aber die Sonne im 9. Haus problematisch gestellt ist, wird diese Person aus der Neigung heraus, für ihre Ansichten aktiv zu werden, anderen mit ihren Meinungen und Urteilen kaum Raum geben. Von Toleranz kann dann keine Rede mehr sein.

☾ 9 *Mond im 9. Haus*

Wenn das unbewußte emotionelle Verhalten auf die Erweiterung des Horizonts gerichtet ist, wird sich der Betreffende sehr von fremden Horizonten angezogen fühlen, unabhängig davon, ob sich dies auf die buchstäbliche Auswirkung (Reisen) oder die übertragene bezieht (Lesen, Studieren). Der Mond – auch als die Haltung, in die wir verfallen, wenn wir uns unsicher fühlen – bewirkt in diesem Fall ein tiefes Bedürfnis nach Expansion, Studium, Reisen und nach philosophischen oder lebensanschaulichen Erörterungen, vor allem aus dem Bestreben heraus, eine Synthese zu erzielen und einen Sinn in den Dingen zu erfahren. Die unbewußte, gefühlsmäßige Haltung ist hier auf die Zukunft gerichtet, da dieser Mensch vieles in der Ferne liegen sieht. Mit der sehr emotionellen Färbung aber (Mond) kommt es dazu, daß diese Möglichkeiten nicht objektiv genug betrachtet werden. Wie dem auch sein mag: Umfassende Zukunftsphantasien spielen hier eine große Rolle.

Das Wechselhafte des Mondes kann dazu führen, daß der betreffende Mensch mehr als derjenige mit der Sonne im 9. Haus in seinen Ansichten schwankt. Nichtsdestotrotz ist auch hier das ausgeprägte Bedürfnis vorhanden, das persönliche Blickfeld zu erweitern und die persönliche Weiterentwicklung voranzutreiben. Mit dieser Stellung ist wahrscheinlich auch der Wunsch verbunden, auf Reisen zu gehen und andere Völker und Kulturen kennenzulernen. Was das Lernen betrifft, dürfte in diesem Fall wegen der Beweglichkeit des Mondes ein rasches Auffassungsvermögen vorhanden sein, insbesondere bei solchen Themen, zu denen ein gefühlsmäßiger Zugang besteht. Wie bei den meisten anderen Mondstellungen auch kommt es aber darauf an, daß von außen her ein Anreiz einwirkt. Erst durch diese Stimulierung entfaltet der Mensch mit dem Mond im 9. Haus tatsächlich all seine diesbezüglichen Kapazitäten.

☿ [9] *Merkur im 9. Haus*

Das Vermögen zum Ordnen und Einteilen, Analysieren und Herstellen von Verbindungen, zum Überdenken und zum Austauschen wirkt sich in diesem auf Synthese, Expansion und Erweiterung gerichteten Haus sehr aktiv aus. Das Vorstellungsvermögen ist hier gut entwickelt, es besteht das Bedürfnis, so viele Verbindungen wie nur möglich herzustellen und vielerlei Zusammenhänge zu erkennen, vom Wunsch aus, den eigenen geistigen Horizont zu erweitern und die angestrebte Synthese zu finden. Das kann wiederum die Lust zu reisen zur Folge haben beziehungsweise das Bedürfnis, auf Reisen Wissen zu sammeln. Die Reiselust könnte sich aber auch lediglich darauf richten, *geistig* niemals stillzustehen. Wie auch immer – diese Menschen trachten danach, beim Reisen, Lesen und Lernen viel in Erfahrung zu bringen, wobei sie das Wissen nach bestimmten Zusammenhängen sortieren, auf eine so objektive Weise wie nur möglich. Dabei geht die subjektive Bezogenheit zu den Themen manchmal verloren. Auch kann es hier bei einer ansonsten schwierigen Merkurstellung dazu kommen, daß der Mensch zu sehr auf Details erpicht ist oder sich als »Besserwisser« zu profilieren versucht.

Das Moment des Expansiven, das mit dem 9. Haus in Verbindung steht, könnte vielleicht zur Folge haben, daß dieser Mensch seine Erkenntnisse mittels des gesprochenen oder geschriebenen Wortes anderen mitzuteilen versucht. Insofern ist dies eine günstige Stellung für Publikationen auf dem Gebiet des Lernens, der Pädagogik, der Religion, der Lebensanschauungen im weitesten Sinn, der Philosophie und so weiter. Merkur im 9. Haus kann aber auch einen ruhelosen Geist anzeigen, der ununterbrochen auf geradezu unersättliche Weise auf der Suche nach mehr Zusammenhängen ist. Kennzeichnend für ihn ist auch eine deutliche Ausrichtung auf die Zukunft.

♀ [9] *Venus im 9. Haus*

Das Bedürfnis nach emotioneller und materieller Sicherheit, nach Gleichgewicht und Harmonie, Schönheit und Wärme steht im 9. Haus vor allem für den Drang, sich auch in den Beziehungen auf eine expansive Weise mit lebensanschaulichen Fragen zu beschäftigen. Die Logik steht hierbei im Hintergrund – es geht Venus im 9. Haus hauptsächlich darum, ob die Ideen und Theorien Harmonie ausstrahlen und ob sie eventuell brauchbar dafür sind, gegensätzliche Standpunkte im Sinne einer übergeordneten Synthese miteinander zu versöhnen. Harmonie ist in diesem Fall ganz allgemein das Kriterium beim Vereinigen von Theorien zu einem Gesamtbild.

Der Mensch mit der Venus im 9. Haus zeigt sich für gewöhnlich tolerant in Hinblick auf andere Meinungen, Gewohnheiten und Auffassungen, vorausgesetzt, daß dabei Verständnis, Harmonie und Aufgeschlossenheit zum Ausdruck kommen. Beim Lernen beweist er nicht gerade großes Durchhaltevermögen (es sei denn, daß andere Horoskop-Faktoren auf das Gegenteil hindeuten). Venus im 9. Haus bezieht sich in erster Linie darauf, daß die äußerlichen Manifestationsformen in Erscheinung treten: Reisen und das »Herumziehen«. Das Bedürfnis nach Harmonie kann jemanden mit der Venus in diesem Haus dazu treiben, nacheinander in den verschiedensten Situationen Befriedigung zu suchen. Dadurch kann er sein alltägliches Leben relativieren und es in einer breiteren Perspektive sehen.

♂ 9 *Mars im 9. Haus*

Für Mars als Tatkraft, Energie, Geltungsdrang und Aggressivität gibt es auf dem Lebensgebiet der Expansion und der Lebensanschauungen vielerlei Entfaltungsmöglichkeiten. Der Mensch mit Mars im 9. Haus ist ein eifriger und energischer Weltverbesserer, der seine Meinung nicht für sich behält. Auf der Suche nach Zusammenhängen und der Synthese der Dinge ist er nicht nur wißbegierig, sondern auch darum bemüht, sein Wissen an andere weiterzugeben. Dabei kann es aber auch ziemlich schnell zu einer besserwisserischen oder belehrenden Einstellung kommen, weil Mars immer auch für den Drang, sich anderen gegenüber zu beweisen und zu behaupten spricht. Denkbar wäre in diesem Fall, daß die entschiedene Verkündung von Ansichten und Meinungen nicht immer auf große Gegenliebe stößt.

Diese Personen können bei Diskussionen sehr geistreich und schlagfertig reagieren, es manchmal aber mit ihrer Kampfeslust oder ihrem Sarkasmus zu weit treiben. Das Bedürfnis nach Raum und Freiheit ist bei Mars in diesem Haus groß. Das kann sogar in wortwörtlicher Auswirkung bedeuten, daß sich der betreffende Mensch im Ausland hervortun möchte oder sinngemäß auf dem Gebiet, das mit unseren Lebensanschauungen zusammenhängt. Wie dem auch sein mag – der Mensch mit dieser Stellung kann viele Verbesserungen zustandebringen, muß aber sehr darauf aufpassen, daß er nicht durch seinen ausgeprägten Geltungsdrang oder durch Übertreibung sich selbst nachhaltig schadet.

♃ [9] *Jupiter im 9. Haus*

Jupiter als unser Bedürfnis nach Expansion und Fortschritt, nach Ausbreitung und nach geistigen und religiösen Erfahrungen kann in seinem »eigenen« Haus besonders gut zum Ausdruck kommen. Das hat häufig zur Folge, daß solche Personen ein Auge für die Zusammenhänge, für Hintergründe und für den roten Faden haben. Das kann eine große Toleranz bedeuten, was wiederum heißt, daß dies eine ausgezeichnete Stellung für jeden ist, der mit Rechtsprechung und mit geistigen, lebensanschaulichen oder metaphysischen Themen zu tun hat.

Das Bedürfnis, alles – auch sich selbst – in einem größeren und umfassenderen Rahmen zu erfahren, bringt konkret eine Vorliebe für Reisen und für das Studium der Welt in allen möglichen Aspekten. Im übertragenen Sinn bedeutet dies die Erweiterung des geistigen Horizonts, das Suchen nach einer Synthese und einer eigenen Wahrheit. Weil Jupiter andere gern an seinem Wissen teilhaben läßt, ist dies auch eine ausgezeichnete Stellung für das Unterrichten. Gibt es Probleme in Verbindung mit der Jupiterstellung, kann es aber in Verbindung mit dem Expansionsdrang zu Übertreibungen kommen, zu Angeberei, Arroganz und ganz allgemein zu der Neigung, zuviel des Guten zu tun. Es besteht dann auch die Tendenz, intolerant zu urteilen oder vorschnell zu reagieren.

♄ [9] *Saturn im 9. Haus*

Der Drang, das Ego abzugrenzen und eine Struktur zu errichten, kommen in diesem Fall auf dem Gebiet zum Ausdruck, das mit der Erweiterung des Horizonts zu tun hat, sowohl in geistiger als auch in materieller Hinsicht. Der Mensch mit Saturn in diesem Haus hat die Neigung, alles erst gründlich zu überdenken, bevor er zu einem Urteil kommt. Er hat Schwierigkeiten, den roten Faden und die übergeordneten Zusammenhänge zu erkennen, was der Grund der Vorsicht bei seiner Meinungsformung und -äußerung ist. Manchmal ist es einfach auch so, daß er in seiner Ausrichtung auf das Konkrete einfach Angst davor hat, gegen den Status quo vorzugehen und neue Wege einzuschlagen. Er zieht es dann vor, bei seinen Lieblingsthemen zu bleiben, von denen ihn dann nichts und niemand abbringen kann. Das könnte dann zum krampfhaften Vertreten einer bestimmten Meinung führen oder zum engstirnigen oder fanatischen Anklammern an einen bestimmten Glauben. Dadurch entgehen ihm jedoch das tiefere Erleben und der umfassendere Sinn, die er eigentlich sucht. Anstatt den Blick zu erweitern – in Übereinstimmung mit dem 9. Haus –, wird dieser eingeschränkt und nur auf einen Punkt gerichtet. Anderen Meinungen begegnet der Mensch dann mit großem Mißtrauen oder offener Ablehnung.

Saturn im 9. Haus ist jedoch eine gute Stellung, um allerlei hohe Ideale, Utopien und ähnliches mehr auf ihren praktischen Wert zu überprüfen (da Saturn das Bedürfnis nach konkreten Ergebnissen hat). Der Mensch, der mit dieser Saturnstellung in der Forschung zu tun hat, wird dann auch immer ein konkretes oder nützliches Ziel vor Auge stehen. Mit Saturn werden sich hier auf die Dauer auch bestimmt derartige Einsichten ergeben. In solcher Situation kann die Konzentration auf einen einzigen Punkt sogar von Vorteil sein.

♅ 9 *Uranus im 9. Haus*

Der Drang nach Ursprünglichkeit, dem Überschreiten von Grenzen und Erneuerung gibt in dem Haus der Erweiterung des Horizonts auf geistiger Ebene viele intuitive, erneuernde und originelle Ideen. Dadurch ist dies eine Stellung, die wir bei Erfindern, originellen Denkern und vielen Menschen mit einem ungewöhnlichen und inspirierten Lebenswandel antreffen können. Sie bedeutet allerdings kein gemächliches Leben. Uranus steht für Anspannung und für »elektrische« Ladung. Das führt im 9. Haus (Expansion) zu einem ruhelosen und angespannten Denken, zu einer – meist ungerichteten – Orientierung auf neue und zukünftige Möglichkeiten. Mit anderen Worten: Uranus im 9. Haus ist auf potentielle Möglichkeiten und die Zukunft *im allgemeinen* gerichtet, nicht auf besondere Punkte beziehungsweise Einzelthemen davon. Dabei ist er sehr intuitiv, wodurch er nicht selten verborgene Zusammenhänge erkennt. Eine bemerkenswert schnelle Auffassungsgabe ist ein weiteres Charakteristikum.

Wenn Uranus hier problematisch gestellt ist, könnte der Mensch aber seine Probleme damit haben, sich eine sorgfältig fundierte Meinung zu bilden. Die Meinungsbildung erfolgt hier »im Handumdrehen«, meist ohne großes Abwägen, was unter Umständen zu Streitereien oder anderen negativen Folgen führen könnte. Wie dem auch sein mag – gegenüber der Religion und Metaphysik weist diese Person eine unorthodoxe und stimulierende Einstellung auf. Unbelastet von den Regeln religiöser Institutionen kann er das Universell-Menschliche aller Formen der Religion erfahren. Das, was jeder in dieser Hinsicht für sich allein erlebt, zieht ihn mehr an als die allgemeinen religiösen Formen. Dogmen verabscheut er.

♆ 9 *Neptun im 9. Haus*

Der Drang nach Verfeinerung, Vervollkommnung, Loslösung, aber auch die Tendenz zum Nebelhaften in dem Haus, das für die Erweiterung unseres Horizonts steht, bedeutet, daß es dem Menschen nicht reicht, ins Ausland zu reisen. Vielmehr kommt es ihm darauf an, mit Strömungen und Ideen auf dem Gebiet der Religion und Metaphysik in Kontakt zu sein. Dafür hat er eine Neigung, in den verschiedenen Religionen und Haltungen erfährt er eine Art universelle Einheit in den verschiedenen Formen der Manifestation. Neptun in diesem auf Wahrheit ausgerichteten Haus steht für den Idealisten, für denjenigen, der die Wirklichkeit schöner machen will, als sie ist. Diese Person weilt in Gedanken gern bei fernen Vorstellungen. Was die praktische und konkrete Ausarbeitung ihrer Ideale betrifft, kommt es sehr darauf an, daß andere Horoskop-Faktoren hier Unterstützung gewähren. Neptun allein kann diese Realisierung nicht leisten – was der Grund dafür ist, daß wir für diese Stellung des öfteren Deutungen wie »unpraktischer Träumer« oder anderes mehr finden.

Mit Neptun im 9. Haus ist der Mensch darauf aus, die Welt in ihrer Gesamtheit zu erfassen, also einen Sinn zu finden, der über sein eigenes kleines Ego weit hinausgeht. Der Wunsch nach dieser Erfahrung treibt ihn an, meistens von seiner Vorstellung der Einheit oder seinem religiösen Gefühl ausgehend. Eine ansonsten schwierige Stellung kann etwas Schwärmerisches oder gar Fanatisches zur Folge haben. Dann läuft diese Person Gefahr, sich von dem vermeintlichen Gefühl der Einheit überwältigen zu lassen. Besonders in diesem Haus ist das heikel, weil es auf die Bewußtwerdung und die Erweiterung des Bewußtseins zielt. Ein chaotisches Beurteilungsvermögen kann die Folge hiervon sein. Bei sonst guter Stellung aber sehen wir einen Menschen vor uns, der nicht konkret erkennbare Zusammenhänge wahrnehmen kann. Diese können als Ausgangspunkt einer Lebensvision dienen, die anderen manchmal nur schwer zu vermitteln ist.

♇ 9 *Pluto im 9. Haus*

Der Wille zur Macht und Umwandlung, durch den das Unterste zuoberst gekehrt wird, verleiht in dem Haus, in dem es um die Erweiterung des

Horizonts geht, das starke Bedürfnis, über den Tellerrand der eigenen Bedürfnisse hinauszuschauen. Das kann den Drang verleihen, sich beständig weiterzuentwickeln, genausogut aber die Neigung, sich in alles mögliche einzumischen. Es kann bei dieser Stellung zu Spannungen kommen, die den Geborenen mit sich selbst konfrontieren. Ihre Ursache haben die Probleme dabei in dem Bedürfnis nach Macht, wie es zum Beispiel in Verbindung mit einem Studium oder der öffentlichen Propagierung einer Idee oder Vorstellung zum Ausdruck kommen könnte. Mit Pluto in diesem Haus sind ohne Zweifel ausgeprägt demagogische Qualitäten verbunden. Dieser Mensch kann seine Sichtweise anderen sehr überzeugend darlegen oder auch aufzwingen. In seinem Bedürfnis, anderen die seiner Überzeugung nach beste Lebensform zu erläutern (um nicht zu sagen: aufzudrängen), bringt er diejenigen, denen er eigentlich helfen möchte, gegen sich auf. Insofern weist diese Planetenposition des öfteren auf Meinungsverschiedenheiten oder Auseinandersetzungen auf dem Gebiet der allgemeinen Lebensanschauungen hin.

Pluto im Haus des Lernens aber kann sich auch von einer anderen Seite zeigen. Die betreffende Person ist in einem außerordentlich starken Maße daran interessiert, wie alles zusammenhängt und was der verbindende rote Faden ist. Das bedeutet eine große Eignung für Studien, die Tiefgang mit Vielseitigkeit vereinigen. Der Aspekt der Weiterentwicklung spielt in diesem Haus bekanntermaßen eine wichtige Rolle, so daß es dem Geborenen auch wichtig ist, sein Wissen praktisch anzuwenden. Reklame, Psychologie und Politik sind unter anderem die Gebiete, auf denen Pluto im 9. Haus seine Einsichten, seinen Drang nach Macht sowie seinen Wunsch, andere zu überzeugen beziehungsweise herauszufordern, zum Ausdruck bringen kann.

PLANETEN IM 10. HAUS

☉ [10] *Sonne im 10. Haus*

Wenn der Drang nach Selbstverwirklichung und Selbstausdruck sich auf das Haus der persönlichen Abgrenzung bezieht, auf die sozial-gesellschaftliche Position und auf Strukturen und Hierarchien, haben wir das Bedürfnis, ein markantes und festumrissenes Bild von uns selbst zu erschaffen, das uns zu einer bestimmten Stellung in der Gesellschaft verhelfen soll. Insofern ist die Sonne im 10. Haus ein Hinweis darauf, daß der Mensch durch seine Arbeit gesellschaftlich aufsteigt, vom Bedürfnis aus, sich in einer Position zu entfalten, die Status, Ansehen oder Ehre verleiht.

Das 10. Haus steht für den Bereich, in dem wir uns abgegrenzt von anderen erleben. Mit der Sonne in diesem Haus ist verbunden, daß der Mensch sich gemäß seiner persönlichen Ansichten selbst seine Autorität ist, daß er über sich selbst bestimmen und sein Leben selbst strukturieren will. Bezüglich der allgemeinen Normen und Strukturen strebt er nach einer Position, die ihm eine gewisse Identität verleiht und mit der er strukturierend auf andere wirken kann. Diese Ausrichtung führt dann tatsächlich oft zu gesellschaftlichen Erfolgen – durch eine Art natürlicher Überlegenheit, die nach außen hin deutlich zum Ausdruck kommt (unter der Voraussetzung, daß der Rest des Horoskops nichts anderes anzeigt). Die Sonne im 10. Haus deutet auch auf diszipliniertes Arbeiten hin sowie darauf, daß die Person auf einem bestimmten Gebiet danach strebt, eine anerkannte Autorität darzustellen. Politische Ambitionen und der Drang, andere anzuführen – also die Gesellschaft zu strukturieren – sind ein für diese Stellung typisches Bedürfnis. Für gewöhnlich besteht hier auch ein starkes Bild von der eigenen Person, das nach außen hin deutlich zum Ausdruck kommt.

Bei einer schwierigen Stellung kann die Sonne im 10. Haus auf sehr ehrgeizige Ziele weisen, manchmal in Verbindung mit einem arroganten oder tyrannischen Verhalten. Wenn der Rest des Horoskops aber auf Identitätsprobleme schließen läßt, könnte eine solche Person auch sehr mit der Frage beschäftigt sein, wer sie eigentlich ist und was von ihr erwartet wird.

☾ [10] *Mond im 10. Haus*

Wenn der Mond als unser Bedürfnis nach gefühlsmäßiger Sicherheit in dem Haus der Abgrenzung unserer selbst und der gesellschaftlichen Stellung steht, neigen wir in Situation der Unsicherheit dazu, uns auf eine gesellschaftliche Funktion zu beziehen, von der wir uns Anerkennung und Bestätigung erhoffen. Mit dieser Mondstellung fühlt sich der Mensch dann am wohlsten, wenn er eine gesellschaftlich wertvolle Position bekleidet und Ansehen genießt. Der Mond bedeutet aber Unbeständigkeit, so daß es ein Trugschluß wäre, hier von Stabilität zu sprechen. Das Ich-Bild, das der Mensch mit dem Mond im 10. Haus hat, könnte – mit allen dazugehörigen Erwartungsmustern und Ansichten – immer wieder umfassenden Veränderungen unterworfen sein. Verantwortlich dafür ist insbesondere der Kontakt zu den vielen Menschen (hauptsächlich Frauen – der Mond!). Als Folge dieses Sachverhalts konnte es dazu kommen, daß derjenige mit dem Mond in diesem Haus häufig die Stellung wechselt, bevor er die Arbeit findet, in der er sich selbst vollkommen wiederfindet.

Für Menschen, die berufsbedingt viele Kontakte haben, kann der Mond im 10. Haus anregend sein. Diese Stellung verleiht nach außen hin Wärme und Sensibilität. Ist der Mond aber verletzt oder wirken problematische Horoskop-Faktoren auf ihn ein, könnte eine emotionelle Unbeständigkeit, Launenhaftigkeit oder Entscheidungsschwäche die Folge sein.

☿ [10] *Merkur im 10. Haus*

Wenn das Bedürfnis zum Analysieren und Ordnen, Denken, Austauschen und Kommunizieren sich auf dem Gebiet des Absteckens der eigenen Identität und dem Anstreben einer gesellschaftlichen Position äußert, haben wir es wahrscheinlich mit einem Menschen zu tun, der viele Kontakte haben möchte, insbesondere in Zusammenhang mit der beruflichen Tätigkeit. Es steht zu vermuten, daß die betreffenden Begegnungen überwiegend von kurzer Dauer und von intellektueller Natur sind. Merkur im 10. Haus ist versessen darauf, allerlei Informationen und Wissen zu erlangen, ob dies nun mit dem Beruf in Verbindung steht oder nicht.

Das Sammeln und Verarbeiten von Eindrücken dient in diesem Fall der Persönlichkeitsformung. Das macht den betreffenden Menschen gewandt, praktisch und schnell, was die Arbeit und die gesellschaftliche Position betrifft. Sowohl Forschung und wissenschaftliche Arbeit als auch Handel, Verkehr, Schreiben und Journalismus und anderes mehr gehören hier zu den Manifestationsformen. Nicht selten wird jemand mit dieser

Stellung mehrere Berufe ausüben, manchmal vielleicht auch mehrere Tätigkeiten zu gleicher Zeit.

Bei einer ansonsten problematischen Stellung kann die merkurische Rastlosigkeit auf die Möglichkeit hinweisen, daß wir es hier mit einem Hansdampf in allen Gassen zu tun haben, der sich auf alles einläßt und nie etwas zu Ende bringt. Merkur hat von sich aus wenig Beharrungsvermögen und läßt sich leicht ablenken. Hartnäckigkeit und Durchhaltevermögen werden von anderen Horoskop-Faktoren symbolisiert.

♀ [10] *Venus im 10. Haus*

Mit der Venus im 10. Haus kommt das Bedürfnis nach Schönheit und Harmonie und nach Sicherheit in den Beziehungen auf dem Gebiet zum Ausdruck, auf dem wir unsere eigene Identität abstecken und nach gesellschaftlichem Ansehen streben. Eine solche Position können wir normalerweise recht einfach erreichen in Verbindung damit, daß wir venusische Inhalte zum Ausdruck bringen, wie das beim Umgang mit Kunst oder schönen Dingen der Fall ist, bei Kleidung und Mode, Schönheitspflege, Wohnungseinrichtung und so weiter. Mit seinem Streben nach Harmonie und Schönheit wirkt der Mensch mit der Venus im 10. Haus auf die Außenwelt oft harmonisch, freundlich und angepaßt. Das ist der Grund dafür, daß diese Stellung als förderlich für die Karriere angesehen wird. Sie kann aber auch – wenn die Venus hier problematisch gestellt ist – faul, genußsüchtig, schlampig und entscheidungsschwach in bezug auf das machen, was mit der gesellschaftlichen Position zusammenhängt. Normalerweise jedoch bedeutet die Venus in diesem Haus ein freundliches Auftreten, oft auch ein freundliches Selbstbild. Diese Haltung führt in der Umgebung zu angenehmen und stimulierenden Reaktionen. Auch dort, wo Harmonie zustandekommen soll oder Vermittlung notwendig ist, kann die Venus im 10. Haus sich gut entfalten. Damit eignet sich diese Planetenstellung gut für einen Diplomaten oder einen Friedensrichter.

♂ [10] *Mars im 10. Haus*

Mit dieser Stellung besteht das Bedürfnis, die Schaffenskraft und Energie, den Geltungsdrang und die Ambitionen auf dem Gebiet zum Ausdruck zu bringen, das mit der Abgrenzung der eigenen Identität und mit dem Erreichen einer gesellschaftlichen Position zusammenhängt. Insofern haben wir es hier mit jemandem zu tun, der aller Wahrscheinlichkeit nach kampfbereit, schlagfertig und ehrgeizig ist und der viel Energie dafür einsetzt, um zu bekommen, was er anstrebt. Die ungerichtete Kraft von Mars wird im 10. Haus zielgerichteter, und die Disziplin und unermüdliche Arbeitskraft, die mit dieser Stellung einhergeht, bewirken, daß es ein solcher Mensch gesellschaftlich weit bringen kann. Er sollte jedoch darauf achten, sich nicht zu häufig seiner Ellenbogen zu bedienen. Eine weitere mögliche Neigung ist die, andere zu übersehen. Sowohl Mars an sich als auch das 10. Haus sind sehr stark auf sich selbst ausgerichtet.

Hindernisse und Probleme überwinden Personen mit dieser Marsstellung dadurch, daß sie ganz einfach mit sehr viel Energie vorgehen. Mars setzt seine Energie durchaus nicht immer auf eine überlegte Weise ein. Ist seine Stellung im Horoskop unproblematisch, wird der Mensch das, was er in Scherben geschlagen hat, mit viel Energie wieder aus dem Weg räumen. Heikler ist es bei einer schwierigen Stellung. Durch Unüberlegtheit, Übermut, Roheit und den so stark ausgeprägten Drang, sich von anderen abzuheben, könnte sich der betreffende Mensch Feinde machen. Allerdings zeigt er seinen Feinden gegenüber einen erbitterten Widerstand. Berufe, bei denen Energie, Aktivität und Tatkraft, Wettstreit und Ehre eine Rolle spielen, ziehen Mars im 10. Haus an. Sport aber auch das Militär sind Beispiele hierfür.

♃ [10] *Jupiter im 10. Haus*

Jupiter als das Bedürfnis nach Erweiterung, Expansion und Fortschritt richtet sich im 10. Haus insbesondere auf das Erreichen einer gesellschaftlichen Position, die uns selbst möglichst viele Chancen eröffnet und uns weiterhelfen kann und die dabei normalerweise in Übereinstimmung mit dem steht, was wir können. Das Bild, das wir von uns selbst haben, ist mit Jupiter im 10. Haus zumeist optimistisch und harmonisch geprägt. Bei einer etwas schwierigeren Stellung könnte emotionell der Drang vorhanden sein, die Menschen der Umgebung übertreffen zu wollen, in Verbindung mit einer Art aufgeblähtem Ich-Bild, einer großspurigen oder auch dünkelhaft-wohlwollenden Haltung. In vielen Fällen aber bekommen Menschen mit Jupiter im 10. Haus durch ihre weitgespannten Erwartungen und das Gefühl, daß nichts schief gehen kann, auch tatsächlich das, was sie anstreben – der Erfolg scheint ihnen sozusagen in den Schoß gelegt zu sein. Aufgrund dieser relativen Leichtigkeit könnte sich die betreffende Person selbst sehr positiv einschätzen und es an Bescheidenheit mangeln lassen.

Nicht selten spielen bei dem Erreichen der gesellschaftlichen Position religiöse, metaphysische oder allgemein humanitäre Ideen eine Rolle, so daß wir es hier zum Beispiel mit einem Prediger, einem Lehrer oder auch einem sehr sozial eingestellten Arbeitgeber zu tun haben könnten. Nur bei einer ansonsten schwierigen Stellung wird sich womöglich diese soziale Einstellung als hohl erweisen, als Ausdruck einer scheinheiligen Haltung. Im allgemeinen aber ist der Mensch mit Jupiter im 10. Haus nach außen hin die Freundlichkeit und Jovialität in Person.

♄ [10] *Saturn im 10. Haus*

Wenn das Bedürfnis, unser Ego zu entwickeln, und der Drang zum Abstecken und Abgrenzen unserer Position sich auf das Haus richten, das von seinem Inhalt damit übereinstimmt, können wir eine deutliche Form der Manifestation von Saturn erwarten. Saturn ist ein Planet, mit dessen Inhalt wir meistens Schwierigkeiten haben – er stellt unseren wunden Punkt dar. Wenn sich Saturn im Horoskop gut entfalten kann, werden sowohl seine strukturierenden und formgebenden Qualitäten als auch seine behindernden und begrenzenden Eigenschaften deutlich hervortreten. Dem Menschen mit Saturn im 10. Haus wird nachgesagt, daß er viel und hart arbeiten muß, um Erfolg zu haben. Saturn in diesem Haus bedeutet ein so starkes Bedürfnis nach einer deutlich markierten und abgegrenzten Identität und Position, daß wir bei dieser Stellung zumeist jemanden vor uns sehen, der sehr ehrgeizig ist und seine Ziele mit eiserner Disziplin und großer Zähigkeit verfolgt. Bei einer schwierigeren Stellung können in dieser Beziehung Verbissenheit und Unbarmherzigkeit in Erscheinung treten, mit der Folge, daß es bei vorschnellen oder rücksichtslosen Handlungsweisen unter Umständen zum Sturz kommt.

Wichtiger als alles andere ist in diesem Fall die eigene Identität. Diese Person will zum Ausdruck bringen, daß sie sich deutlich von anderen unterscheidet. Der Aufbau eines markanten Ich-Bildes steht hier dann auch im Mittelpunkt. Bemerkenswert ist, daß es Kindern mit Saturn im 10. Haus oft an Unterstützung und Struktur von einem oder von beiden Elternteilen mangelte, wodurch sie sich später mit um so größerem Einsatz zu beweisen versuchen. Eine wichtige oder angesehene Stellung bedeutet hier auch immer viel mehr als das Prestige, das damit verbunden ist – sie ist eine Bestätigung der Person selbst. Eine mögliche Auswirkung dieser Stellung ist eine mehr oder weniger ausgeprägte Neigung, auf Komplimente »hereinzufallen«.

Wenn Saturn erst einmal eine Form gefunden hat, in der er sich selbst als abgerundete Identität erfährt, in der er sich beweisen kann oder die steuernde Kraft hinter einem anderen ist, kann er – vielleicht auf unbewußte Art – sowohl bei sich selbst wie auch in seiner Umgebung steuernd und strukturierend wirken. Häufig bringt Saturn im 10. Haus auch in seinem eigenen Kreis (normalerweise dem gesellschaftlichen oder auch dem beruflichen) dauerhafte Verbesserung zustande, die hauptsächlich etwas mit Struktur und Methodik zu tun haben.

♅ 10 *Uranus im 10. Haus*

Unser Drang, authentisch und originell, erneuernd und bahnbrechend zu sein und die Grenzen des Üblichen zu überschreiten, kann sich auf dem Gebiet, in dem wir unsere Identität abstecken und eine gesellschaftliche Position anstreben, auf unvermittelte oder auch erschütternde Weise auswirken. Uranus ist unruhig und veränderlich, aber auch sehr erfindungsreich. Deshalb können wir mit Uranus in diesem Haus in Verbindung mit neuen Gedanken und Einfällen bei der Arbeit formgebend und vor allem erneuernd wirken. Von einem festumrissenen Ich-Bild kann bei dieser Uranusposition kaum die Rede sein. Diese Uranusstellung steht für das Bedürfnis, ungebunden durch das Leben zu gehen, bei der Arbeit Einfallsreichtum zum Ausdruck zu bringen und gleichzeitig frei zu sein. Neue Techniken, aber auch unkonventionelle Themen erregen das Interesse dieses Menschen. Er sieht sich selbst dabei am liebsten als jemand, der innerhalb der bestehenden Strukturen erneuernd und bahnbrechend wirkt. Das kann deutlich sichtbar auf eine »revolutionäre« Art geschehen, aber auch in der Stille, beispielsweise durch die Mitarbeit an Demokratisierungsprozessen im Lehr- oder Betriebswesen oder anderem mehr, vielleicht auch durch die Ausübung eines ungewöhnlichen Berufs wie dem eines Kartenlegers oder Astrologen.

Mit Uranus im 10. Haus haben wir das Bedürfnis nach Veränderung und Erneuerung, nach dem Ungewohnten und Unkonventionellen. Die festen Strukturen der Gesellschaft spielen hier keine große Rolle. Durch seinen unkonventionellen Blick auf die Dinge und seine vielfältigen Interessen hat jemand mit Uranus im 10. Haus einen ungetrübten Blick auf die Menschen und ihre Motivationen, wodurch er sich auch für Berufe eignet, die mit Werbung oder den Medien zusammenhängen.

♆ 10 *Neptun im 10. Haus*

In diesem so sehr auf Struktur, Form, Identität und der gesellschaftlichen Position ausgerichteten Haus kann Neptun als der Drang zur Loslösung, zur Verfeinerung, aber auch als Tendenz zur Verschleierung und zur Auflösung der Formen nur schwer zum Zuge kommen. Die Folge davon ist, daß jemand mit Neptun im 10. Haus große Schwierigkeiten hat, sich ein Bild von sich selbst zu machen. Mit dieser Stellung besteht eine ausgeprägte Empfindlichkeit für die Atmosphäre und Stimmung der Umgebung. Gefühlsmäßig-intuitiv durchschaut diese Person vieles und ist sich über das, was in anderen vorgeht, im klaren. Was aber die eigene Rolle und die eigene Identität betrifft, kann von Klarheit keine Rede sein. Hier hat der Betreffende die größten Schwierigkeiten. Es ist in diesem Fall mit Neptun so, daß das normalerweise Starre und Rigide aufgebrochen – richtiger gesagt: unterminiert – wird, wodurch sich der Geborene entweder völlig auf die anderen einstellt, auf die Nöte und Bedürfnisse der Umgebung eingeht, die eigenen dabei außer acht lassend, oder sich treiben läßt zu falschen Vorstellungen über sich selbst (vielleicht als Folge von Alkohol oder Drogen).

Wenn Neptun im Horoskop gut zum Zuge kommt, ist immer wieder zu sehen, daß gesellschaftliche Angelegenheiten auf wunderbar anmutende Weise ein gutes Ende nehmen, auch wenn ab und zu chaotische Situationen auftreten mögen. Neptun im 10. Haus kann auch für eine große Sensibilität stehen. Manchmal symbolisiert er, daß der Mensch über prophetische oder mediale Gaben verfügt. Allerdings müßte auch der Rest des Horoskops noch Anzeichen für eine solche Auswirkung liefern.

♇ [10] *Pluto im 10. Haus*

In dem Haus der Formung der Identität und der gesellschaftlichen Position kann der auf Macht und Willenskraft gerichtete Pluto stark zum Ausdruck kommen. Wir können dann bei Menschen mit Pluto im 10. Haus zumeist einen großen Ehrgeiz und viel Geltungsdrang konstatieren. Diese Personen wollen auf ihrem Gebiet ihr eigener Herr und Meister sein; sie können sich nur schwer damit abfinden, daß jemand gleichberechtigt an ihrer Seite steht. Pluto als der Horoskop-Faktor, der das Unterste zuoberst kehrt, schreckt nicht davor zurück, alles zu tun, um die Aufmerksamkeit auf sich zu lenken und die Macht auf seine Seite zu bekommen. Am liebsten geht er dabei zwar auf eine subtile, nichtsdestotrotz doch sehr nachdrückliche Weise vor. Steht Pluto im Horoskop in problematischer Stellung, kann damit Rücksichtslosigkeit, die Neigung zu Intrigen, zu übler Nachrede, Verleumdung oder anderes mehr zu den Instrumenten gehören, mit denen er einen widersätzlichen Gegenkandidaten auszuschalten versucht. Generell gilt, daß der Mensch mit Pluto in diesem Haus unbedingt die Zügel in der Hand behalten will, was aber in der Folge zu Machtkonflikten führen kann.

Pluto im 10. Haus steht für sehr viel Zielstrebigkeit und Beharrlichkeit. Vieles kann damit zustandegebracht werden. Das plutonische Vermögen zur Zerstörung der Formen und zur Transformation kann diesem Menschen bei wichtigen Veränderungen auf gesellschaftlichem Gebiet oder im Rahmen seines Berufs gute Dienste erweisen. Doch sollte er aufpassen, hier nicht allzu rigoros aufzutreten und anderen nicht seinen Willen aufzwingen. Daraus resultierende Konfrontationen könnten seiner eigenen Karriere ernsthaften Schaden zufügen, und das wäre das letzte, was er wollte.Wie dem auch sein mag – es geht hier, wie bei der Plutostellung in den anderen Häusern, um das Gebiet, das von einer Art Alles-oder-nichts-Haltung gekennzeichnet ist. Es ist der damit in Verbindung stehende Lebensbereich, auf dem sich der Betroffene mit sich selbst konfrontiert sieht.

PLANETEN IM 11. HAUS

☉ 11 *Sonne im 11. Haus*

Mit unserem Ego beziehungsweise dem Drang, uns selbst gemäß unserer persönlichen Wesensart zu verwirklichen, in dem Haus der Freunde, Vereine und der Gleichgesinnten sind wir darauf ausgerichtet, auf bewußte Weise Kontakte zu Mitmenschen zu führen, die über die oberflächlichen Begegnungen, wie sie mit dem 3. Haus verbunden waren, hinausgehen. Der Mensch mit der Sonne im 11. Haus teilt seine Interessen gerne mit anderen; er arbeitet seine Gedanken und Auffassungen am liebsten in Gruppen, Vereinen oder Parteien aus. Mit seiner Energie prägt er das, was bei derartigen Zusammenkünften vor sich geht, stark. Die Sonne in diesem Haus deutet auf Führungsqualitäten in Gruppenzusammenhängen hin; bei einer positiven Stellung sind weiterhin viele harmonische Kontakte zu Gleichgesinnten zu erwarten. Nicht selten ergibt sich, daß die Person mit der Sonne im 11. Haus Freunde hat, die stimulierend auf ihre Karriere wirken.

Dieser Mensch ist in der Lage, Freundschaften zu schließen und zu unterhalten; er bezieht aus seinen Verbindungen viel Selbstvertrauen. Bei einer stark hervorgehobenen Position besteht die Gefahr, daß sich die Person sehr stark in den Vordergrund drängt und die Freunde als eine Art Untergebene betrachtet. Im allgemeinen aber zieht diese Sonnenstellung Freunde an, die dem Menschen gewachsen sind und die einen stimulierenden Einfluß ausüben können.

Diese Personen sind sich im klaren darüber, daß andere Menschen eigenständige Individuen mit individuellen persönlichen Bedürfnissen sind. Wenn es hier auch manchmal zu gewissen Gegensätzen kommt, besteht doch grundsätzlich die Bereitschaft, diesem Sachverhalt Rechnung zu tragen. Ungeachtet dessen, daß dem eigenen Ego in den sozialen Kontakten auch eine große Bedeutung zugeschrieben wird, zeigt sich diese Person Mitmenschen gegenüber zumeist sehr tolerant. Bei einer schwierigen Stellung der Sonne kommt es allerdings zu einer Persönlichkeit, die ihren Willen anderen aufzwingt, wodurch von der grundsätzlich demokratisch und humanistisch geprägten Sonne des 11. Hauses wenig übrig bleibt. Vielleicht geht es dann darum, daß der Mensch durch leidvolle Erfahrungen und Stürze in Verbindung mit Freundschaften und Gruppen diesbezüglich erst reifen muß.

☾ 11 *Mond im 11. Haus*

Mit dem Mond als unserem unbewußten emotionellen Verhalten und der Ausdrucksform, in die wir verfallen, sobald wir uns unsicher fühlen, im 11. Haus fühlen wir uns sehr zu Freundschaften hingezogen. Um uns in diesem Fall wohl zu fühlen, brauchen wir Freunde und Bekannte, mit denen wir auf der Basis von Gleichheit reden und aktiv werden können. Der Mond im 11. Haus ist aber eine weniger tiefgehende Stellung als die Sonne in diesem Haus. Der Mond hängt von seiner Natur her mit Veränderungen zusammen, so daß diese Stellung auf diverse Veränderungen (oft als Folge von Emotionen und Gefühlen) im Freundeskreis hinweisen könnte. Auf jeden Fall ist die Verbindung zu den Freunden emotionell geprägt.

Der Mensch mit dem Mond im 11. Haus richtet seine fürsorglichen Eigenschaften auf die Freunde und Bekannten oder im größeren Zusammenhang auf gemeinschaftliche Aktivitäten, bei denen Hilfe für sowie die Bezogenheit auf andere im Mittelpunkt steht. Bei politischen Aktivitäten könnte hier ein besonderes Interesse an humanitären Themen vorhanden sein, zum Beispiel an der Betreuung von Kindern oder Alten, an Familienplanungszentren und an allem, was sonst noch mit dem Mond zu tun hat.

Bei einer problematischen Mondstellung ist vor Klatsch und Tratsch im Freundeskreis zu warnen. Dabei wäre es entweder möglich, daß der Mensch mit dem Mond im 11. Haus selbst Klatsch und Tratsch verbreitet oder daß er seinerseits zur Zielscheibe derartiger Redereien wird. Das hängt nicht selten mit seinem ziemlich launischen Auftreten und seiner Unbeständigkeit zusammen. Dabei hat er doch grundsätzlich ein sehr großes Bedürfnis nach Kontakten.

☿ 11 *Merkur im 11. Haus*

Der Drang nach Analyse und Einordnung der Fakten und das Überdenken und Austauschen der Wahrnehmungen führt in einem auf Freundschaften und Verbindungen gerichtetem Haus wie dem 11. zu lebhaften Kontakten. Dabei beruhen die Freundschaften vor allem auf der Basis eines geistesverwandten Denkens oder auf mentalen Gründen. Das Veränderliche des Merkur kann hier auf viele Veränderungen im Freundeskreis weisen, manchmal als Folge von Oberflächlichkeit. Der Mensch mit dem Merkur im 11. Haus erwartet von seinen Freunden und gleichgesinnten Gefährten eine rasche Auffassungsgabe; er redet gern und viel über alles mögliche. Er hat das Bedürfnis nach Freunden, die ihn mental stimulieren. Er kann allerdings schon einmal sehr hektisch und launenhaft wirken, und manchmal zeigt er vielleicht auch die Neigung, sich überall einzumischen (in Verbindung mit der Tatsache, daß Merkur an allem und jedem interessiert ist).

Die geistige Beweglichkeit führt in diesem Fall zu einer großen Vielseitigkeit, sowohl hinsichtlich der Kontakte zu Freunden als auch der Aktivitäten für Gruppen, Vereine und anderem mehr. Seine Urteilsfähigkeit – auch in bezug auf Dinge, die nichts mit dem 11. Haus zu tun haben – basiert auf umfangreichen Kenntnissen, seine Schlußfolgerungen sind dann auch nicht aus der Luft gegriffen. Merkur im 11. Haus kann auch für Freunde sprechen, die merkurhafte Aktivitäten ausüben, zum Beispiel Journalisten, Händler, Wissenschaftler und so weiter.

♀ 11 *Venus im 11. Haus*

Venus als das Bedürfnis nach Sicherheit und Geborgenheit in Beziehungen und nach Harmonie und Gleichgewicht führt in dem Haus der Freunde und Freundschaften zu einer geselligen Einstellung, zur Verbindung mit Menschen, zu denen eine gefühlsmäßige Verbindung gegeben ist.

Harmonie und Frieden in den Freundschaften stehen bei der Venus im 11. Haus im Vordergrund, womit eine freundliche, mitfühlende und kompromißbereite Haltung verbunden ist. Als Reaktion darauf wird es hier in den meisten Fällen zu angenehmen und warmen Kontakten und Freundschaften kommen, allerdings auch zu dem Problem, daß es dem Menschen schwerfällt, den Freunden gegenüber Unangenehmes zur Sprache zu bringen. Das erscheint ihm als eine Bedrohung der harmonischen Atmosphäre. Deshalb könnte dieser Mensch dazu neigen, auch dann ein freundliches Gesicht zu machen, wenn im Inneren schon etwas brodelt, das auf einen offenen Konflikt hinweist.

Wie dem auch sein mag – der Mensch mit der Venus im 11. Haus braucht Kontakte, die Friedfertigkeit und Wärme widerspiegeln. Er verhält sich in Freundschaften einfühlsam, ohne dabei die Launenhaftigkeit, wie sie mit dem Mond oder dem Merkur in diesem Haus verbunden sind, zum Ausdruck zu bringen. Jemand mit dieser Stellung erfährt oft Unterstützung und Hilfe, wenn es Schwierigkeiten gibt oder wenn er damit beschäftigt ist, etwas Neues aufzubauen. Bei einer ansonsten schwierigen Venusstellung im 11. Haus könnten in Freundschaften allerdings Probleme auftauchen: Vielleicht gibt es Bekannte, die diesen Menschen ausnutzen, oder vielleicht ist er seinerseits bestrebt, die Freunde auszunutzen.

♂ [11] *Mars im 11. Haus*

Wenn der Drang zur Selbsterhaltung, die Schaffenskraft, Energie und das Geltungsbedürfnis auf dem Lebensgebiet zur Wirkung kommen, das mit dem Selbstausdruck der anderen, mit Freundschaften und mit dem Verhältnis zu Gruppen zu tun hat, können sich schnell Zusammenstöße ergeben. Insofern sind die persönlichen Beziehungen mit Mars im 11. Haus nicht immer von langer Dauer. Bei harmonischer Auswirkung aber können mit dieser Stellung viel Enthusiasmus und Energie, Warmherzigkeit und ein großer Unternehmungsgeist verbunden sein. Konkret kann sich das darauf beziehen, daß im Freundeskreis viel in Gang gebracht wird oder daß der Mensch in Gruppen oder Vereinen die Initiative übernimmt und dadurch sehr stimulierend wirkt. In Verbindung mit diesem Enthusiasmus kann der Mensch eine große Wertschätzung erfahren. Dann würden ihm vielleicht auch seine manchmal überspitzten Kommentare oder brüskierenden Aktivitäten nachgesehen werden.

Mit dieser Stellung liebt es der Mensch, aktiv mit Freunden zusammenzusein und gemeinsam etwas zu unternehmen. Es besteht der Wunsch nach Gefährten, die aktiv beziehungsweise sportlich sind (die also auch ihrerseits marsische Eigenschaften aufweisen). Bei positiver Äußerungsform werden Streit und Meinungsverschiedenheit genauso schnell vergessen, wie sie aufgekommen sind. Bei schwierigeren Mars-Manifestationen aber könnten die Freundschaften ernsthaft in Gefahr sein.

Diese etwas zwiespältige Stellung kann das Bedürfnis verleihen, eigene Gedanken und Auffassungen in den Vordergrund zu stellen und diese als das Maß aller Dinge zu betrachten. Konfrontationen sieht die Person mit Mars im 11. Haus oft als eine reizvolle Herausforderung an, ebenso den Wettkampf mit Freunden und Bekannten. Sie kann sich dadurch isolieren, aber auch zum energischen Leiter einer Gruppe von Gleichgesinnten werden.

♃ 11 *Jupiter im 11. Haus*

Wenn der Drang nach Expansion und Fortschritt auf dem Gebiet von Freundschaften und Gruppenzusammenhängen zur Wirkung kommt, können wir davon ausgehen, daß der Mensch Freunde hat, auf die er sich verlassen kann. Dies ist in erster Linie die Widerspiegelung der eigenen einnehmenden und auch verträglichen Haltung gegenüber den Bekannten und Gruppenmitgliedern. Jupiter sucht Freunde, die eine ähnliche Lebensanschauung haben wie er selbst, mit denen er sich austauschen kann. Er erwartet auch sehr viel von seinen Freunden – diese Jupiterstellung ist zum Beispiel typisch für Leute, die Bekannte in »besseren« Kreisen haben, von denen sie sich gesellschaftliche Förderung erhoffen. Steht Jupiter im Horoskop in problematischer Stellung, kann aus der verträglichen und jovialen Haltung schnell Wichtigtuerei, Egoismus oder Streitsucht werden. Der Mensch sieht sich selbst dann als einzigen, der Bescheid weiß, was er die Umgebung dann auch deutlich spüren läßt – natürlich, wie er nicht müde wird zu betonen, nur zu derem Besten. Oder er sucht Freunde, die ein Luxusleben führen, ein Leben, das eigentlich im Widerspruch zu dem inneren Potential von Jupiter steht, der symbolisiert, daß der Mensch eine Synthese finden kann.

Wie dem auch sein mag: Jupiter im 11. Haus verkörpert das Bedürfnis nach Reichtum in Hinblick auf die Kontakte. Dieser Reichtum kann sich sowohl auf das Geistig-Spirituelle beziehen als auch auf das Stoffliche. Das ist der Grund dafür, daß bei den Freundschaften derart unterschiedliche Muster möglich sind. Die Haltung ist hier jedenfalls jovial und entgegenkommend, das Erwartungsmuster auch, und zumeist bekommt dieser Mensch das, was er sucht. Falls sich einmal Enttäuschungen ergeben, hat er genügend Optimismus, um diese schnell zu verwinden.

♄ 11 *Saturn im 11. Haus*

Wenn sich der Drang zum Abgrenzen und Strukturieren in dem Haus der Freunde und Freundschaften entfaltet, haben wir es mit einer etwas reservierten und verschlossenen Haltung hinsichtlich des Eingehens von Freundschaften zu tun. Der betreffende Mensch fühlt sich seiner selbst unsicher und hat große Mühe, sich einer Gruppe gegenüber zum Ausdruck zu bringen. Es ist dann so, daß zwar grundsätzlich Anschluß gesucht wird, der Mensch aber aus Angst und Schüchternheit heraus häufig als Einzelgänger durchs Leben geht. Wenn er Freunde hat, dann nur wenige – denen er wiederum aber auch besonders treu ist. Dieser Mensch sieht sehr, sehr viel in der Freundschaft, Oberflächlichkeit reicht ihm nicht. Die oberflächlichen Gefühle, die Kontakte in ihm auslösen, jagen ihm Angst ein, so daß er alles versuchen wird, sie zu vermeiden.

Der Mensch mit Saturn im 11. Haus hat zugleich Angst und das ausgeprägte Bedürfnis, eine Rolle in einem größeren Zusammenhang zu spielen. Er möchte als Individuum akzeptiert werden und gleichzeitig im Ganzen aufgehen. Durch seine etwas abwehrende Haltung aber kommt es dazu, daß er aus der Außenwelt gleichartige Reaktionen zu erwarten hat (ein Grund, weshalb Saturn im 11. Haus traditionell Schwierigkeiten in Verbindung mit Freundschaften zugeschrieben werden). Auch dann, wenn diese Person sich in Zusammenhang mit Gruppen oder Freunden recht gut zum Ausdruck bringen kann, wird doch eine gewisse Zurückgezogenheit und Hemmung in ihrem Verhalten zur Geltung kommen. Oftmals ist hier auch ein Element des Väterlichen zu beobachten, was sich auch im Typ der Freunde, die dieser Mensch sucht, widerspiegeln könnte. Es handelt sich bei den Partnern dann manchmal um Menschen, die älter oder reifer sind, die eine seriöse Einstellung zum Leben haben und auf eine ernsthafte Weise reden können.

Es ist nicht ausgeschlossen, daß die Person mit Saturn im 11. Haus ein Spaßmacher oder ein Vereinsmensch ist. Es handelt sich dann aber unweigerlich um eine Überkompensation des tiefwurzelten Gefühls von Einsamkeit, das unvermeidlich nach oben kommt, sobald die bewußte Aufmerksamkeit nachläßt. Saturn im 11. Haus weist bei einer unproblematischen Stellung auf dauerhafte und tiefe Freundschaften hin sowie auf möglicherweise strukturierende Gruppenaktivitäten. Bei schwierigerer Stellung haben wir es vielleicht mit einem Einzelgänger zu tun, der sich abseits hält und zu nichts und niemandem dazuzupassen scheint. Nichtsdestotrotz ist das, was er in seinem Inneren vermißt, der Anschluß an eine Gruppe.

♅ [11] *Uranus im 11. Haus*

Unabhängigkeit, Originalität und Individualität ist das, was der Betreffende von seinen Freunden erwartet. Dabei hat er aber auch seinerseits das Bedürfnis, die diesbezüglichen Züge in Verbindung mit dem Freundeskreis und den Gruppenzusammenhängen auszuleben. Das kann auf viele Veränderungen – zumeist sehr plötzliche – in Hinblick auf die Freunde hinweisen und überraschende neue Kontakte anzeigen.

In diesem Fall besteht der Drang, mit anderen zusammen das Unkonventionelle und Neue zu erfahren, mit Menschen, die sich trauen, sie selbst zu sein. Das tut die Person mit Uranus im 11. Haus schließlich auch. Statusbewußtsein oder soziale Dünkelhaftigkeit existieren für Uranus im 11. Haus nicht. Es steckt etwas Idealistisches und Brüderliches in dieser Stellung. Allerdings kann das Sprunghafte von Uranus die Suppe auch versalzen, indem es zu einer unberechenbaren, groben, launischen und vielleicht sogar jähzornigen Verhaltensweise in Zusammenhang mit Freunden, Gruppen und Vereinen führt. Insofern kann mit dieser Planetenposition bei einer schwierigen Stellung Unbeliebtheit einhergehen. Vielleicht ist diese Person im Kreis ihrer Bekannten und Gefährten sogar gefürchtet.

Mit Uranus suchen wir nach »freien« Menschen, die idealistisch und anders als der Durchschnitt sind. Seine Stellung im 11. Haus bedeutet, daß der Mensch lebendige und stimulierende Freunde hat, vielleicht aber auch sehr unzuverlässige und launenhafte. Nicht auszuschließen, aber doch selten ist es, daß es hier zum Anschluß an eine revolutionäre Gruppe kommt. Dafür müßten noch andere Faktoren des Horoskops in die gleiche Richtung weisen.

♆ [11] *Neptun im 11. Haus*

Der Drang nach Verfeinerung und Vollendung, nach Loslösung und dem Idealen kann im 11. Haus sehr warme und spirituelle Freundschaften ergeben. Vielleicht ist der betreffende Mensch bereit, für seine Gefährten alles zu opfern. Manchmal ist hier auch die Rede von telepathischen Kontakten zu Freunden.

Auf der anderen Seite bestehen mit Neptun hier auch große Erwartungen an Freundschaften. Diese Erwartungen werden nicht immer erfüllt, was dann zu Enttäuschungen führen kann (auch in Übereinstimmung damit, daß die andere Seite von Neptun Verschleierung und Auflösung ist). Mit Neptun im 11. Haus muß der Mensch deshalb darauf achten, keine falschen Freunde zu wählen, die Freunde nicht mit zu großen Erwartungen zu überfordern (also nicht die berühmte rosarote Brille aufzusetzen) und dafür sorgen, daß er nicht ausgenutzt wird. Was das Element des Ausnutzens betrifft: Dieser Mensch kann auch, wenn das weitere Horoskop in die gleiche Richtung weist, andere sehr wohl zu seinem Vorteil benutzen.

Neptun im 11. Haus sucht im Zusammensein mit den Freunden ein sehr tiefes Erleben. Das Stoffliche und der Status spielen für ihn keine Rolle, das Wichtigste ist die innerliche Verbindung beziehungsweise das Gefühl, sich als Teil einer übergeordneten Einheit zu erleben. Dieses Gefühl kann dadurch zustandekommen, daß der Mensch erkennt, viel für seine Freunde zu bedeuten, auf der anderen Seite aber auch durch die Verbindung mit Kreisen, die von Sucht und Abhängigkeit geprägt sind. Mit dieser Stellung kann es ohne weiteres dazu kommen, daß die Freunde als Folge von Unehrlichkeit, Chaos, Alkohol, Drogen oder anderem mehr den Kontakt abbrechen, insbesondere dann, wenn Neptun verletzt ist. Wie dem auch sein mag – in den Freunden wird hier in erster Linie das Neptunische gesucht, was von Sucht und Betrug bis hin zu einem Sinn für Musik beziehungsweise Kunst oder Spiritualität reichen kann. Neptun sucht nach dem, was tiefer liegt und was anders ist als das Gewöhnliche, und zumeist findet er es auch.

♇ 11 *Pluto im 11. Haus*

Der Wille zur Macht sowie die Kraft, die unbewußte Inhalte nach oben aufsteigen läßt, können in dem Haus der Freunde und Freundschaften schnell zu Konflikten führen. Machtkonflikte sind hier ohne weiteres möglich, aber auch die Verbindung mit Freunden, die einen tiefgreifenden und häufig transformierenden Einfluß haben. Oberflächlichkeit ist es jedenfalls nicht, was wir mit Pluto im 11. Haus suchen. Angehende Freunde müssen hier gewissermaßen schwere Prüfungen bestehen (ein Vorgang, der sich zumeist im Unbewußten abspielt), bevor sie die betreffende Person mit ihrer Freundschaft »belohnt«.

Am liebsten ist es diesem Menschen, über wenige, dafür aber intensive Freundschaften zu verfügen. Es ist ihm auch angenehm, wenn der Freund ihm ebenbürtig ist und eine Menge vertragen kann. Er lebt durch Konfrontationen, die sich aus seinem Verhalten ergeben, geradezu auf – es ist also nicht so, daß er von vornherein gezwungen wäre, sich gegen andere zur Wehr zu setzen. Er ist es vielmehr selbst, der andere mit seinem provozierenden Verhalten aus der Haut fahren läßt. Das kann er dermaßen subtil anstellen, daß sein Gegenüber anfänglich überhaupt nicht bemerkt, aufs Glatteis geführt oder vielleicht sogar manipuliert zu werden. Pluto im 11. Haus reicht das aber noch nicht. Er sucht weiter und weiter – womöglich nach etwas, das gar nicht existiert. Dadurch kann er seine Freunde vor den Kopf stoßen und sich isolieren. Es macht ihm vordergründig zwar nichts aus, allein zu sein – um innerlich wachsen zu können, braucht er aber Freundschaften, eine Gruppe oder ein Vereinsleben. Pluto im 11. Haus kommt zu seinen größten innerlichen Veränderungen durch die Konfrontation. Dies ist der Grund dafür, daß er tief in seinem Herzen am meisten an den Freunden hängt, die sich ihm gegenüber so plutonisch verhalten wie er sich gegenüber ihnen.

Dieser Mensch sucht in seinen Freunden das Tiefe, das Dunkle, das Verborgene und das Geheime (daraus erklärt sich, daß Pluto im 11. Haus nicht mit oberflächlichen Kontakten zufrieden ist). Damit könnte er Freunde in der Welt des Okkulten, der übersinnlichen Phänomene, der Psychologie oder anderer ähnlicher Gebiete mehr haben, oder auch Freunde, die gesellschaftliche Macht besitzen. Er selbst ist durch das Bedürfnis geprägt, tief in den Menschen hineinzusehen, tiefer, als jeder Außenstehende auf den ersten Blick denken würde. Doch wegen dieses tiefen Blicks und der Verkündung der damit verbundenen Einsichten kann es nicht überraschen, daß er nicht unbedingt beliebt ist und mitunter erbitterte Widersacher hat.

PLANETEN IM 12. HAUS

☉ 12 *Sonne im 12. Haus*

Es ist für unsere Sonne – dem Drang nach Entfaltung und Verwirklichung unseres innersten Wesens – nicht einfach, sich auf einem Gebiet wie dem 12. Haus äußern zu müssen, das von so kollektiver und unpersönlicher Art ist. In diesem Fall fällt die Ausformung des Egos schwer. Sehr oft ist das die Folge von Erfahrungen aus der Säuglingszeit und der frühen Kindheit, in der der Vater häufig keine Unterstützung oder Anerkennung vermittelte, vielleicht durch berufsbedingte Abwesenheit (beispielsweise bei einer Tätigkeit als Handlungsreisender oder vielleicht auch als Seemann), durch Krankheit, Tod oder wegen anderer Ursachen. Es geht hier darum, daß der Vater wenig oder keinen persönlichen Einfluß auf die Erziehung hatte. Dadurch können wir es dann in unserem Leben sehr schwer haben, eine Identität zum Ausdruck zu bringen. Andererseits ist es bei dieser Stellung möglich, daß der Mensch früher als andere erfährt, daß alles relativ ist, einschließlich seines eigenen Egos, und daß es darum geht, sich als Teil eines umfassenderen Ganzen zu fühlen. Dann ist der Mensch mit der Sonne im 12. Haus in der Lage, von seinem Inneren aus ein intensives Leben zu führen, bei dem die Einheit von allem, was lebt, im Mittelpunkt steht. Vom Bedürfnis nach diesem Erfahren einer Einheit aus sprechen uns beispielsweise das Gebet, Meditation, Mystik und Yoga an.

Das Verbindung mit der alltäglichen Wirklichkeit und der Gesellschaft ist in diesem Fall eine lockere. Jemand mit der Sonne im 12. Haus lebt in seiner eigenen Welt, und manchmal entzieht er sich der Wirklichkeit und nimmt Zuflucht in einer Welt von Träumen und Phantasien. Er könnte aber auch mit beiden Beinen fest auf dem Boden stehen und zugleich ständig das Gefühl haben, daß es mehr gibt, wodurch er zum Sucher wird und sich so sehr in seine eigene Erlebnis- und Gedankenwelt verstrikt, daß er für nichts anderes mehr Augen hat. Die Einsicht, daß er mit dem größeren und umfassenderen Leben in Verbindung steht, gibt ihm die Möglichkeit, sich anderen zu öffnen. Jemand mit der Sonne im 12. Haus kann anderen helfen, zum Beispiel durch soziale Arbeit (am liebsten jedoch hinter den Kulissen). Weil er Schwierigkeiten hat, die eigene Identität zum Ausdruck zu bringen, weiß er oft nicht, wer er eigentlich ist. Darum schweigt er vielfach über sich selbst, was ihm das Etikett der Geheimniskrämerei einbringen kann. Das trifft jedoch nicht den Kern der Sache. Mit der Sonne im 12. Haus kann der Mensch durchaus eine wichtige Position erreichen, oft in Verbindung mit einer Tätigkeit im Hintergrund. Diese Stellung hat aber in mehr oder weniger starkem Maße etwas Kindliches und Naives – das Konkrete, Materialistische des Lebens ist nun einmal nicht die starke Seite dieser Person. Daß längst nicht jeder mit der Sonne in diesem Haus im Gefängnis, in einer geschlossenen Anstalt oder im Kloster landet, wie in den älteren Werken oft zu lesen steht, bedarf keiner Erörterung. Zu einer solchen Entwicklung könnte es nur dann kommen, wenn noch viele andere Horoskop-Faktoren in diese Richtung weisen. Eher möglich wäre hier, daß die betreffenden Person aus Mitleid in Gefängnissen oder Anstalten arbeitet, wo unglückliche Menschen ihr Leben fristen.

Wie dem auch sein mag – mit der Sonne im 12. Haus bestehen immer auf die eine oder andere Art Identitätsprobleme. Da dieses Haus den

Blicken entzogen ist, fällt es schwer, die Person mit dieser Planetenstellung wirklich zu verstehen. Probleme in den Kontakten können hier eine wichtige Rolle spielen, um so mehr in dem Fall, wenn der Betreffende nicht versteht, was mit seiner Sonne verbunden ist. Dann könnte es auch zu Überkompensationen kommen, die sich vielleicht in Form eines sehr egoistischen Verhaltens äußern.

☾ 12 *Mond im 12. Haus*

Der Mond symbolisiert die Suche nach emotioneller Sicherheit und Geborgenheit. In dem Haus des Kollektiven, des Unpersönlichen, des Rückzugs und der Entbindung hat die Suche nach Sicherheit etwas vom Aufspüren der Nadel im Heuhaufen. Während dieser Mensch sucht, erlebt er stets aufs neue Unsicherheit, ohne das Gefühl, geborgen zu sein. Oft steht der Mond im 12. Haus für den Sachverhalt, daß es der Verbindung zur Mutter an etwas fehlte. Vielleicht war sie häufig abwesend, krank oder aus anderen Gründen unfähig, ein Kind zu erziehen, möglicherweise war sie sehr verschlossen oder auch sehr dominant. Auf jeden Fall ist es hier oft schwierig, sich ein Bild von der Mutter und von dem, was mit den Emotionen und dem Gefühl von Geborgenheit und Fürsorge zusammenhängt, zu machen. Das kann sich bis weit in das Erwachsenenalter hinein erstrecken. Es könnte dann so sein, daß die betreffende Person ihre Gefühle nicht versteht oder sie verdrängt, weil sie sie als bedrohend erfährt, oder daß Frauen das Frau-Sein nicht verstehen und vielleicht keine Kinder haben wollen. Alles, was mit Mond-Angelegenheiten zusammenhängt, könnte entweder eine unbestimmte Angst erwecken oder auf weitgehendes Unverständnis stoßen. Und das, obwohl die Empfindsamkeit mit dem Mond im 12. Haus so groß ist. Bei Menschen mit dieser Stellung geschieht innerlich viel mehr, als sie jemals nach außen hin zeigen beziehungsweise sich zu zeigen trauen.

Ist der Mensch mit dem Mond im 12. Haus allein, kommen die Gefühle nach oben. Dann können Emotionen aufsteigen, die ans Hellsehen grenzen und mediale Gaben anzeigen. Die aufsteigenden Gefühle aber bedeuten bei schwieriger Stellung auch eine große Verletzlichkeit und vielleicht auch ein mehr oder weniger stark ausgeprägtes Selbstmitleid. Planeten im 12. Haus zeigen an, womit wir uns im Unbewußten stark beschäftigen. Der Mensch mit dem Mond im 12. Haus macht auf die Umgebung einen sehr emotionellen Eindruck, ungeachtet der Tatsache, daß er seine Gefühle zu verbergen versucht.

Wer den Mond in diesem Haus hat, zeichnet sich durch viel Gefühl und Einfühlungsvermögen in andere aus. Es besteht insofern eine besondere Eignung für die Sozialarbeit, für Hilfeleistungen aller Art und Dienstbereitschaft im weitesten Sinne. Wenn auch mit dieser Stellung manchmal eine gewisse Schüchternheit verbunden sein mag, kann der Betreffende seiner Umgebung doch viel bedeuten. Er fühlt, was in seinen Mitmenschen vorgeht, erkennt ihre Probleme, durchschaut ihre Masken und versteht sie so gut, daß er ihnen auf den Weg helfen kann. Oft ist das der Weg, zu den eigenen Gefühlsproblemen und dem Bedürfnis nach Geborgenheit durchzudringen – der Schlüssel also, mit dem der Mensch seine eigenen Probleme lösen kann.

☿ [12] *Merkur im 12. Haus*

Das Bedürfnis nach Analyse und Einteilung, nach Reflexion und Austausch kann sich nur schwer auf konkrete Art im 12. Haus äußern, das alles in Frage stellt und für das Unpersönliche, das Kollektive und den Rückzug steht. In diesem Fall könnte es der Mensch vorziehen, seine oben angeführten Bedürfnisse in der Stille und Einsamkeit zum Ausdruck zu bringen, was eine ausgeprägte Verschwiegenheit zur Folge haben würde. Auch dann, wenn es sich hier um eine gesprächige Person handeln sollte, müssen wir uns darüber im klaren sein, daß das ganz Persönliche und Innerliche – das, was ihn wirklich tief berührt –, nur dann erkennbar wird, wenn sie zum Gesprächspartner eine gefühlsmäßige Verbindung spürt. Für die anderen bleiben die Gedanken dieses Menschen ein Buch mit sieben Siegeln.

Daß Merkur sich in diesem Fall am besten in der Einsamkeit entfalten kann, ist auch daran zu merken, daß diese Person sich bei Lärm oder vielen Leuten um sich herum nur schwer konzentrieren kann. Sie braucht die Stille oder auch ihre Lieblingsmusik, dann fließen ihr die Worte nur so aus der Feder. So schwer Merkur im 12. Haus vor größeren Gruppen von Menschen die richtigen Worte findet, so gut weiß er sich auf Papier auszudrücken. Er kann wie kein anderer Atmosphären beschreiben, er ist dichterisch und romantisch. In der Stille kommt auch der so nervöse und angespannte Merkur zur Ruhe.

Die Kommunikation läuft bei Merkur im 12. Haus nicht nur über die verbalen Kanäle ab. Im Gespräch sind für ihn die Gefühle, die mitschwingen, genauso wichtig wie die Worte selbst, und häufig weiß er genau, was im Inneren des Gegenübers vorgeht. Das verleiht ihm die Gabe, unausgesprochene Bedürfnisse der Mitmenschen zu erfüllen, derer er sich selbst gar nicht bewußt sein muß. Wenn Merkur im 12. Haus steht, heißt das, daß der Mensch sich selbst und seine Art zu denken nur schwer erkennen kann. Das kann sich auf zweierlei Weise auswirken: entweder in Minderwertigkeitsgefühlen hinsichtlich der mentalen und kommunikativen Fähigkeiten oder in dem Wunsch, sich bei Gesprächen hervorzutun. Dies kann zur Überkompensation führen und den Menschen merkurhafter sein lassen, als er bewußt je für möglich halten würde.

♀ [12] *Venus im 12. Haus*

Das Bedürfnis nach Sicherheit und Geborgenheit in der Beziehung, nach Wärme und Schönheit, Gleichgewicht und Harmonie wirkt sich in dem kollektiven und auf Absonderung gerichteten 12. Haus etwas unpersönlich aus. Mit dieser Venusstellung richtet sich das Liebesgefühl eigentlich auf das Leben im allgemeinen, weniger auf »die eine« Person (wenngleich es so sein könnte, daß die eine Person hier zum Symbol erhoben wird – das Vorhandensein idealisierender Projektionen ist in diesem Fall ohne weiteres möglich). Der Mensch mit der Venus im 12. Haus ist sehr empfindsam, was ein Gefühl für Musik oder für bildende Kunst zur Folge haben könnte. Die Empfindsamkeit der Venus geht aber noch weiter. Wie jeder Planet im 12. Haus kann auch die Venus im Einklang mit Strömungen und Gefühlen der Umgebung stehen, und vom Bedürfnis nach Harmonie aus ist sie schnell dazu bereit, Beistand zu leisten. Die Venus im 12. Haus ist ohne weiteres bereit, sich aufzuopfern, bis hin zur Selbstverleugnung. Menschen in Not – ungeachtet ihrer Rasse, Nation, politischen Überzeugung oder was auch immer – bekommen von dieser Person Sicherheit und Beistand.

Die so sehr auf Beziehungen gerichtete Venus sucht im 12. Haus nach dem oder der vollkommenen Geliebten, mit dem beziehungsweise der sie die göttliche Einheit erfahren möchte. Daß es keinen vollkommenen Partner geben kann, will sie nicht wahrhaben; sie sucht lieber weiter. Diese Stellung wird dann auch in der astrologischen Überlieferung mit geheimen Liebesaffären in Beziehung gebracht, was aber längst nicht immer der Fall zu sein braucht. Es kann auch so sein, daß dieser Mensch eine gute Ehe führt, aber trotzdem nicht zufrieden ist und insgeheim weiter nach dem Idealen sucht. Dann könnte er in Gedanken – beziehungsweise im Geheimen – schon einmal eine Affäre haben. Aber auch andere Manifestationsformen wie Musik oder Kunst überhaupt und dergleichen mehr, in aktiver oder in passiver Form, sind möglich.

Mit dieser Stellung könnte es dem Menschen schwerfallen, seine Zuneigung zu jemandem in der Öffentlichkeit erkennen zu geben. Er zieht ganz allgemein die intimen Momente zu zweit vor. Das macht es für die Außenwelt etwas schwierig, mit dieser Person umzugehen.

♂ [12] *Mars im 12. Haus*

Mit dem Drang, uns selbst zu beweisen und uns zur Geltung zu bringen, und mit unserer Tatkraft, Energie und den Zielen im 12. Haus – dem Haus, das alles dem Auge entzieht – sind gewisse Probleme hinsichtlich der Form und Richtung verbunden. Statt aktiv für sich selbst einzutreten, neigt der betreffende Mensch dazu, wegzulaufen oder sich in sein Schneckenhaus zurückzuziehen. Er kommt erst dann wieder heraus, wenn die Luft rein ist.

Die Person mit Mars im 12. Haus besitzt durchaus Geltungsdrang. Dieser ist aber für sie selbst wie auch für die Außenwelt auf eine unbestimmte Weise ungreifbar. Sie arbeitet am liebsten allein in aller Stille und hinter den Kulissen, und dann kann sie in der Tat Berge versetzen. Mars im 12. Haus kann auf dem Gebiet der Sozialarbeit und der allgemeinen Dienstleistungen viele positive Resultate zur Folge haben, genauso wie auf den anderen Gebieten des 12. Hauses, zum Beispiel der Metaphysik, dem Okkulten, der Psychologie oder der Religion. Sowohl der Lebensunterhalt als auch gesellschaftliche Anerkennung könnten hier für ihn zu holen sein.

Die Initiative, die mit Mars verbunden ist, sein Enthusiasmus und sein Pioniergeist verschwinden bei der Stellung im 12. Haus nicht, sondern sind nur der direkten Wahrnehmung entzogen. Innerlich ist Mars hier mit vielerlei Dingen beschäftigt, er hat Pläne für die verschiedensten Projekte (die allerdings zumeist mit den Inhalten des 12. Hauses zu tun haben). Dieser Mensch sagt zwar nicht viel, ist aber in seinem Inneren sehr aktiv. Sein Schweigen gibt er erst dann auf, wenn er Resultate vorzeigen kann. Vorher fühlt er eine zu große Unsicherheit und zuviel Angst vor Konfrontationen.

Mit dieser Stellung hat die Person oft das Gefühl, daß sie zu wenig tut oder zu wenig kann. In Verbindung mit dem 12. Haus hat sie Probleme damit, sich zu behaupten, und weiß nicht, wie sie sich am besten beweisen kann. Konfrontationen geht sie aus dem Wege – allerdings macht sie einfach weiter mit dem, was sie sich vorgenommen hat, mit der Folge, daß sie mit ihrem selbstbestimmten Vorgehen doch ihr Ziel erreicht. Insofern beweist sie sich doch, allerdings auf eine indirekte Art. Es ist typisch für Mars im 12. Haus, Konflikte zu vermeiden und die Ziele nicht auf direkte Weise anzusteuern. Mit dieser Stellung könnte der Mensch womöglich auch zu Mitteln wie Manipulation oder dem Aussäen von Zwietracht greifen, um sein Ziel zu erreichen (das ist aber nur dann zu erwarten, wenn auch andere Horoskop-Faktoren darauf hinweisen). Die Person mit Mars im 12. Haus ist oft sehr beschäftigt mit der Welt um sich herum und vor allem mit den innersten menschlichen Beweggründen. Das dient aber insbesondere dazu, sich selbst verstehen zu lernen. Insofern können wir sagen, daß ein solcher Mensch ebenso auf sich selbst bezogen ist wie bei den anderen Stellungen von Mars auch.

♃ 12 *Jupiter im 12. Haus*

Das Bedürfnis nach religiösen und geistigen Werten und der Drang nach Expansion, Vermehrung und Fortschritt führt in dem Haus des Kollektiven, des Rückzugs und des Verzichtens oft zu einer sehr sozialen Einstellung. Jupiter, der hier Zugang zu dem Leben im allumfassenden Sinn hat, steht in diesem Fall für das Bedürfnis, verbessernd zu wirken und soziale Not zu lindern. Doch sollte sich der betreffende Mensch davor hüten, sich mißbrauchen zu lassen. Er kann es manchmal mit seiner Freigiebigkeit und Jovialität übertreiben. Jupiter, der beständig nach der Synthese sucht, kann sich in dem auf das Erleben einer übergeordneten Einheit ausgerichteten 12. Haus ausgezeichnet entfalten. Oft ist mit dieser Stellung der Drang verbunden, in Verbindung mit dem Gebet, der Meditation oder Mystik, dem Leben im Kloster, Yoga oder anderem mehr Fortschritte zu erzielen. Auch Psychologie und Traumanalyse sind Gebiete, auf denen Jupiter im 12. Haus sich ausgezeichnet entfalten kann. Die einzige Gefahr, die ihm dabei droht, ist, sich in den Reichtümern der innerlichen Welt zu verirren und unpraktisch zu werden beziehungsweise das Interesse für die Wirklichkeit des Alltagslebens zu verlieren.

Es ist eine gute Lösung für diesen Menschen, auf einem Gebiet zu arbeiten, das ihn innerlich fesselt. Das können viele Angelegenheiten des 12. Hauses sein, von Sozialarbeit bis hin zur Mystik. Es kann allerdings schwerfallen, zu den tiefsten Erlebnissen von Jupiter im 12. Haus Zugang zu bekommen. Dieser Mensch erzählt meist wenig von dem, was in seinem Inneren vorgeht, vielleicht als Reaktion auf Probleme in der Kindheit. Es könnte so gewesen sein, daß er in seinen frühesten Jahren nicht von seinen Eltern verstanden wurde, was den mit Jupiter einhergehenden moralischen Kode betrifft. Vielleicht gab es hier aber auch ganz allgemein ein Gefühl der Minderwertigkeit, mit der Konsequenz, daß sich die Person nun vor anderen verschließt.

Der Mensch mit Jupiter im 12. Haus sucht nach Tiefgang im Leben, häufig nicht in der äußerlichen Form, sondern geistig und spirituell. In diesem Haus aber, in dem es keinen Grund gibt, auf den er bauen kann, wird er immer auf der Suche bleiben und immer weiter gehen. Das könnte ihm ein Gefühl der Verlorenheit oder der Schwäche vermitteln. Das Paradies scheint hier trotz aller Bemühungen, es zu erreichen, so weit entfernt zu sein. Seine Beschäftigung mit der erträumten Vision kann dazu führen, daß er in der Außenwelt als ein idealistischer oder auch unpraktischer Phantast verschrien ist. Er läßt ja aber andere auch nicht an seinem innerlichen Reichtum teilhaben!

♄ 12 *Saturn im 12. Haus*

Der Drang nach Abgrenzung – namentlich des Egos – und nach Strukturierung und festen Formen hat es auf einem Gebiet wie dem 12. Haus, das für das Kollektive und Unpersönliche steht, schwer. Es gibt hier sozusagen keinen Halt für Saturn. Dessen strukturierende Kräfte finden in diesem Fall keinen Grund, von dem aus sie wirken können. Insofern hat der Mensch mit Saturn im 12. Haus viele Probleme in Zusammenhang mit der Ausbildung seines Egos. Wer ist er, was will er? Vielfach ist diese Saturnposition in Horoskopen von Menschen vorhanden, die in ihren jüngsten Jahren wenig Sicherheit und Struktur erlebt haben. Nicht selten hing das damit zusammen, daß der Vater seiner Rolle nicht gerecht wurde – aus welchem Grund auch immer. Entweder versäumte er es, dem Kind ein Gefühl von Selbstvertrauen zu geben oder seine Fähigkeit zur Strukturierung zu entwickeln, oder er flößte dem Kind zuviel Angst ein. Diese Stellung scheint mehr oder weniger der der Sonne im 12. Haus zu ähneln, jedoch mit dem Unterschied, daß mit Saturn im 12. Haus mehr Schmerzen verbunden sind und häufig bis ins hohe Alter eine sehr zwiespältige Einstellung zum Vater vorhanden ist. Oft wird hier von einem tiefverwurzelten Konflikt gesprochen oder davon, daß der Vater kein Verständnis für das Kind hatte. Genauso möglich ist aber auch die Haßliebe zum Vater, die mit dessen Anforderungen an das Kind und seinem eigenen gesellschaftlichen Erfolg zusammenhängen. Dem Kind wird so der Eindruck vermittelt, daß es viel leisten muß. Schon früh können dann Minderwertigkeits- beziehungsweise Schuldkomplexe in Erscheinung treten.

Auf welche Weise es auch dazu kommt: Saturn im 12. Haus geht oft mit einem Gefühl von Einsamkeit, Unzulänglichkeit oder Schuld einher oder mit der Ansicht, nicht verstanden zu werden. Das bringt den Menschen dazu, um so stärker nach einer Struktur zu suchen, und nicht selten sehen wir, daß jemand mit Saturn im 12. Haus einen Partner hat, der sich wie ein Vater oder eine Mutter verhält und damit Schutz und Struktur bietet. Oder aber der Mensch hat einen Partner, der seinerseits so unselbständig ist, daß Saturn im 12. Haus alles tun muß, um sich selbst zu überwinden und aktiv zu werden. Er ist dann gezwungen, selbst eine Struktur zu entwickeln, was ihm viele Probleme bereiten kann.

Mit Saturn im 12. Haus sind auch große Schwierigkeiten verbunden, Gefühle zum Ausdruck zu bringen. Am ehesten gelingt das diesem Menschen in unpersönlichen oder kollektiven Zusammenhängen. Vielleicht erkennt die betreffende Person, daß sie anderen viel bedeutet, und leistet daraufhin tatsächlich aktiven Beistand (wahrscheinlich aber auch dann auf eine Art, bei der ein gewisser Abstand bleibt, wodurch die persönlichen Gefühle und emotionellen Probleme nicht in Erscheinung treten). Ihre persönlichen Gefühlen läßt sie nach außen hin nicht erkennen. Innerlich ist sie allerdings so intensiv mit diesen beschäftigt, daß sie auf die Umgebung einen bedrückten Eindruck machen kann.

Wie dem auch sein mag – Saturn im 12. Haus bedeutet in Verbindung mit Isolation und schmerzhaften Erfahrungen ein großes geistiges Wachstumspotential. Der Mensch, der diesem Saturn positiv Ausdruck verleiht, kann für sich allein durch harte und beharrliche Arbeit Großes leisten. Allerdings dauert es hier seine Zeit, bis der Mensch die Früchte ernten kann.

♅ 12 *Uranus im 12. Haus*

Der Drang nach Unabhängigkeit, Individualismus und Authentizität und der Wunsch, Grenzen zu überschreiten, kommen im 12. Haus nur schwer zur Geltung. Es gibt nichts Konkretes, auf das sich im 12. Haus die Angriffslust richten könnte, was auch für die Stellung von Uranus in diesem Haus gilt. Jemand mit dieser Stellung wird jedoch, wenn er in seiner vertrauten Umgebung oder für sich allein ist, immer wieder »wie aus heiterem Himmel« intuitive Einfälle bekommen, oft gerade zu Zeitpunkten, wenn er überhaupt nicht bei der Sache ist, wie beispielsweise vielleicht am Morgen kurz nach dem Aufstehen, beim Rasieren oder beim Baden. Wir sollten die erneuernden und bahnbrechenden Kapazitäten von Uranus im 12. Haus nicht unterschätzen. Es ist nur so, daß sie – gemäß der Natur von Uranus – vollkommen unvorhersehbar in Erscheinung treten.

Uranus im 12. Haus verleiht das Bedürfnis, sich in das Irrationale beziehungsweise in Themen zu vertiefen, die ungewöhnlich sind. Nichtsdestotrotz kann der betreffende Mensch durch die Beschäftigung damit zu einer tieferen Einsicht in andere, in das Leben überhaupt und die Einheit des Kosmos kommen. Uranus in diesem Haus, das mit den Gefühlen zusammenhängt, macht sehr ruhelos. Bei allem Interesse, daß der Betreffende für geistige, grenzüberschreitende Themen hat, dürfte ihm doch hier nur wenig Ruhe oder Befriedigung vergönnt sein. Er sucht ständig weiter, und unter Umständen führt diese Ruhelosigkeit dann zu nervösen Beschwerden.

Mit Uranus im 12. Haus wird der Geborene von seinen Eltern nicht oder kaum verstanden. Häufig ist er auch deutlich anders als der Rest seiner Familie, was der Grund sein könnte, daß er vielleicht schon früh seinen eigenen Weg gehen möchte. Bei einer schwierigen Stellung kann es womöglich zum zwanghaften Bedürfnis nach Provokation und Aufsässigkeit kommen, das viel stärker ist als bei den meisten anderen Menschen. Dieses kann aber auch indirekt ausgelebt werden. Charakteristisch ist hier ein wachsendes Gefühl der Unruhe, über dessen Quelle sich der Mensch nicht im klaren ist. Grundsätzlich geht es dabei um das starke Bedürfnis, gemäß dem eigenen Wesen und der eigenen Individualität zu leben.

Der Mensch mit Uranus im 12. Haus hat unbewußt Anteil am Leben als größerem Ganzen. Er kann plötzlich Einfälle und »Geistesblitze« bekommen, die ihn Dinge sehen lassen, die er niemals für denkbar gehalten hätte und die an Hellseherei grenzen können.

♆ [12] *Neptun im 12. Haus*

Der Drang zur Verfeinerung, Idealisierung und Vervollkommnung sowie die Tendenz zum Rückzug oder zur Auflösung wirken sich im 12. Haus in dem Lebensbereich aus, der gänzlich mit Neptun übereinstimmt. Wir dürfen darum ohne weiteres annehmen, daß ein solcher Mensch sehr empfindsam ist – vielleicht *überempfindlich* –, ohne zu begreifen, worin die Ursache dafür besteht. Von klein auf fühlt er mehr, als er nach außen hin zeigt. Da es um Neptun geht, ist das auch verständlich: Alles, was mit Neptun zusammenhängt, ist schwer zu fassen beziehungsweise zu erkennen.

Mit Neptun im 12. Haus haben wir eine feine Wahrnehmung für Stimmungen, für subtile Veränderungen und die Gefühle der anderen. Neptun wirkt hier aber dermaßen ungreifbar, daß wir lange Zeit einfach nicht verstehen, daß einige unserer Gefühle und Stimmungen nicht aus uns selbst kommen, sondern die direkte Folge unserer unbewußten Bezogenheit auf die Umgebung sind. Wir sind eins mit den anderen, ob wir es wollen oder nicht. Neptun im 12. Haus ist damit eine der Stellungen, die für das größte Ausmaß von Empfindsamkeit im Horoskop sprechen. Bereits in der Säuglingszeit kam es in Verbindung damit zu einschlägigen Erfahrungen.

Neptun im 12. Haus steht zum Beispiel für den Mystiker und den Yogi. Was uns in unserem alltäglichen Leben betrifft, gilt es zu lernen, mit den Neptun-Eigenschaften umzugehen. Neptun kann auf sehr künstlerische Gaben weisen, vielleicht auf ein Gefühl für Musik oder die allumfassende Liebe zum Leben, die zum Ausdruck kommt, indem der Mensch an allen Aspekten des Lebens teilhat und allem und jedem, der Hilfe bedarf, hilft. Weil es sich aber um Neptun handelt, könnte das auf eine mehr oder weniger unbewußte Weise geschehen. Das große Einfühlungsvermögen kann unter Umständen aber für die Tendenz sprechen, daß der Mensch vor seinen Problemen davonläuft. Dabei kommt es vielleicht zu ausgeprägten Phantasien und Tagträumereien, vielleicht aber auch zu Abhängigkeit und Sucht. Wie dem auch sein mag – jemand mit Neptun im 12. Haus könnte früher oder später die Feststellung machen, daß einige seiner Phantasien in Wirklichkeit übersinnliche Wahrnehmungen sind.

Läßt sich der Betreffende nicht entmutigen und sucht weiter, wird er schließlich das Metaphysische integrieren können und ein tiefes gefühlsmäßiges Verständnis für das Leben im allgemeinen und sein persönliches Leben im besonderen bekommen. Doch die Verschwommenheit und Ungreifbarkeit und die enorme Einfühlsamkeit von Neptun haben zur Folge, daß hier über lange Zeit Unklarheit herrscht. Es kommt darauf an, daß der Mensch erkennt, was hier vorgeht und wie er sich verhalten sollte.

♇ 12 *Pluto im 12. Haus*

Auch der Wille nach Macht und der Drang, das Verborgene zu enthüllen, kommen in Verbindung mit dem kollektiven, unpersönlichen und auf Transzendenz gerichteten 12. Haus nur schwer zum Ausdruck. Wie sehr Pluto sich sozusagen auch bemüht, die Dinge an die Oberfläche zu holen – er hat es immer wieder mit dem verschleiernden Effekt des 12. Hauses zu tun. Doch gibt es mit Pluto hier durchaus ein starkes Bedürfnis nach Macht, das sich aber nicht nur auf die eigene Person erstreckt. Im 12. Haus möchte Pluto das Leben selbst auf die Probe stellen, und tief in sich ist er erst dann zufrieden, wenn er Macht über das Leben bekommen kann. Es fällt diesem Menschen schwer zu erkennen, was seine Motive sind und was er eigentlich will. Er erfährt von seinem Inneren aus eine enorme Unruhe, ein gewaltiges Bedürfnis, etwas zu tun – worin dies auch bestehen mag. Nur weiß er nicht, was er tatsächlich konkret machen soll. Es ist dann so, daß diese Person gewissermaßen jederzeit explodieren kann.

Es kann hier das starke, für gewöhnlich unbewußte Bedürfnis gegeben sein, die persönliche Macht in der Umgebung zur Geltung zu bringen.

Diese Stellung ist zum Beispiel typisch für Menschen, die große Publikumswirkung haben und vielleicht als Idole angesehen werden. Die Bewunderung des Publikums gilt etwas Kollektivem, das diese Menschen ausstrahlen. Es ist nicht so, daß sie in jedem Fall eine besondere Persönlichkeit darstellen, vielleicht rufen sie mit ihrer Wesensart sogar Widerstand hervor. Sie sind für gewöhnlich auch gar nicht in der Lage, ihre manipulativen Fähigkeiten auf eine *bewußte* Art zu benutzen oder ihren Erfolg bewußt zu verstehen. Im Grunde ihres Herzens suchen sie eben immer noch, sie haben nicht das Gefühl, am Ziel angelangt zu sein oder genug geleistet zu haben.

Auch mit Pluto im 12. Haus fällt es dem Menschen schwer, die persönlichen Gefühle von der Außenwelt zu isolieren. Mit dieser Stellung besteht eine große Empfänglichkeit für Machtkonflikte. Nicht selten waren hier zu der Zeit der Geburt des Betreffenden zwischen den Eltern sehr ernste – verborgene oder offenliegende – Konflikte vorhanden.

Diese Stellung verleiht für gewöhnlich kaum Sicherheit (sowenig wie die anderen Planeten im 12. Haus), allerdings die Möglichkeit, die persönlichen Inhalte, um die es hier geht, grundsätzlich zu verstehen. Die Gefahr einer tiefverwurzelten Unsicherheit, die eventuell bis hin zur allgemeinen Desorientierung führt, ist aber nicht von der Hand zu weisen. Der Mensch mit Pluto im 12. Haus könnte das Bedürfnis verspüren, die Gesetze der Natur und des Kosmos zu erkennen oder sich selbst und das Leben mittels Magie und Okkultismus in den Griff zu bekommen. Daraus kann eine umfassende Einsicht resultieren – Pluto im 12. Haus ist dann auch eine Stellung, die großes psychologisches Wachstum bedeuten kann, gewöhnlich aber erst nach der Überwindung von vielen innerlichen Problemen. Eines der Probleme stellt dabei die »vulkanische« Unruhe dieses Menschen dar, mit der schwer umzugehen ist. Die damit zusammenhängende Beschränkung der Gefühle hat ihre Ursache nicht wie bei Saturn in inneren Ängsten, sondern in dem starken Bedürfnis, sich selbst voll und ganz in der Hand zu haben. Mit Pluto im 12. Haus kann damit beispielsweise sowohl eine Leidenschaft für Sex verbunden sein oder auch diesbezüglich ein besonderes Problem. Das Moment der Sexualität kommt aber in diesem Fall für die Umgebung ganz deutlich zum Ausdruck.

Solange der Betreffende nicht Herr seiner Unsicherheit geworden ist, bedeutet diese Stellung Schwierigkeiten in Verbindung mit einem großen Machtbedürfnis, das unter Umständen zu heiklen Praktiken wie Manipulation und Intrigen führt. Pluto läßt sich im 12. Haus auf keine direkten Konfrontationen ein, sondern strebt die beherrschende Rolle im Hintergrund an. Er ist kräftiger, als wir denken, und Menschen mit Pluto im 12. Haus verfügen über unglaublich viele Fähigkeiten und Kräfte, die der

Menschheit auf vielerlei Art und Weise dienen können. Dazu wird es aber erst dann kommen, wenn der Betreffende sich selbst transformiert hat.

Kapitel 5

Das Kombinieren der Deutungsfaktoren

Die Planeten in Zeichen und Häusern

Die Planeten können im Horoskop nicht in den Häusern allein interpretiert werden. Wir können nicht nachdrücklich genug darauf hinweisen, wie sehr im Horoskop alles miteinander zusammenhängt und miteinander verwoben ist. Wir müssen, wenn wir uns ein Bild von der Manifestation der Planeten in den *Häusern* gemacht haben, die Ergebnisse unserer Betrachtungen mit den anderen Horoskop-Faktoren verbinden – zum Beispiel mit den Planeten in den *Zeichen*, dem Hintergrund der *Elemente* und *Kreuze*, den *Aspekten* und so weiter. Die Planeten in den *Zeichen* spielen dabei vielleicht die auffälligste Rolle: Sie geben an, auf welche Weise der betreffende Inhalt beziehungsweise die betreffenden Energien nach außen kommen. Kombinieren wir dies mit den Häusern, dann sehen wir damit sowohl die Art und Weise, wie sich der betreffende Planet beziehungsweise die betreffende psychische Energie manifestiert, als auch das Lebensgebiet, auf dem diese Energie zum Ausdruck kommt.

In der Einleitung zu Kapitel 4 sind wir auf diese Zusammenhänge schon näher eingegangen. Wir sahen dort den Unterschied in Auswirkung und Hintergrund zwischen Merkur in den Zwillingen im 8. Haus und Merkur im Skorpion im 3. Haus. Um hier eine systematischere Vorgehensweise zu entwickeln und um ganz allgemein zu üben, können wir folgendermaßen zu Werke gehen: Zuerst nehmen wir den Planeten und betrachten dessen Bedeutung und natürliche Ausdrucksformen. Wenn wir das getan haben, nehmen wir uns das Zeichen vor, in dem dieser Planet steht, und kombinieren die Erkenntnisse mit den zuvor gewonnenen Einsichten. In dem Buch *Deutung der Planeten. Wesen und Wirken der planetarischen Kräfte in Elementen, Zeichen und Kreuzen** sind wir bereits intensiv auf dieses Thema eingegangen, so daß wir es hier nicht noch einmal beleuchten müssen. Haben wir zwischen dem Wesen des Planeten und seiner Ausdrucksform gemäß des Zeichens eine Verbindung hergestellt, können wir für weitere Informationen beziehungsweise für das Manifestationsmuster dieses Planeten im betreffenden Horoskop auf das Haus blicken, in dem dieser steht. Wenn wir die Schlüsselwort der Planeten, der Zeichen und der Häuser kennen, können wir durch eigenes Kombinieren die Bedeutungen und möglichen Manifestationen der Planetenstellungen herleiten, ohne zu einem Nachschlagewerk greifen zu müssen.

Wir wollen das einmal anhand des folgenden Beispiels betrachten: Sonne im Zeichen Wassermann im 5. Haus. Der Mensch mit der *Sonne im Wassermann* hat das Bedürfnis, die eigene Identität und das Ego auf eine Wassermann-Art auszudrücken. Er räumt also den anderen ebenso viele Rechte ein, was den Ausdruck der eigenen Identität betrifft. Dieser Mensch neigt – mit der Sonne in einem Luft-Zeichen – dazu, über viele Dinge nachdenken, wobei für ihn insbesondere die emotionelle Identifikation mit den Gedanken wichtig ist. Er denkt gern über die Haltungen und Reaktionen der Mitmenschen nach, hat eine gewisse Veranlagung für die Psychologie und möchte ganz allgemein gern wissen, was in anderen Menschen hinter der Maske und der äußerlichen Haltung vorgeht. Er kann sich sehr lange und sehr intensiv mit diesen Fragen beschäftigen (fixes Zeichen!). In Kombination mit seiner kommunikativen Veranlagung resultiert daraus seine innerliche Überzeugung von Freiheit und Gleichheit eines jeden Individuums. Er versteht nur zu gut, daß jeder seine ganz persönlichen Probleme und Schwächen hat, wie es um die äußerliche Haltung auch bestellt sein mag. Das fixe Kreuz legt nur sehr wenig Wert auf die äußerliche Erscheinung, wenn diese nicht im Einklang mit bestimmten innerlichen Zielen steht. Der Wassermann gilt nicht selten als Rebell und Kämpfer gegen die bestehenden gesellschaftlichen Verhältnisse. Das ist sowohl eine Folge seines Wissens um die innerliche Gleichheit aller Menschen als auch eine Äußerung des Kampfes in ihm selbst, wo die »Autorität« des Bewußtseins permanent von den subtilen und vagen Gefühlsinhalten des Unbewußten angegriffen und unterminiert wird.

Was nun aber die *Sonne im 5. Haus* betrifft, haben wir es mit ganz entgegengesetzten Auswirkungen zu tun. Was bewegt die Sonne im 5. Haus? Im 5. Haus besteht das Bedürfnis, sich voll und ganz in der persön-

---

* 1994 erschienen im Verlag Hier & Jetzt. Bd. 2 aus der Reihe *Astrologische Deutung* von Karen M. Hamaker-Zondag, 228 Seiten.

lichen Wesensart auszudrücken und zu entfalten, Anerkennung zu erhalten und im Mittelpunkt zu stehen, vielleicht eine Führungsrolle zu bekleiden und anderes mehr. Das ist aber etwas, womit die Sonne im Wassermann absolut nichts anfangen kann. Das Abenteuerlustige und Spontane des 5. Hauses sagt ihr ja noch zu, nicht aber der Gedanke an Macht und Führungspositionen. Bedeutet das nun, daß der Mensch mit der Sonne im Wassermann im 5. Haus keine Führungsrolle übernehmen wird? Ganz im Gegenteil! Leider wird bei der Horoskop-Interpretation oft der Fehler gemacht, widersprüchliche Inhalte gegeneinander wegzustreichen (zu »kürzen«), so, als ob sich diese Merkmale gegenseitig aufheben würden. Das verstößt aber gegen alle Regeln des Deutens! Jeder psychische Inhalt kommt nun einmal auf seine individuelle Art und Weise zum Ausdruck.

Wie sieht das also mit der Sonne im Wassermann im 5. Haus nun wirklich aus? Von sich selbst aus (Sonne im Wassermann) wird dieser Mensch der Meinung sein, daß er andere vollständig toleriert, ihnen jede Chance gibt und sie als Gleichgestellte behandelt. Dabei entgeht ihm aber – zumindest am Anfang –, daß er die Aufmerksamkeit auf sich selbst zu lenken oder sich selbst in den Mittelpunkt zu stellen versucht und daß er selbst es ist, der die Initiative ergreift (am liebsten zu etwas Neuem) oder die Führung übernimmt. Bemerkenswert ist, wie schwer dem Menschen hier die Einsicht fällt (in Verbindung mit der Tatsache, daß er sich vollkommen mit der Sonne im Wassermann identifiziert). Wenn man ihn darauf hinweist, reagiert er mit mehr oder weniger großer Verwunderung: »Das wollte ich nicht!« Nichtsdestotrotz übernimmt er unter bestimmten Umständen sogleich die Initiative oder die Führung, übt Autorität aus und ist – gewollt oder »weil es sich so ergab« – Mitglied in Vorständen oder Kommissionen. Immer aber wird diese Person sich hier auf eine Wassermann-Art zeigen, mit einem demokratischen und toleranten Verhalten, auch wenn dies in Verbindung mit dem 5. Haus zum Ausdruck kommt.

Wir können daraus ersehen, daß bestimmte Kombinationen von Zeichen und Häusern nicht einfach sind. (Und die Aspekte haben wir noch gar nicht in Betracht gezogen!) Es dürfte auch deutlich sein, daß jemand mit der Sonne im Löwen im 5. Haus sich zwar auf demselben Lebensgebiet zu verwirklichen sucht wie der Mensch in unserem eben angeführten Beispiel, dabei aber auf eine ganz andere Weise vorgeht. Das ist der Grund dafür, daß die Planeten in den Häusern nicht über einen Kamm zu scheren sind. Wir müssen immer den Hintergrund der *Zeichen* im Auge behalten, um Einsicht in das Ganze zu bekommen.

Wenn wir in den älteren astrologischen Büchern lesen, daß ein Planet vom *Zeichen* her »schlecht«, vom *Haus* her aber »gut« gestellt ist, haben wir jetzt eine Vorstellung davon, warum das so ist. Wir müssen aber aufgrund dieses »Schlechten« keinen psychischen Knacks befürchten. Was ist damit eigentlich gemeint? Wenn ein Planet laut der traditionellen Astrologie vom Zeichen her »schlecht« steht, bedeutet das, daß sein Wesen – der eigentliche Inhalt dieses Planeten – in dem betreffenden Zeichen nur sehr schwer zum Ausdruck kommen kann. Bei der Sonne im Wassermann ist das logisch: Die Sonne ist schließlich der Planet beziehungsweise der psychische Inhalt, der dazu neigt, hauptsächlich von sich selbst auszugehen, sich selbst wichtig zu nehmen und in den Vordergrund zu stellen. Das Zeichen Wassermann jedoch kann der Sonne diese Kraft nicht geben, weil es nur allzu gut weiß, daß alle Menschen ein Ego haben, das sich entfalten will. Also kann sich die Sonne im Zeichen Wassermann nicht so gut entfalten. Das bedeutet aber bestimmt nicht, daß alle Wassermänner »schlecht« sind oder sich nur »schlecht« zum Ausdruck bringen könnten.

Es gilt, bei derartigen Aussagen sehr nuanciert vorzugehen. Wir können zwar, wie aus dem oben Angeführten hervorging, sagen, daß der Mensch mit der Wassermann-Sonne im 5. Haus in der Praxis seine Sonne kräftiger zum Ausdruck bringt, als er von seinem Inneren her eigentlich möchte. Das kann zu Problemen führen, muß es aber nicht (es müßten dann auch noch andere Horoskop-Faktoren in diese Richtung weisen). Was wir aber auf jeden Fall mit Fug und Recht sagen können, ist, daß sich die Sonne im Zeichen Löwe wohl fühlt. Und geradezu prächtig geht es ihr, wenn sie dabei im 5. Haus steht. Das wiederum garantiert für sich allein noch nicht, daß der Betroffene auch tatsächlich glücklich ist: Er könnte dann nämlich ein dermaßen starkes Bedürfnis nach Anerkennung haben, daß er dann, wenn er nicht im Zentrum der Aufmerksamkeit steht und ihm keine Führungsrolle angetragen wird, sehr unzufrieden ist. In einer solchen Situation hätte es die Sonne im Zeichen Wassermann im 5. Haus etwas einfacher.

Um es noch einmal zusammenzufassen: Die Planeten in den Zeichen kommen in manchen Häusern besser als in anderen zum Ausdruck. Dies hängt davon ab, wieweit zwischen Planet und Haus eine Übereinstimmung gegeben ist. Grundsätzlich aber steht jeder Planet immer für dasselbe, unabhängig davon, ob hier ein harmonischer Hintergrund vorhanden ist oder nicht. Wenn es dabei von diesem Hintergrund aus zu Problemen kommt, kann das unter Umständen sogar förderlich sein – es gibt vielerlei Situationen, in denen diese Spannungen zu Lösungen von Problemen führen können. Insofern ist es vielleicht nicht einmal wünschenswert, Planeten im eigenen Zeichen im eigenen Haus zu haben. Bei letzterem wäre auch noch die problematische Auswirkung der Überkompensation zu erwähnen: Der Betroffene ist hier vielleicht sogar selbst dafür verantwortlich, daß Probleme in Erscheinung treten.

Wir sind gut beraten, wenn wir uns nicht auf Werturteile (»dies ist eine günstige Stellung, jenes eine schlechte«) einlassen. Die Angelegenheit liegt in der Praxis viel komplizierter, und es gibt hier unzählige Nuancen, die zu beachten sind. Wir sollten deshalb einfach sagen: Der Betreffende verleiht seinen psychischen Inhalten auf die oder auf die Art und Weise Gestalt und zwar auf diesem oder jenem Lebensgebiet. Das ist neutraler, und der betreffende Mensch hat dabei nicht das Gefühl, schicksalshafte Wahrheiten zu erfahren, die ihm womöglich den Eindruck vermitteln, daß er »verdammt« ist.

Spezifische Deutungsdualitäten

Wie das obenstehende Beispiel bereits deutlich machte, können Zeichen und Haus bei der Deutung einander widersprechende Aussagen liefern. Ein noch markanterer Gegensatz resultiert aus den Zugehörigkeiten zu verschiedenen Elementen. So werden die folgenden Stellungen Probleme mit sich bringen – Probleme, die von anderer Art sind als die mit der Opposition einhergehenden (5. Haus und Löwe beziehungsweise Wassermann in dem vorangegangenen Beispiel). Problematisch sind folgende Planetenstellungen:

- Planeten der Feuer-Zeichen in Erd-Häusern,
- Planeten der Erd-Zeichen in Feuer-Häusern,
- Planeten der Luft-Zeichen in Wasser-Häusern,
- Planeten der Wasser-Zeichen in Luft-Häusern.

Bei solchen Stellungen kann der Planet mit den Energien, für die er steht, nur schwer zur Wirkung kommen. Wie ist es beispielsweise mit einem Merkur im Stier im 9. Haus? Merkur steht hier in einem ruhigen, trägen, etwas verschlossenen und recht passiven Zeichen, einem Zeichen, dem es auf ein solides Fundament ankommt und das das Bedürfnis verleiht, die Dinge erst gründlich zu betrachten und mehrfach zu durchdenken, bevor sich Reaktionen ergeben. Das Denken und die Kommunikation geschehen hier auf bedachtsame und eher zurückhaltende Weise, selten überschwenglich oder ungestüm – Solidität und Gründlichkeit sind die Stichworte. Im 9. Haus aber, einem Feuer-Haus, kommen das Denken und Kommunizieren auf einem Lebensgebiet zum Ausdruck, das Enthusiasmus, Lebendigkeit und ein allumfassendes Interesse bedeutet. Das ist für den Stier-Merkur, der so sehr auf Sicherheit ausgerichtet ist, eine schwierige Angelegenheit, um so mehr, als mit dem 9. Haus auch der Drang zu

Abenteuern und der Wunsch, über das Stoffliche hinauszugelangen, zusammenhängen. Es besteht hier also zwischen der Manifestation des Stier-Merkurs und dem 9. Haus ein Widerspruch zwischen Sicherheit und Unsicherheit. Der betreffende Mensch ist gefordert, sich vom Denken und Kommunizieren her gewandter und flexibler zu zeigen, als er im Wesen ist; er muß sich hier auf einem Gebiet zum Ausdruck bringen, auf dem er sich von dessen Hintergrund her nicht zu Hause fühlt. Das gilt in diesem Falle trotz der Tatsache, daß Merkur, für sich allein betrachtet, recht gut zum 9. Haus paßt.

Es handelt sich bei diesem Beispiel um einen Gegensatz, der schwieriger zu handhaben ist als der oben erwähnte Fall einer Wassermann-Sonne im 5. Haus. Letztere konnte sich sozusagen noch auf ihre Art als Luft-Inhalt in einem Feuer-Haus ausdrücken – es ging hierbei um Kommunikation (Element Luft), die im Rahmen von Intuition (Element Feuer) zum Ausdruck kam. Zwischen *Sicherheit wollen* und *Unsicherheit bewirken*, wie im Fall der Erde-Feuer-Dualität, ist das Ganze viel komplexer. Insofern können große Probleme bestehen, wenn der Mensch derartigen Planetenstellungen Ausdruck verleihen möchte. Was kann das in der Praxis konkret bedeuten? Entweder wird der betreffende Planet dann *überbetont* (Merkur im Stier im 9. Haus kann dann beispielsweise in Verbindung mit einer sehr dogmatischen Haltung stehen und seine Ansichten um jeden Preis bekanntmachen wollen) oder es ist zu beobachten, daß die betreffenden Eigenschaften vom Menschen nicht nach außen hin deutlich gemacht werden (die Person mit dem Stier-Merkur im 9. Haus hält dann ihren Mund und kommt sehr schwer in Gang, ist möglicherweise aber auch nicht mehr zu stoppen, wenn sie einmal aktiv geworden ist).

Auch bei Luft und Wasser können derartige Probleme bestehen. Was soll der Mensch tun, wenn ein sich in erster Linie gefühlsmäßig auswirkender Planet auf einem kommunikativen Lebensgebiet, das vom Verstand geprägt ist, zum Ausdruck kommt? Wir wollen uns dazu einmal vorstellen, daß Merkur im Zeichen Krebs im 11. Haus steht. Ein solcher Mensch wird die Erfahrung machen, daß es ihm schwerfällt, in Worte zu kleiden, was er in sich fühlt und was in ihm vorgeht. Für seine Äußerungen braucht er Zeit. Er selbst versteht seine Gefühle voll und ganz, er kann sie aber nicht direkt erklären. Insofern fällt es ihm schwer, auf Fragen von anderen zu antworten. Er kann hier vielleicht zwar schnell *reagieren* – die wirkliche Reaktion mit dem, was er von seinem Inneren aus tatsächlich zu sagen hat, erfolgt aber erst später, manchmal erst nach Tagen. Es ist also klar, daß der Mensch Probleme damit hat, seine diesbezüglichen Eigenschaften mit dem kommunikativen und intellektgeprägten Gebiet des 11. Hauses – dem Haus des Kontaktes zu den Freunden und dem Publikum – zu verbinden. Es dürfte dem Betreffenden immer wieder Mühe bereiten, die richtigen Worte zu finden. Dabei kann es in der Folge vielleicht dazu kommen, daß er eine bestimmte Haltung annimmt (was auch gut zum Zeichen Krebs paßt), um angemessen reagieren zu können. Zwei Aspekte sind hierzu zu erwähnen: Erstens: Der Mensch stellt sich womöglich auf Erwartungen ein, die die Freunde gar nicht an ihn haben. Zweitens: Er vermittelt durch seine Haltung beziehungsweise die Rolle, die er spielt, einen falschen Eindruck von sich, wodurch auf eine subtile Weise eine Entfremdung stattfinden kann. Wichtig für die Person mit einem Krebs-Merkur im 11. Haus ist es, Freunde zu haben, zu denen ein gefühlsmäßiger Kontakt besteht. Allerdings birgt das die Gefahr, daß die Angelegenheiten des 11. Hauses (Reden und Austausch) darüber nicht zu ihrem Recht kommen. Dies ist ein Dilemma als Folge der Elementen-Gegensätze von Zeichen und Haus. Die Dualität bietet aber auch Möglichkeiten. Merkur in einem Wasser-Zeichen bedeutet ein untrügliches Gespür für kommunikative Prozesse und Situationen (und derartige Prozesse spielen bei der Stellung im 11. Haus eine wichtige Rolle). Dieser Mensch kann sich auf sein Gefühl verlassen, wenn er sich fragt, was in seinen Freunden vorgeht. Und das ist nicht alles, was an Positivem mit dieser zunächst so schwierig erscheinenden Stellung verbunden ist. All dies können wir dem Betroffenen anhand seines Horoskops aufzeigen.

Wesensmerkmale beziehungsweise Charakterzüge gemäß der Zeichen und Häuser sind um so deutlicher ausgeprägt, je häufiger sie im Horoskop anzeigt sind. Eine alte astrologische Regel lautet wie folgt:
Ein Hinweis läßt auf eine *Möglichkeit* schließen.
Zwei Hinweise lassen auf eine *Wahrscheinlichkeit* schließen.
Drei oder mehr Hinweise lassen mehr oder weniger auf eine *Gewißheit* schließen.

Drei oder mehr Hinweise können einander, auch ohne Aspekt, in ihrer Auswirkung gegenseitig stimulieren. Die Manifestation dessen, was damit verbunden ist, schließt dann einfach bei anderen Punkten des Charakters an.

Inferiores und superiores Element

Wenn wir die Position der Planeten im Licht der Elemente und der Kreuze (kardinale, fixe und veränderliche Qualität) untersucht haben, sind auch noch andere Gegebenheiten des Horoskops in Betracht zu ziehen. Um hierzu ein Beispiel zu geben: Ein Mensch, der viele Planeten in den Zwillingen sowie einen Merkur im Krebs hat, zeichnet sich grundsätzlich schon durch eine Luft-Wasser- oder auch Denken-Fühlen-Dualität aus. Wenn sich aber alle diese Planeten beispielsweise im 8. Haus – einem Wasser-Haus – auswirken, dann wird der Krebs-Merkur viel besser zum Zuge kommen als die Zwillings-Planeten (selbst dann, wenn auch Sonne und Mond als persönliche Planeten zusammen in den Zwillingen stehen würden). Das Zeichen Krebs paßt als Hintergrund nämlich viel besser zum 8. Haus als die Zwillinge. Wenn aber nun Sonne und Mond tatsächlich auch in den Zwillingen stünden, ist das Element des Bewußtseins (das superiore Element also) *Luft*.* Dadurch würden Planeten in dem Element Wasser aus dem Unbewußten heraus wirken, was eine aus dem Unbewußten heraus agierende, zwanghafte Manifestationsform zur Folge hätte. Das würde in unserem Fall bedeuten, daß der Krebs-Merkur einen zwanghaften Aspekt bekäme, nicht aufgrund seiner Stellung in einem Zeichen oder einem Haus, sondern aufgrund der kombinierten Zeichen-Haus-Interpretation in Verbindung mit den anderen Horoskop-Faktoren. Auch dies weist uns also darauf hin, daß wir nicht ohne weiteres Deutungstexte aus Büchern übernehmen sollten. Immer sollten wir das Horoskop in seiner Gesamtheit im Auge behalten, in Hinblick auf die vielfältigen Modifikationen, die dabei noch nötig sind.

Herrschaftsbeziehungen

Ein anderer Punkt, den wir auch nicht vergessen dürfen, ist die sogenannte Herrschaftsbeziehung. Wir unterscheiden dabei zwei Arten, nämlich die Herrschaftsbeziehung von Planeten über bestimmte Zeichen und die von Planeten über bestimmte Häuser.

1. Der Zeichenherrscher

Jedes Zeichen des Tierkreises hat einen Planeten, der von Natur aus zu ihm gehört. Zum Widder gehört Mars, zum Stier die Venus, zu den Zwillingen Merkur, zum Krebs der Mond und so weiter. Solch einen Planeten nennen wir den *Zeichenherrscher*. Stehen nun Planeten in diesem Zeichen, werden diese vom Zeichenherrscher (oder auch *Dispositor*) regiert beziehungsweise beherrscht. Um ein Beispiel zu nennen: Wenn Sonne und Merkur im Zeichen Widder stehen, ist Mars Herrscher (oder Dispositor) über Sonne und Merkur – weil diese beiden im Mars-Zeichen stehen.

---

* Zum Begriff des superioren und des inferioren Elementes siehe Bd. 1 aus der Reihe *Astrologische Deutung: Elemente und Kreuze. Die Typenlehre C. G. Jungs in der Astrologie.* Verlag Hier & Jetzt, Hamburg, 2. Aufl. 1996, (insbesondere) Kapitel 2, S. 67f.

Es spielt in diesem Fall keine Rolle, wo Mars selbst steht – er ist und bleibt Herrscher über Sonne und Merkur. Das gilt für jedes Horoskop mit Sonne und Merkur im Widder.

2. Der Häuserregenten

Der *Häuserregenten* ist der Planet, der zu dem Zeichen gehört, in dem das betreffende Haus anfängt (Häuserspitze). Stellen wir uns vor, daß das 3. Haus im Zeichen Schütze beginnt. Dann ist Jupiter als der Planet, der zum Schützen gehört, Häuserregent des 3. Hauses, ungeachtet seiner eigenen Stellung im Horoskop. Jeder Planet, der in dem durch Jupiter beherrschten Haus steht, fällt dann unter die Jupiter-Herrschaft. Beginnt das 3. Haus im Zeichen Fische, ist Neptun der Herrscher des 3. Hauses. Dann beherrscht Neptun alle Planeten, die darin stehen. Ein Häuserregent ist somit etwas, das stark vom individuellen Horoskop abhängt.

Der gleiche Planet kann sowohl über Zeichen als auch Haus herrschen, was folgendes Beispiel illustrieren möge. Wenn das 6. Haus im Zeichen Wassermann beginnt, dann ist Uranus der Herrscher dieses Hauses. Steht in diesem Haus nun auch ein Planet im Zeichen Wassermann – beispielsweise die Venus –, dann regiert Uranus sowohl als Zeichenherrscher als auch als Häuserregent über die Venus (weil die Venus im 6. Haus steht). Derartige Übereinstimmungen sind möglich, aber nicht die Regel. Würde die Venus in unserem Beispiel zwar noch im 6. Haus, aber schon im Zeichen Fische stehen, wäre Uranus der Häuserregent und Neptun der Zeichenherrscher. Das würde bezüglich der Interpretation schon einen deutlichen Unterschied machen.

Es ist wichtig, sich vor Augen zu führen, wie es um die Häuserregenten im Horoskop bestellt ist. Dies läßt viel darüber erkennen, wie die Planeten in den Häusern zum Ausdruck kommen können. Daraus läßt sich außerordentlich viel ableiten – so viel, daß darüber, wie bereits erwähnt, ein eigenes Deutungswerk geschrieben wurde.

An dieser Stelle ist es von großer Bedeutung, auch einmal auf folgendes hinzuweisen:

Ein Planet in einem Haus bedeutet gleichsam ein *Versprechen.* Der Herr dieses Hauses läßt durch seine Stellung und seine Aspekte erkennen, ob und wie dieses Versprechen eingelöst werden wird.

Das heißt: Wenn wir einen »prächtigen Planeten« in einem »prächtigen Haus« stehen haben, stellt das eine »prächtige Verheißung« dar. Wenn jedoch der Herrscher dieses Hauses im Horoskop mit Problemen zu kämpfen hat, könnte es im Leben des betreffenden Menschen zunächst einmal zu leidvollen Erfahrungen kommen, bevor sich das Versprechen erfüllt.

ZUSAMMENFASSUNG

Wenn wir das zuvor Angeführte in einigen konkreten Hinweisen für die Deutung zusammenfassen, sollten wir nacheinander auf die folgenden Punkte achten:

1. Ein Horoskop ist eine Einheit; die Häuser bilden keinen abgesonderten Teil für sich, sondern hängen eng mit dem Rest des Horoskops zusammen.

2. Jedes Haus steht wiederum auf unzählige Arten mit den anderen Häusern des Horoskops in Verbindung (neben der Verbindung durch Aspekte).

3. Planeten in den Häusern sagen etwas darüber aus, welche psychische Energien in welcher Form und auf welchem Gebiet beziehungsweise Lebensbereich zum Ausdruck kommen. Mit anderen Worten: Was tun wir beziehungsweise welche Energie setzen wir ein (Planet) in Verbindung mit welchen Umständen oder auf welchem Lebensgebiet (Haus).

4. Planeten stehen nicht nur in einem Haus, sondern auch in einem Zeichen. Wir müssen also auch den Hintergrund des Zeichens in die Deutung einbeziehen. Das Zeichen beeinflußt die Weise, wie der Planet zur Wirkung kommt. Dadurch ergeben sich Rückwirkungen auf die Häuser – die Zeichen stimmen mit manchen Häusern gut überein, mit anderen kann es Probleme gehen. Ein Planet in einem Haus wird durch die hintergründige Wirkung des Zeichens, in dem er steht, modifiziert.

5. Ein Planet in seinem Zeichen und Haus manifestiert sich nicht für sich allein, isoliert von allem anderen – er ist dem Einfluß des Planeten oder der Planeten, der oder die ihn in bezug auf Zeichen beziehungsweise Haus beherrschen, unterworfen. Der Planet in seinem Zeichen und Haus beinhaltet also ein Versprechen, das durch den Zeichen- und Häuserregenten gefördert oder behindert werden kann.

Karen M. Hamaker-Zondag, 1952 in Schiedam/Niederlande geboren, beschäftigt sich seit 1971 mit Astrologie. 1977 gab sie ihre Stelle als Lehrerin für Geographie auf und begann Astrologie-Bücher zu schreiben, in denen sie die Psychologie C.G. Jungs in Beziehung zur Astrologie setzte. Sie gründete 1980 die inzwischen über die Grenzen der Niederlande hinaus bekannte Astrologieschule »Stichting Achernar«. Ihre Bücher sind Standardwerke der astrologischen Literatur.

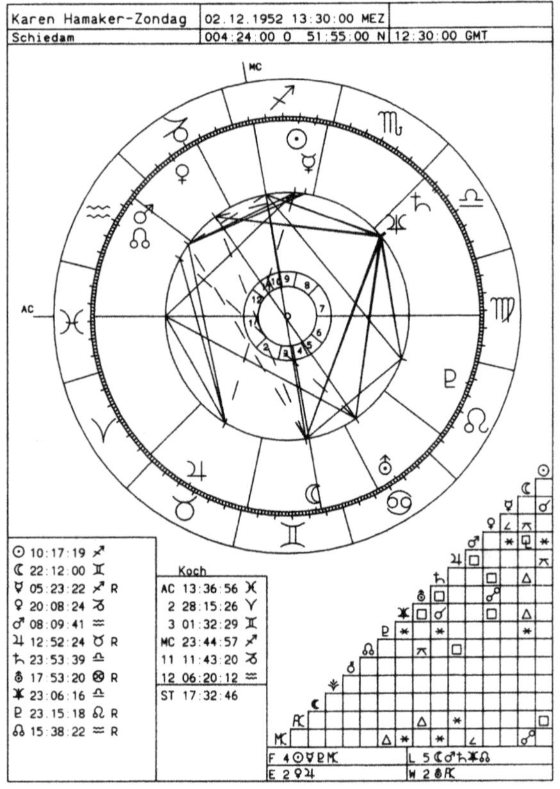